O CATALISADOR

CB014985

POR JONAH BERGER

Contágio:
Por que as Coisas Pegam

O Poder da Influência:
As Forças Invisíveis
que Moldam Nosso Comportamento

O CATALISADOR

Como Mudar a Opinião de Qualquer Pessoa

Jonah Berger

ALTA BOOKS
GRUPO EDITORIAL
Rio de Janeiro, 2023

O Catalisador

Dados Internacionais de Catalogação na Publicação (CIP) de acordo com ISBD

B496c   Berger, Jonah

    O catalisador: Como Mudar a Opinião de Qualquer Pessoa / Jonah Berger ; traduzido por Maria Eugenia Massari. – Rio de Janeiro : Alta Books, 2023.
    288 p. ; 15,8cm x 23cm.

    Inclui índice.
    ISBN: 978-65-5520-231-1

    1. Autoajuda. 2. Opinião. 3. Mudança. I. Massari, Maria Eugenia. II. Título.

	CDD 158.1
2022-1309	CDU 159.947

Elaborado por Vagner Rodolfo da Silva – CRB-8/9410

Índice para catálogo sistemático:
1. Autoajuda 158.1
2. Autoajuda 159.947

Produção Editorial
Grupo Editorial Alta Books

Diretor Editorial
Anderson Vieira
anderson.vieira@altabooks.com.br

Editor
José Ruggeri
j.ruggeri@altabooks.com.br

Gerência Comercial
Claudio Lima
claudio@altabooks.com.br

Gerência Marketing
Andréa Guatiello
andrea@altabooks.com.br

Coordenação Comercial
Thiago Biaggi

Coordenação de Eventos
Viviane Paiva
comercial@altabooks.com.br

Coordenação ADM/Finc.
Solange Souza

Coordenação Logística
Waldir Rodrigues

Gestão de Pessoas
Jairo Araújo

Direitos Autorais
Raquel Porto
rights@altabooks.com.br

Produtor Editorial
Thiê Alves

Produtores Editoriais
Illysabelle Trajano
Maria de Lourdes Borges
Paulo Gomes
Thales Silva

Equipe Comercial
Adenir Gomes
Ana Carolina Marinho
Ana Claudia Lima
Daiana Costa
Everson Sete
Kaique Luiz
Luana Santos
Maira Conceição
Natasha Sales

Equipe Editorial
Ana Clara Tambasco
Andreza Moraes
Arthur Candreva
Beatriz de Assis
Beatriz Frohe

Betânia Santos
Brenda Rodrigues
Caroline David
Erick Brandão
Elton Manhães
Fernanda Teixeira
Gabriela Paiva
Henrique Waldez
Karolayne Alves
Kelry Oliveira
Lorrahn Candido
Luana Maura
Marcelli Ferreira
Mariana Portugal
Matheus Mello
Milena Soares
Patricia Silvestre
Viviane Corrêa
Yasmin Sayonara

Marketing Editorial
Amanda Mucci
Guilherme Nunes
Livia Carvalho
Pedro Guimarães
Thiago Brito

Atuaram na edição desta obra:

Tradução
Maria Massari

Copidesque
Lyvia Felix

Revisão Gramatical
Carol Suiter
Kamila Wozniak

Diagramação
Catia Soderi

Editora
afiliada à:

ASSOCIADO

ASSOCIAÇÃO BRASILEIRA DE
DIREITOS REPROGRÁFICOS

Câmara
Brasileira
do Livro

ALTA BOOKS
GRUPO EDITORIAL

Rua Viúva Cláudio, 291 – Bairro Industrial do Jacaré
CEP: 20.970-031 – Rio de Janeiro (RJ)
Tels.: (21) 3278-8069 / 3278-8419
www.altabooks.com.br – altabooks@altabooks.com.br
Ouvidoria: ouvidoria@altabooks.com.br

Para Jordan, Jasper, Zoë e pequeno pico
Por mudarem a minha vida da melhor forma

AGRADECIMENTOS

Quero agradecer a Greg Vecchi, Dave Fleischer, Chuck Wolfe, Max Doroodian, Phil Laduca, Stefan Burford, Fred Mossler, Andy Arnold, Ned Lazarus, David Broockman, Nafeez Amin, Jacek Nowak, Kimberly Culmone, Sebastian Buck, Michael Weisser, Michael Hone, Priyanca Ford, Edward Scerbo, Brendan Bosch, Hillary Law, Carolina Hernandez, Diego Martinez, Michael Hammelburger, Silvia Branscom, Katherine Devore, Sandra Hamorsky, Matt Shapiro, Phil Kim, Deb Levy, Jiawei Li, Habeeba, e todas as outras pessoas que doaram seu tempo para compartilhar suas histórias. Obrigado a Richard Rhorer pelo e-mail e pela semente de uma ideia que deu início a tudo isso, a Jon Cox por monitorar o manuscrito ao longo do processo, a Alice LaPlante por ajustar as coisas e a Jon Karp pelo útil feedback. Agradeço a Nicole Beurkens, Kristen Lindquist, Kurt Gray, Jillian Dempsey, Alex Miller, Mike e Jess Christian, Alexander Berger, Louise Stanger, Patrick Jeffs, Justin Etkin, Carey Morewedge, Juliana Schroeder, Justin Etkin, Ned Lazarus e Gabe Adams por responder perguntas de domínio específico sobre diversos tópicos. Tenho certeza de que minhas solicitações foram inesperadas, mas vocês responderam de maneira paciente e cuidadosa. Agradeço a George Ferridge, Jiawei Li, Sally Shin, Theo Damiani, William Murray, Catherine

Wang e a outros pesquisadores assistentes pela ajuda em coletar informações para diversas partes do livro. Gostaria de agradecer a Caroline e Lilly por adorarem ler, a Brittany Hull por ter cuidado tão bem de Jasper e Travis e ao horário do almoço do basquete da UNC por fornecer um local agradável entre os períodos de escrita (com sorte isso explica por que estou sempre atrasado). Gostaria também de agradecer a Nipsey Hussle por todo apoio ao longo dos anos, descanse em paz. E a Bobby Francis, por ter a visão para me guiar nesta jornada. Obrigado a Megan Costello, Shambavi Krishnamurthi, Jamie Joseph, Lindsay Pistor, Zachary Boven, Jason Peterson, Jill Ni, Alex Capretta, Josh March, Aston Hamilton, Amanda Morrison, Margaret Souther, Falon Dominguez, Anthony Beshay e Julia Moon pelo tempo gasto, durante um ano tão tumultuado, lendo os diversos rascunhos e pelo útil feedback. Vocês ajudaram continuamente a ver como as ideias podiam ser aplicadas, o que ajudou imensamente. Muito obrigado a Jim Levine: não poderia ter feito isso sem você e sempre reconhecerei sua orientação (um dia espero ser tão zen sobre tudo, assim como você). Aos meus pais, por todos os artigos, pensamentos e apoio moral.

SOBRE O AUTOR

Jonah Berger é professor de marketing na Wharton School da Universidade da Pensilvânia e autor dos best-sellers *Contágio* e *O Poder da Influência*. É um especialista mundialmente renomado em mudança de comportamento, influência social, boca a boca, e por que produtos, ideias e comportamentos pegam. Publicou mais de cinquenta artigos em revistas acadêmicas de primeira linha, e versões de seu trabalho para o público em geral são geralmente publicadas no *New York Times*, no *Wall Street Journal* e na *Harvard Business Review*. Trabalha como consultor para empresas como Google, Apple, Nike e Bill & Melissa Gates Foundation, e ajudou centenas de organizações a guiar a adoção de um novo produto, a mudar a opinião do público e a cultura organizacional. Foi nomeado uma das pessoas mais criativas nos negócios pela *Fast Company*, e seu trabalho foi apresentado várias vezes no "Year in Ideas" (Ano em Ideias, em tradução livre) da *New York Times Magazine*.

SUMÁRIO

3. Distância   91

4. Incerteza   135

5. Evidência Corroborativa   179

Epílogo   215

O CATALISADOR

INTRODUÇÃO

Como agente do FBI, Greg Vecchi se especializou em tráfico de drogas, lavagem de dinheiro e extorsão. Muitos de seus alvos eram criminosos de carreira violentos e endurecidos, do tipo que vendia helicópteros para o cartel de drogas de Medellín ou tentava comprar submarinos russos antigos para esgueirar cocaína da Colômbia para os Estados Unidos.

Para encurralar um suspeito da máfia russa, Greg conduziu um esforço de três anos de escutas telefônicas, coletando meticulosamente informações e construindo o caso. Quando os mandados foram expedidos, Greg chamou a equipe da SWAT: dezenas de caras atarracados com coletes à prova de bala que invadiram, neutralizaram os bandidos e coletaram as evidências.

Ao instruir a equipe, descreveu suas várias preocupações. Greg enfatizou que o suspeito poderia estar armado e certamente era perigoso. A equipe da SWAT elaborou um plano de prisão que não deixava margem para erros. Era preciso fazer tudo certo, ou as coisas poderiam ficar violentas rapidamente.

Ao final da instrução, todos deixaram a sala, exceto um cara. Greg já tinha notado ele antes. Em uma sala cheia de comandos, aquele cara parecia estar fora de lugar. Gordo, baixo e careca, estava longe do perfil ideal definido da SWAT.

"Fale-me sobre o seu cara", perguntou o homem. "Quero saber mais."

"Acho que não entendi", disse Greg. "Foi o que acabei de fazer. Eu disse que tinha um arquivo completo sobre…"

"Não, não, não", o cara continuou. "Não quero saber sobre o histórico criminal dele. Não perguntei sobre o passado violento dele e tudo mais. Você estava na escuta telefônica, certo?"

"Sim", respondeu Greg.

"Como ele é?", perguntou o homem.

"Como assim, 'Como ele é'?"

"O que ele faz? Quais são os hobbies dele? Fale-me sobre a família dele. Ele tem animais de estimação?"

Será que o suspeito tem animais de estimação? Greg pensou consigo mesmo. *Estamos para mandar uma unidade paramilitar atrás do cara, e você quer saber se ele tem ou não animais de estimação? Quanta bobagem. Não me surpreende que você tenha sido deixado para trás pelo resto da equipe da SWAT.*

Greg forneceu devidamente a informação e começou a recolher os documentos que tinha trazido.

"Uma última pergunta", disse o cara. "O suspeito está lá agora, correto?"

"Sim", disse Greg.

"Então, me dá o telefone dele", pediu o cara antes de sair pela porta.

Quando chegou a hora da prisão, a equipe da SWAT estava pronta. Estavam alinhados do lado de fora do prédio, um atrás do outro, esperando para derrubar a porta. Vestidos de preto da cabeça aos pés, carregavam escudos e armas prontas para atirar. "Abaixem-se! Abaixem-se! Abaixem-se!", gritariam antes de entrar e agarrar o suspeito.

Contudo, à medida que os segundos passavam, a equipe da SWAT ainda não tinha entrado. Passaram-se alguns minutos. E depois mais outros.

Greg começou a ficar preocupado. Ele conhecia o suspeito melhor do que ninguém. Ele o tinha ouvido conversar com amigos e parceiros. O cara era coisa ruim. Matava pessoas. Esteve em uma prisão russa e não tinha medo de briga.

Então, de repente, a porta se abriu.

E o suspeito saiu, com as mãos para cima.

Greg ficou perplexo. Já fazia muito tempo que trabalhava no cumprimento da lei. Há anos era agente do exército norte-americano e do Departamento de Agricultura. Trabalhou infiltrado nos Estados Unidos e com anticorrupção na fronteira do México. Tinha uma boa dose de experiência. Mas um cara saindo por vontade própria e sendo preso sem confusão? Ele nunca tinha presenciado algo como aquilo.

Então, deu-se conta: aquele careca baixinho com quem ele estava falando? *Aquele* cara era um negociador de reféns e convenceu o suspeito a fazer algo que ninguém imaginou que fosse possível: entregar-se para as autoridades, em plena luz do dia, sem briga.

Merda, pensou Greg. *Eu quero ser como aquele cara.*

Desde então, já faz mais de vinte anos que Greg atua como negociador de reféns. Lidou com sequestros internacionais, entrevistou Saddam Hussein depois que foi capturado e liderou a lendária Unidade de Ciência Comportamental do FBI. Desde persuadir ladrões de banco até interrogar assassinos em série, já fez com que pessoas mudassem de ideia em condições quase inimagináveis.

A negociação de crise surgiu após os Jogos Olímpicos de Munique de 1972, quando terroristas fizeram reféns e mataram onze atletas olímpicos israelenses. Antes, o foco era sempre a pressão, dizendo para as pessoas: "Saiam com as mãos para cima ou vamos atirar!" No entanto, depois de Munique e de vários fracassos públicos, ficou claro que intimidar para que as pessoas obedecessem não estava funcionando. Então, os profissionais recorreram à literatura psicológica, usaram a ciência comportamental para desenvolver novas técnicas de treinamento que pudessem atenuar a crise com segurança.[1]

Nas últimas décadas, negociadores como Greg têm recorrido a um modelo diferente — um que funciona —, seja tentando convencer um terrorista internacional a libertar os reféns, seja fazendo com que alguém mude de ideia sobre cometer suicídio. Mesmo se tiver que falar com uma pessoa que acabou de matar toda a família, que se trancou em um banco com reféns, que sabe que está falando com um policial, que sabe das consequências e que sabe que sua vida vai mudar. Nove entre dez vezes essa pessoa sai por conta própria.

E simplesmente sai porque alguém pediu.

O Poder da Inércia

Todo mundo tem alguma coisa que quer mudar. Vendedores querem mudar a opinião dos clientes, e profissionais de marketing querem mudar decisões de compra. Funcionários querem mudar a perspectiva de seus chefes, e líderes querem mudar suas organizações. Pais querem mudar o comportamento dos filhos. *Startups* querem mudar as indústrias. E organizações sem fins lucrativos querem mudar o mundo.

Porém, mudar é difícil.

Nós persuadimos e convencemos e pressionamos e forçamos, mas, mesmo depois de todo trabalho, na maioria das vezes nada se altera. As coisas mudam a passos muito lentos, se é que mudam. Na fábula da tartaruga e da lebre, a mudança é um bicho-preguiça em seu horário de almoço.

Isaac Newton observou muito bem que um objeto em movimento tende a permanecer em movimento e, se estiver em repouso, tende a permanecer em repouso. Sir Isaac se concentrou em objetos físicos — planetas, pêndulos e similares —, mas os mesmos conceitos podem ser aplicados ao mundo social. Assim como luas e cometas, pessoas e organizações são orientadas pela conservação do momentum. Inércia. Eles tendem a fazer o que sempre fizeram.

Em vez de considerar quais candidatos representam seus valores, eleitores escolhem aquele que representa o partido no qual votaram no passado. As empresas, em vez de recomeçarem do zero e considerarem projetos que mereçam atenção, pegam o orçamento do ano anterior e usam-no como ponto de partida. Os investidores, em vez de reequilibrarem o portfólio financeiro, tendem a observar como estavam investindo e mantêm o curso.

A inércia explica por que famílias voltam ao mesmo local de férias todos os anos e por que as organizações são cautelosas ao implementar novas iniciativas e reticentes quanto a eliminar as antigas.

Ao tentar mudar opiniões e vencer essa inércia, a tendência é pressionar. O cliente não está comprando a conversa? Envie uma apresentação com fatos e motivos. O chefe não está escutando a ideia? Dê mais exemplos ou uma explicação mais completa.

Seja na tentativa de mudar a cultura de uma empresa ou de fazer com que os filhos comam vegetais, a suposição é que pressionar cada vez mais vai resolver. Isso é, se fornecermos mais informações, mais fatos, mais motivos, mais argumentos, ou se pressionarmos um pouco mais, as pessoas mudarão.

Essa abordagem supõe implicitamente que pessoas são como bolas de gude. Empurre-as em uma direção e elas irão.

Infelizmente, isso quase sempre falha. Diferentemente de bolas de gude, as pessoas não se deixam levar quando você tenta forçá-las. Elas recuam. Em vez de dizer sim, o cliente não retorna mais nossas ligações. Em vez de concordar, o chefe diz que vai pensar a respeito, o que é uma forma gentil de dizer: "Obrigado, mas de jeito nenhum".

Então, se pressionar as pessoas não adianta, o que funciona?

Um Jeito Melhor de Mudar Opiniões

Para responder a essa pergunta, será útil observar uma área completamente diferente: a química.

Deixada à sua própria sorte, a alteração química pode levar milhares de anos. Algas e plânctons se transformam em petróleo, ou o carbono é gradualmente reduzido a diamantes. Para que as reações ocorram, as moléculas devem quebrar as ligações entre seus átomos e formar novas ligações. É um processo lento e meticuloso que acontece por milhares, se não, por milhões de anos.

Para facilitar a mudança, os químicos geralmente usam um conjunto de substâncias especiais. Esses heróis desconhecidos limpam o escapamento do seu carro e a sujeira das suas lentes de contato. Transformam ar em fertilizante e petróleo em capacetes para ciclistas. Aceleram a mudança, possibilitando que a interação de moléculas que levaria anos para acontecer seja feita em segundos.

O mais intrigante, contudo, é o *jeito* como essas substâncias promovem a mudança.

Reações químicas geralmente exigem certa quantidade de energia. Transformar gás de nitrogênio em fertilizante, por exemplo, requer um aquecimento acima de 1.000º C. Adiciona-se energia suficiente, por meio de temperatura e pressão, para forçar uma reação.

Substâncias especiais aceleram o processo. Elas fornecem uma rota alternativa ao aumento de calor ou à adição de pressão, reduzindo a quantidade de energia necessária para que uma reação ocorra.

À primeira vista, isso parece impossível. Algo mágico. Como uma mudança pode ocorrer mais rapidamente com *menos* energia? Parece violar as próprias leis da termodinâmica.

Entretanto, substâncias especiais adotam uma abordagem diferente. Em vez de forçar, elas reduzem as barreiras à mudança.

Essas substâncias se chamam catalisadores.[i]

Os catalisadores revolucionaram a química. Sua descoberta resultou em vários prêmios Nobel, salvou bilhões de pessoas de morrerem de fome e possibilitou algumas das maiores invenções dos últimos séculos.

Entretanto, a abordagem subjacente dos catalisadores é igualmente poderosa no mundo social. Há uma forma melhor de gerar mudança e não é exercendo maior pressão. Não se trata de ser mais convincente ou mais persuasivo. Essas táticas podem funcionar de vez em quando, mas muito frequentemente levam as pessoas a aumentarem suas defesas.

Em vez disso, trata-se de ser um catalisador — mudar a opinião das pessoas por meio da remoção de bloqueios e da diminuição de barreiras que as impedem de agir.

É exatamente isso que negociadores de reféns fazem. Qualquer pessoa que enfrenta uma equipe da SWAT avançando sobre ela provavelmente se sentirá encurralada — seja um mafioso russo ou

---

[i] Reações ocorrem quando moléculas colidem umas contra as outras. Contudo, em vez de aumentar a frequência das colisões, como acontece ao se acrescentar energia, os catalisadores aumentam a taxa de sucesso. Em vez de ficar pipocando em encontros às cegas, na esperança de que algum dê certo, o catalisador atua como casamenteiro, incentivando reagentes a se encontrarem nas posições corretas para que a mudança ocorra.

um suposto ladrão de banco que está mantendo três reféns sob sua arma. Pressione-os bastante e eles enlouquecerão. Diga a eles o que fazer e é improvável que escutem.

Os bons negociadores de reféns adotam uma conduta diferente. Começam ouvindo e cultivando a confiança. Incentivam o suspeito a revelar seus medos e motivações, e a contar sobre quem o está esperando em casa. E, se precisar, falam até sobre *animais de estimação* no meio do confronto.

O objetivo dos negociadores de reféns é aliviar a pressão e não derrubar a porta. É reduzir gradualmente o medo, a incerteza e a hostilidade do suspeito, até que ele analise a situação e perceba que a melhor opção é, provavelmente, aquela que parecia impensável no início: sair com as mãos para cima.

Grandes negociadores de reféns não aumentam a pressão ou colocam mais lenha na fogueira de uma situação já tensa. Em vez disso, identificam o que está impedindo a mudança de acontecer e removem a barreira. A mudança acontece usando menos energia, e não o contrário.

Assim como um catalisador.

Catalisando a Mudança

Comecei a estudar os catalisadores porque estava em um impasse.

Uma empresa da lista Fortune 500 pediu ajuda para lançar um novo e revolucionário produto. As abordagens tradicionais não estavam funcionando. Tentaram propaganda, envio de mensagens, e todas as táticas comuns, sem muita sorte.

Então mergulhei na literatura.

Em meu trabalho como professor da Wharton School na Universidade da Pensilvânia, passei mais de duas décadas estudando a ciência da influência social, o boca a boca e a razão das coisas se tornarem populares. Com um grupo de excelentes colegas, realizei centenas de experimentos sobre tudo, desde por que as pessoas compram até o que motiva o processo decisório e a escolha. Tive o prazer de ensinar dezenas de milhares de alunos e executivos, e de ajudar centenas de empresas, como a Apple, a Google, a Nike e a GE, a mudarem de ideia, de comportamento e suas ações. Ajudei o Facebook a lançar um novo hardware, a Bill & Melinda Gates Foundation a aprimorar o envio de mensagens, e pequenas startups, campanhas políticas e organizações sem fins lucrativos a fazerem com que seus produtos, serviços e ideias pegassem.

Contudo, quanto mais eu lia, percebia que a maioria das perspectivas existentes usavam a mesma abordagem. Persuadir, convencer e incentivar. Pressionar, pressionar, pressionar. E, se isso não der certo, zere tudo e repita. Acelere e pressione ainda mais.

E não estavam funcionando.

Comecei a pensar se não haveria um jeito melhor. Entrevistei fundadores de startups para aprender como eles direcionam a adoção de novos produtos e serviços. Conversei com CEOs e gerentes para descobrir como grandes líderes transformam as organizações. Falei com vendedores que atendem as celebridades para aprender como eles convencem os clientes mais difíceis. Consultei agentes de saúde pública para descobrir como promovem a mudança de comportamento e aceleram a difusão de importantes inovações médicas.

Lentamente, um método diferente surgiu. Uma abordagem alternativa para mudar a opinião das pessoas.

Tentamos uma versão mais rudimentar com o cliente, e ela teve certa aceitação. Revisamos essa versão e tivemos mais sucesso. Animados com essas vitórias incipientes, tentamos estender essa abordagem para uma empresa diferente. Acharam útil, e logo eu estava tentando essa técnica em todos os meus projetos de consultoria, direcionando a adoção de produto, mudando comportamentos e a cultura organizacional.

Um dia, um cliente em potencial perguntou se eu tinha algo por escrito que pudesse compartilhar. Algo que documentasse nossa estratégia e abordagem.

Selecionei slides de diferentes apresentações em PowerPoint, mas logo percebi que não eram suficientes. Era preciso ter um lugar onde todas as informações estivessem reunidas em um formato fácil de ler.

Este é o lugar.

Encontrando os freios

Este livro adota uma abordagem diferente para a mudança.

Infelizmente, quando se trata de tentar criar uma mudança, as pessoas raramente pensam em remover bloqueios. À pergunta sobre como mudar a opinião de uma pessoa, 99% das respostas focam em alguma versão de pressão. "Apresente fatos e provas", "Explique seus motivos" e "Convença-os" são bordões comuns.

Estamos tão focados no resultado desejado que só pensamos em como forçar as pessoas naquela direção. No caminho, tendemos a esquecer a pessoa cuja opinião estamos tentando mudar e o que a está impedindo de agir.

Em vez de perguntar o que poderia convencer alguém a mudar, os catalisadores começam com uma simples pergunta: *Por que essa pessoa ainda não mudou? E o que a está bloqueando?*

É disto que trata este livro: como sair da inércia, estimular a ação e mudar opiniões — sem ser mais persuasivo ou sem pressionar mais, mas agindo como um catalisador, removendo as barreiras da mudança.

Toda vez antes de começar a dirigir, você coloca o cinto de segurança, a chave na ignição e pisa devagar no acelerador. Se estiver em uma ladeira, precisará acelerar mais, mas geralmente quanto mais pisa no acelerador maior é o movimento obtido.

Mas, e se você acelerar e acelerar e o carro não sair do lugar? E aí?

Sempre que a mudança não acontece, pensamos que precisamos de mais potência. Os funcionários não estão adotando a nova estratégia? Envie outro e-mail para lembrá-los por que devem adotá-la. Os clientes não estão comprando o produto? Gaste mais dinheiro em propaganda ou ligue mais uma vez para eles.

Entretanto, com todo esse foco em pisar no acelerador, quase sempre negligenciamos uma forma mais fácil e eficiente: identificar o que está bloqueando ou impedindo a mudança. E eliminar esses obstáculos à mudança.

Às vezes a mudança não exige mais potência. Às vezes precisamos destravar o freio.

Este livro é sobre encontrar os freios. Descobrir as barreiras ocultas que impedem a mudança. Identificar os problemas principais ou fundamentais que estão frustrando a ação e aprender como mitigá-los.

Cada capítulo apresenta um bloqueio-chave e como lidar com ele.

Princípio 1: Reatância

Sob pressão, as pessoas se retraem. Assim como em um sistema de defesa antimíssil que protege contra projéteis iminentes, elas têm um sistema inato de antipersuasão. Um radar que é ativado quando percebem que alguém está tentando convencê-las. Para diminuir essa barreira, os catalisadores incentivam as pessoas a convencerem a si próprias. Você aprenderá sobre a ciência da reatância, como avisos se tornam recomendações, e o poder da empatia tática. Verá também como um agente de saúde pública conseguiu que adolescentes parassem de fumar e como um negociador de reféns fez com que criminosos reincidentes saíssem com as mãos para cima, apenas pedindo.

Princípio 2: Dotação

Como diz um antigo ditado, se não está quebrado, por que consertar? As pessoas estão engajadas com o que já estão fazendo. E, exceto se o que estão fazendo estiver ruim, elas não vão querer mudar. Para diminuir a dotação, ou o apego das pessoas com o status quo, os catalisadores enfatizam como a inação não é tão inofensiva como parece. Descubra por que vendedores valorizam mais as coisas do que os compradores, por que as vantagens têm que ser 2,6 vezes maiores do que as desvantagens para que pessoas tomem iniciativas e por que torcer um dedo pode ser mais doloroso do que quebrá-lo. Veja como consultores financeiros fazem com que clientes invistam sensatamente e como profissionais de TI fazem com que os funcionários adotem novas tecnologias.

Princípio 3: Distância

As pessoas têm um sistema inato de antipersuasão, mas, mesmo quando apenas fornecemos informações, às vezes isso falha. Por quê? Outra barreira é a distância. Se a informação nova está dentro da zona de aceitação da pessoa, ela está disposta a ouvir. Entretanto, se estiver fora, na área da rejeição, tudo muda. A comunicação é ignorada ou, pior, aumenta a oposição. Você aprenderá a mudar o voto de um eleitor e como um ativista político conseguiu que conservadores comprometidos apoiassem políticas liberais, como os direitos dos transgêneros. E, ainda, por que grandes mudanças requerem pedir menos e não pressionar mais. Verá também como catalisadores descobrem os pontos de descolamento para mudar opiniões em questões aparentemente difíceis.

Princípio 4: Incerteza

A mudança quase sempre envolve incerteza. Será que um novo produto, serviço ou ideia será tão bom quanto o antigo? É difícil saber com certeza, e essa incerteza faz com que as pessoas apertem o botão de pausa, interrompendo a ação. Para vencer essa barreira, os catalisadores facilitam a tentativa, como as amostras grátis no supermercado ou os *test drives* nas revendedoras de automóveis, que reduzem o risco ao permitir que as pessoas experimentem. Descubra por que políticas de devolução permissivas aumentam os lucros, por que fazendeiros não conseguem adotar inovações úteis, e como um antigo vendedor de ingressos da liga inferior de beisebol construiu um negócio de envio gratuito de um bilhão de dólares. E, para que você não pense que essa ideia está restrita a grandes empresas com um produto ou serviço a oferecer, mostrarei como qualquer um pode aplicar esses conceitos, desde abrigos de animais e contadores até vegetarianos e esforços de mudança organizacional.

Princípio 5: Evidências Corroborativas

Às vezes, por mais bem informada ou segura que uma pessoa seja, não é o suficiente. Algumas coisas precisam de mais provas, mais evidência para superar o problema da tradução ou para conduzir uma mudança. Sem dúvida, uma pessoa endossou algo, mas o que o endosso dela diz sobre se *eu vou* gostar? Para vencer essa barreira, os catalisadores encontraram um reforço. Evidência corroborativa. Você verá como advogados de usuários de drogas incentivaram viciados a procurar tratamento, quais recursos são mais impactantes, e por que e quando é melhor concentrar recursos esparsos em vez de distribuí-los.

Reatância, Dotação, Distância, Incerteza e *Evidência Corroborativa* podem ser chamadas de os cinco cavaleiros da inércia. Os cinco bloqueios-chave que impedem ou inibem a mudança.

Cada capítulo põe em foco um desses bloqueios e como reduzi--lo. Serão apresentados pesquisa integrada e estudos de caso para ilustrar a ciência por trás de cada bloqueio e os princípios que indivíduos e organizações têm usado para mitigá-lo.

Essas cinco formas de ser um catalisador podem ser organizadas em um acrônimo formado pelas iniciais das palavras em inglês. Os catalisadores reduzem a *Reatância* [*Reactance*], diminuem a *Dotação* [*Endowment*], encurtam a *Distância* [*Distance*], aliviam a *Incerteza* [*Uncertainty*] e descobrem *Evidência Corroborativa* [*Corroborating Evidence*]. Juntas, em inglês, formam REDUCE, em português REDUZIR, que é exatamente o que grandes catalisadores fazem. Eles **REDUZEM** bloqueios. Mudam opiniões e incitam a ação ao reduzir as barreiras à mudança.

Após cada princípio, um breve estudo de caso será apresentado, ilustrando como essas ideias se aplicam aos diferentes domínios — desde mudar a opinião do chefe e incitar os britânicos a apoiar o Brexit até mudar o comportamento do consumidor e fazer com que um grande dragão renuncie à Ku Klux Klan.

Observe que nem toda a situação envolve os cinco bloqueios. Algumas vezes o bloqueio-chave é a reatância. Outras vezes a incerteza desempenha o papel principal. Alguns casos envolvem uma combinação de alguns bloqueios e outros, um único bloqueio. Porém, ao compreender todos, podemos diagnosticar quais estão atuando e mitigá-los.

Este livro tem um objetivo simples: reestruturar como abordamos um problema universal. Você aprenderá como pessoas e organizações mudam — e como catalisar esse processo.

Ao longo do livro, aplicarei a ideia de remoção de barreiras à mudança individual, organizacional e social. No percurso, você verá como catalisadores aplicaram essas ideias a um conjunto de diferentes situações. Como líderes transformam a cultura organizacional e como ativistas inflamam movimentos sociais. Como vendedores fecham um negócio e como funcionários conseguem o apoio de gerentes para novas ideias. Como advogados de usuários de drogas conseguem fazer com que estes percebam que têm um problema e como cabos eleitorais mudam crenças políticas bastante enraizadas.

Trataremos de mudança de opinião e de comportamento. Às vezes, os conceitos que mudam uma pessoa também mudam outra, mas outras vezes não precisamos mudar a opinião para conduzir a ação; precisamos somente remover bloqueios e facilitar para que a mudança aconteça.

Este livro se destina a qualquer um que queira catalisar uma mudança. Ele fornece uma forma poderosa de pensamento e um conjunto de técnicas que podem levar a resultados extraordinários.

Se você está tentando mudar uma pessoa, transformar uma organização ou modificar a maneira como toda uma indústria faz negócio, este livro o ensinará a como se tornar um catalisador.[2]

1. REATÂNCIA

Chuck Wolfe estava diante de uma tarefa impossível. O governador da Flórida pediu que ele liderasse um novo programa. Isso não era novidade. Chuck trabalhava para o governador há quase uma década, desempenhando diversos papéis diferentes: gerente de operações, diretor de assuntos externos e diretor executivo de vigilância financeira. Ele desenvolveu e implementou programas que ajudaram os esforços de emergência depois do furacão Andrew, e ajudou a cidade de Miami a sair da crise financeira.

Entretanto, dessa vez o desafio era muito maior. O trabalho dele era montar uma equipe para combater uma indústria que vendia mais de um trilhão de produtos para mais de um bilhão de consumidores no mundo todo. Uma indústria que gastou quase US$10 bilhões por ano comercializando produtos, e na qual cada empresa, individualmente, lucrava mais que a Coca-Cola, a Microsoft e o McDonald's.

Juntos.

A meta de Chuck? Fazer algo que dezenas de organizações não conseguiram durante décadas: que os adolescentes parassem de fumar.

No final da década de 1990, o tabagismo era a maior crise de saúde pública que o país enfrentava. Cigarros eram a maior causa de mortes e doenças evitáveis, matando dezenas de milhões de pessoas ao redor do mundo. Apenas nos Estados Unidos, o cigarro foi responsável por uma entre cinco mortes, com um custo econômico de quase US$150 bilhões ao ano.[1]

O problema era particularmente grave entre adolescentes. As empresas de tabaco sabiam que o mercado jovem era vital para seu sucesso. Embora alegassem para o público que evitavam adolescentes e crianças, internamente sabia-se que essa não era uma opção. "O adolescente de hoje é um potencial cliente regular de amanhã, e a grande maioria dos fumantes começam a fumar na adolescência", dizia um memorando da Philip Morris. Não vender para crianças significava ir à falência.

Portanto, as empresas usaram todos os recursos para atrair a população mais jovem. Quando o desenho animado dos *Flintstones* foi ao ar em 1960, os cigarros Winston eram os patrocinadores, e comerciais mostravam Fred e Barney Rubble fumando nos intervalos do expediente. Quando a propaganda de cigarro foi banida da televisão e do rádio no início da década de 1970, as empresas de cigarro inventaram personagens amigáveis de desenho animado, como Joe Camel, para deixar os cigarros mais divertidos. E quando os cigarros comuns deixaram de ser suficientemente atrativos para o paladar jovem, introduziram tabaco com sabor, embalados em papéis com tons pastéis para parecerem mais atraentes.

Funcionou.

As taxas de fumantes jovens deveriam ser baixas. Nos Estados Unidos, a lei federal exige idade mínima de dezoito anos para a compra de cigarros, e a maioria dos alunos não atinge essa idade até a metade do último ano do ensino médio. Algumas cidades aumentaram ainda mais a idade mínima.

Porém, no final da década de 1990, as coisas pareciam assustadoras. Quase três quartos dos estudantes do ensino médio já tinham fumado.[2] Um em cada quatro alunos do 3º ano relatou fumar diariamente. O fumo entre adolescentes registrou a taxa mais alta em dezenove anos. E os números continuavam crescendo.

Alguém precisava parar o tabagismo na adolescência. E rápido.

No entanto, fazer com que jovens parem de fumar não é uma tarefa fácil. Organizações tentaram — e falharam — por décadas. Países baniram a propaganda de cigarros. Colocaram nas embalagens avisos sobre os riscos do fumo para a saúde. E gastaram bilhões de dólares tentando persuadir jovens a deixar de fumar.

Apesar de todos os esforços, na realidade as taxas de fumantes aumentaram.[3]

Como Chuck Wolfe obteve sucesso quando tudo mais falhou?

Quando Avisos se Tornam Recomendações

Para responder a essa pergunta é preciso entender por que avisos anteriores não serviram de nada. E qual a melhor forma de fazer isso senão examinar o aviso que, afinal, nem deveria ter sido necessário em primeiro lugar?

No início de 2018, a Procter & Gamble teve um pequeno problema de relações-públicas.

Cinquenta anos antes, a empresa lançou o Salvo, um sabão para lavar roupas em pó em forma de tablete. Os tabletes não faziam muito sucesso, mas, depois de décadas de trabalho, a Procter & Gamble tinha uma nova fórmula que acreditava que seria mais eficiente. Em vez de medir quanto sabão usar, ou se arriscar a ficar com a sujeira grudada nas roupas, os consumidores poderiam tirar uma dessas pequenas bolhas encapsuladas de uma caixa e jogá-las dentro da máquina de lavar. O plástico se dissolveria na água, liberando o sabão quando necessário. Sem barulho, sem confusão.

A Procter & Gamble introduziu o produto sob a marca Tide, e chamou-o de Tide Pods, com a promessa de facilitar a lavagem de roupas. A empresa investiu mais de US$150 milhões em marketing, acreditando que os pods captariam 30% dos US$6,5 bilhões do mercado norte-americano de detergentes para lavar roupa.

Só havia um problema: pessoas estavam comendo as cápsulas.

O "Desafio do Tide Pod", como foi chamado, começou como uma brincadeira. Alguém comentou que as espirais brilhantes laranja e azul davam vontade de comer e, depois de um artigo no *Onion* ("Deus me Ajude, Vou Comer um desses Pods de Detergente Multicoloridos"), um vídeo do *CollegeHumor* e de várias postagens nas mídias sociais, começou um burburinho.

Agora pessoas estavam desafiando outras a comerem detergente. Adolescentes fariam vídeos mastigando ou se engasgando com os pods e postariam no YouTube, desafiando outros a fazerem a mesma coisa. Em feitos de inspiração culinária, alguns estavam até mesmo cozinhando os pods antes de ingeri-los.[4]

Logo, todo mundo, desde a Fox News até o *Washington Post*, estava cobrindo a onda. Médicos foram trazidos para comentar, pais torciam as mãos e todos estavam intrigados com a tendência esquisita que aumentava a todo vapor.

Então a Procter & Gamble fez o que muitas empresas fariam nessa situação: disseram para as pessoas não comerem os pods.

Em 12 de janeiro de 2018, a Tide postou no Twitter: "Para que servem os Tide PODS? PARA LAVAR ROUPA. Nada além disso.

Comer Tide PODS é uma MÁ IDEIA…"

Para esclarecer ainda mais, contratou o famoso jogador de futebol americano Rob "Gronk" Gronkowski para ajudar. Em um vídeo curto, Tide pergunta a Gronk se comer Tide Pods é, *em algum momento*, uma boa ideia. E a resposta dele é simples. "NÃO, NÃO, NÃO, NÃO, NÃO, NÃO…", Gronk repete ao mesmo tempo que balança o dedo para as câmeras e a tela se enche de "NÃOS". "Nem mesmo de brincadeira?", eles perguntam. "NÃO, NÃO, NÃO, NÃO, NÃO", Gronk responde. "O Tide Pods deve ser usado para outra coisa que não lavar roupas?". "NÃO", disse Gronk.

O vídeo termina com um aviso: "Embalagens de detergentes de roupa contêm detergente altamente concentrado destinado somente a lavar roupas". E como se já não fosse claro o suficiente, adicionaram uma citação de Gronk: "Não coma".

Por precaução, algumas horas depois, o próprio Gronk postou na mídia social. "Minha parceria com @Tide é para deixar claro que Tide Pods são feitos para lavar roupa", ele tuitou. "E nada mais!".

E foi aí que coisas ruins começaram a acontecer.

Avisar sobre riscos de saúde é uma abordagem padrão utilizada há décadas. Coma menos gordura. Se beber, não dirija. Use o cinto de segurança. Escolha qualquer assunto de saúde, acrescente uma advertência para fazê-lo (se for bom) ou evitá-lo (se for ruim), e basicamente você capturou a essência da comunicação da saúde pública nos últimos cinquenta anos.

Portanto, não é de se surpreender que a Procter & Gamble pensasse que isso era o que deveria fazer. Os executivos da Tide provavelmente pensaram que era ridículo terem que falar alguma coisa em primeiro lugar. Quem pensaria que comer algo recheado de etóxi sulfato de álcool e propilenoglicol fosse uma boa ideia? Além disso, o site já continha um aviso dizendo "Mantenha longe do alcance de crianças". Contratar Gronk para dizer às pessoas não comerem pods poderia ajudar a divulgar e sanar dúvidas.

Contudo, não foi isso o que aconteceu.

Logo depois que Gronk e a Tide alertaram as pessoas para não comer pods, pesquisas no Google por Tide Pods atingiram nível máximo. Quatro dias depois, tinham mais que dobrado. Em uma semana, subiram 700%.

Infelizmente, o tráfego não era de pais preocupados tentando entender por que a Tide tinha usado o Twitter para lembrar as pessoas do óbvio. As visitas aos centros de controle de intoxicações também dispararam.

Em 2016, houve somente 39 casos de ingestão, inalação ou absorção de embalagens de detergente por adolescentes. Nos doze dias seguintes ao anúncio da Tide, esse valor tinha duplicado. Em poucos meses, o número era mais do que o dobro dos dois anos anteriores juntos.

Os esforços da Tide não funcionaram.

O Desafio do Tide Pod pode parecer incomum, mas na realidade é um exemplo de um fenômeno muito maior.[5] Instruir jurados a desconsiderar um depoimento inadmissível pode incentivá-los a considerá-lo ainda mais. Mensagens de prevenção contra o consumo de álcool podem levar universitários a beber mais. E tentar persuadir pessoas de que fumar é prejudicial à saúde pode, na verdade, fazer com que se interessem pelo fumo no futuro.

Nesses e em exemplos similares, avisos viraram recomendações. Assim como dizer a um adolescente que não pode namorar uma pessoa de alguma maneira faz com que ela se torne mais atraente, dizer às pessoas para *não* fazerem algo tem um efeito oposto: é *mais* provável que elas o façam.

A Necessidade de Liberdade e de Autonomia

No final da década de 1970, pesquisadores de Harvard e Yale publicaram um estudo que ajuda a explicar por que avisos têm o efeito oposto.

Em uma casa de repouso local chamada Arden House, os pesquisadores realizaram um simples experimento.[6] Em um dos andares, os residentes foram lembrados de quanta liberdade e controle tinham sobre suas vidas. Podiam escolher se queriam que os quartos fossem arrumados ou se queriam ajuda dos funcionários para reorganizar a mobília. Poderiam decidir como gostariam de passar o tempo e se visitariam outros residentes ou fariam outra coisa. Em caso de reclamações, poderiam dar um feedback para que as coisas mudassem.

Para salientar a autonomia dos residentes, algumas escolhas adicionais lhes foram dadas. Uma caixa com vasos de planta circulou no andar, e foi perguntado aos residentes se gostariam de cuidar de uma, e, em caso afirmativo, de qual. Um filme seria exibido em duas noites na semana seguinte, e os residentes deveriam responder em qual noite gostariam de ir, e se é que gostariam de ir.

Em outro andar, os residentes ouviram um discurso semelhante, mas sem a inclusão de liberdade e controle. Foram lembrados de que a equipe havia arrumado os quartos na tentativa de fazer com que eles fossem o mais feliz possível. Receberam vasos de plantas e lhes foi dito que as enfermeiras cuidariam das plantas para eles. Na semana seguinte seria exibido um filme, ao qual seriam designados a assistir em um dia ou no outro.

Passado algum tempo, os pesquisadores voltaram para ver como os residentes estavam e se os lembretes haviam surtido algum efeito.

Os resultados foram impressionantes. Os residentes que tiveram mais controle estavam mais alegres, ativos e alertas.

Contudo, os efeitos de longo prazo foram mais surpreendentes. Dezoito meses depois, os pesquisadores avaliaram a taxa de mortalidade entre os dois grupos. No andar que tinham sido dados maior liberdade e controle, menos da metade dos residentes havia morrido. Sentir-se com mais autonomia parece prolongar a vida das pessoas.

As pessoas sentem necessidade de liberdade e autonomia. Sentir que suas vidas e ações estão sob seu controle. Que, em vez de serem guiadas pelo acaso, ou estarem sujeitas aos caprichos dos outros, têm a chance de escolher.

Consequentemente, são relutantes em desistir da atividade. Na realidade, a escolha é tão importante que preferem escolher, mesmo quando isso pode torná-las piores. Mesmo quando escolher pode deixá-las menos felizes.

Em um estudo,[7] pesquisadores pediram para que as pessoas imaginassem ser os pais de Julie, uma bebê prematura admitida com hemorragia cerebral na unidade de tratamento intensivo neonatal do hospital. A vida de Julie era mantida por respirador, mas, infelizmente, após três semanas de tratamento, a saúde dela não havia melhorado. Assim, os médicos chamaram os pais de Julie para explicar a situação.

Havia duas opções: parar o tratamento, o que significaria que Julie morreria, ou continuar o tratamento, embora ela pudesse morrer de qualquer maneira. Mesmo se a criança sobrevivesse, sofreria comprometimentos neurológicos incapacitantes. Ambas as opções estavam longe do ideal.

Os participantes foram divididos em dois grupos. Um grupo deveria escolher por si só. Parar ou continuar o tratamento.

Disseram ao outro grupo que médicos decidiram por eles. Foi dito que os médicos decidiram interromper o tratamento levando em consideração o que era melhor para Julie.

Certamente essa é uma situação horrível. Independentemente de escolherem sozinhos ou os médicos escolherem por eles, todos os participantes ficaram nervosos, chateados, angustiados — e se sentiram culpados.

Contudo, os pesquisadores acharam que quem escolheu se sentiu pior. Ter que escolher pessoalmente desligar o aparelho fez com que a situação parecesse ainda pior.

Dito isso, ainda assim, o grupo que escolheu não queria abrir mão do controle. Ao serem perguntados, disseram que preferiam tomar a decisão sozinhos do que deixar o médico decidir. Embora se sentindo péssimos, queriam ter o controle.

Reatância e o Radar Antipersuasão

O estudo da escolha e o da casa de repouso ajudam a explicar o que aconteceu com a Procter & Gamble e os Tide Pods. As pessoas gostam de sentir que controlam suas escolhas e ações, que são livres para guiar o próprio comportamento.

Ficam aborrecidas quando têm sua liberdade ameaçada ou restringida pelos outros. Se alguém diz a uma pessoa que ela não pode ou não deve fazer algo, isso interfere na autonomia dela, na habilidade de enxergar as ações como sendo guiadas por ela. Então recuam: Quem é você para me dizer que não posso escrever mensagens enquanto dirijo ou levar meu cachorro para passear naquele canteiro de grama limpa? Posso fazer o que eu quiser!

Quando a capacidade de uma pessoa de fazer suas próprias escolhas é retirada ou ameaçada, ela reage contra a potencial perda de controle. E uma forma de reafirmar aquele senso de controle — sentir-se autônomo — é envolver-se no comportamento proibido: escrever mensagens enquanto dirige, deixar o cachorro fazer as necessidades na grama ou mesmo mastigar alguns Tide Pods. Fazer a coisa proibida passa a ser um jeito fácil de reafirmar a sensação de estar no banco do motorista.[8]

Ainda que escrever mensagens enquanto se dirige possa não ter sido tão atrativo originalmente, a ameaça de restrição faz com que isso seja mais desejável. A fruta proibida é sempre mais doce. E ela parece mais doce porque comê-la é uma forma de reconquistar a autonomia.

A restrição gera um fenômeno psicológico chamado reatância, um estado de desconforto que ocorre quando a pessoa sente que perdeu a liberdade ou a teve ameaçada.

A reatância acontece mesmo quando pedimos para uma pessoa *fazer* algo em vez de dizer para *não* fazer. Qualquer esforço feito, seja para incentivar a compra de um carro híbrido ou para economizar dinheiro para a aposentadoria, é visto involuntariamente como violação da liberdade. Interfere na capacidade das pessoas em ver o comportamento como sendo conduzido por elas mesmas.

Na ausência de persuasão, as pessoas acreditam que estão fazendo o que *elas* querem. Veem suas ações como tendo sido conduzidas por seus próprios pensamentos e preferências. O único motivo pelo qual se interessam em comprar um carro híbrido são: elas gostam de ajudar o meio ambiente e gostam da aparência do carro.

Contudo, tente convencer as pessoas e as coisas podem ficar mais complicadas. Porque se agora elas se pegarem pensando em comprar um carro híbrido, há uma outra explicação. Além do interesse inato próprio, agora existe uma outra possibilidade: talvez estejam pensando em comprar um carro híbrido porque alguém disse que deveriam comprar. E aquela explicação alternativa dos interesses delas ameaça sua liberdade inferida. Se estiverem considerando comprar um carro híbrido porque alguém disse que deveriam, o comportamento delas, na realidade, não está sendo conduzido por elas mesmas. Elas não estão, de fato, sentando na cadeira do motorista. Outra pessoa está.

Portanto, assim como o Desafio do Tide Pod, para restabelecer o senso de autonomia, quase sempre, as pessoas reagem contra a persuasão. Fazem o oposto de qualquer coisa que lhes foi pedido.[i] Quer que eu compre um carro híbrido? Não, obrigado, vou comprar um que bebe gasolina. Quer que eu economize dinheiro para a aposentadoria? Mostro para você. Vou comprar o que eu quiser![9] Pressionar, falar ou simplesmente incentivar as pessoas a fazerem algo quase sempre faz com fiquem menos inclinadas a fazê-lo.

A reatância acontece até mesmo quando se quer fazer o que foi sugerido. Por exemplo, uma nova iniciativa de uma empresa para fazer com que as pessoas opinem nas reuniões. Algumas já estariam dispostas a dar sua opinião, então a iniciativa seria uma venda fácil. Pessoas querem opinar; a empresa quer que elas opinem; todos ganham.

Contudo, se a iniciativa desencoraja a capacidade das pessoas em ver seu comportamento como orientado interna e livremente, pode dar errado. Alguém que está pensando em dar sua opinião agora tem uma explicação alternativa para esse pensamento: que está fazendo aquilo não porque *quer*, mas porque a iniciativa *mandou* que fizesse. Isso interfere na capacidade de ver que tomou a decisão sozinho. E, se as pessoas não querem parecer que estão concordando com a instrução, podem acabar permanecendo em silêncio.

Assim como um sistema antimíssil protege um país contra projéteis iminentes, as pessoas possuem um radar antipersuasão, um sistema inato de anti-influência que as blinda contra se deixar influenciar. Estão constantemente escaneando o ambiente em busca de tentativas de influência e, quando detectam uma,

---

[i] Nem sempre as pessoas reagem fazendo o contrário do que lhes foi pedido, mas, quase sempre, é a melhor forma de sentir que não foram influenciadas. Se um anúncio diz "Compre um carro híbrido da marca X", eu poderia comprar o da marca Y no lugar; contudo, ainda ficaria com uma sensação incômoda que talvez a razão por ter comprado um carro híbrido tenha sido o anúncio. Porém, não comprar um, ou comprar algo totalmente diferente, como uma picape, evitaria por completo essa atribuição. O anúncio dizia para eu comprar um carro híbrido, então não comprar um era uma decisão só minha. O anúncio não dizia nada a respeito de picapes, então, se eu comprar uma, devo estar no comando da situação. Fazer qualquer coisa que não o que foi solicitado dá alguma sensação de liberdade, mas fazer o contrário é sempre mais eficiente.

aplicam contramedidas.[10] Respostas que as ajudam a evitar serem persuadidas.

A contramedida mais simples é evitar, ou simplesmente ignorar, a mensagem. Deixar o cômodo durante um comercial, desligar um telefonema de venda ou fechar uma janela pop-up. Compradores evitam vendedores e compradores online evitam olhar banners publicitários. Quanto mais um anúncio parece tentar persuadir, provavelmente, mais as pessoas trocarão de canal. Ao reduzir a exposição à comunicação recebida, seu impacto potencial é enfraquecido.

A resposta mais complexa (e trabalhosa) é a contra-argumentação. Em vez de simplesmente ignorar a mensagem, as pessoas contestam-na ativamente ou trabalham para combatê-la.

Observe, por exemplo, a mensagem da Ford sobre sua picape Ford-150: "CAPACIDADE LÍDER DA CATEGORIA... A Ford F-150 supera todas as outras picapes da categoria, seja quando transporta carga na parte traseira seja quando reboca um trailer. Não surpreende que a concorrência esteja sempre lutando para seguir a líder."

Em vez de tomar a mensagem ao pé da letra, as pessoas contestam o conteúdo e a fonte, esmiuçando as reivindicações e argumentando contra elas. Será que a F-150 é mesmo a líder da categoria? Claro que a Ford diria isso: está tentando convencer as pessoas a comprá-la. Aposto que a Chevrolet diz a mesma coisa. Observe que a mensagem não diz somente "supera as outras picapes". Qualifica-a com "da categoria" e "quando transporta carga na parte traseira ou quando reboca um trailer". Fico imaginando se ela supera as outras picapes em tudo ou somente em um pequeno conjunto de situações específicas. E, afinal, o que significa "superar"?

Assim como uma equipe de debate de ensino médio fanática, as pessoas refutam cada reivindicação e boicotam a fonte. Cutucam e espetam e levantam objeções até que a mensagem começa a se desintegrar.

Permita/Facilite a Atividade

Para evitar a reatância e o radar da persuasão, os catalisadores facilitam a atividade. Param de tentar persuadir e, em vez disso, fazem com que as pessoas convençam a si mesmas.

Após encontrar-se com o governador, Chuck Wolfe reuniu uma equipe para conduzir o programa antitabagismo para adolescentes da Flórida.

A equipe sabia que a propaganda tradicional não daria certo. Os adolescentes eram suficientemente espertos para saber quando alguém estava tentando convencê-los.

A equipe sabia também que informações de saúde por si só não resolveriam o problema. Não é que os jovens pensassem que fumar era saudável. Eles sabiam que fazia mal para eles, mas fumavam mesmo assim.

Então, o que restou?

Após discutirem várias alternativas, o time de Wolfe chegou a uma solução absurdamente simples. Algo que ainda não tinha sido feito.

Eles pararam de dizer às crianças o que fazer.

Por décadas, adultos falaram para as crianças não fumarem. Fumar faz mal. Os cigarros vão matar você. Fique longe deles. De novo e de novo e de novo. Outras campanhas de saúde pública adotaram abordagens semelhantes.

Com certeza, havia algumas variações. Alguns pedidos enfatizavam a saúde ("Não fume: o cigarro vai matar você"), ao passo que outros focavam na vaidade ("Não fume: seus dentes vão ficar amarelados"). Alguns destacavam os esportes ("Não fume: vai piorar seu desempenho nos esportes"), enquanto outros se concentravam nas amizades ("Não fume: você vai ficar de fora").

Entretanto, independentemente do gosto ou do estilo, as entrelinhas eram as mesmas. Explícitos ou não, havia sempre um pedido, uma demanda ou uma ação sugerida: Sabemos o que é melhor para você e você deve se comportar de acordo.

E não estava funcionando.

Então, em vez de supor que tinham as respostas, a equipe de Wolfe perguntou aos jovens qual era a perspectiva deles. Em março de 1998, convocaram a Teen Tobacco Summit [Conferência do Tabagismo na Adolescência], onde alunos se reuniram para falar sobre assunto e entendê-lo.

Em vez de dizer aos adolescentes que fumar fazia mal, Chuck e os organizadores deixaram que os jovens tomassem a liderança. Tudo que os organizadores fizeram foi apresentar fatos: como a indústria do tabaco usava a manipulação e a influência para vender cigarros; como as empresas manipulavam o sistema político e usavam esportes, televisão e filmes para fazer com que fumar parecesse desejável. Isso é o que a indústria está fazendo, eles disseram. Digam o que vocês querem que façamos a respeito.

Muitas coisas resultaram da conferência. Uma nova organização estadual chamada Students Working Against Tobacco [Alunos Trabalhando contra o Tabagismo], ou SWAT, em inglês, foi formada para coordenar esforços de empoderamento dos jovens. Livros foram desenvolvidos para levar informação sobre a indústria do tabaco para salas de aula (p. ex., se um maço de cigarros gera dois dólares de lucro, quantos dólares um executivo dessa indústria lucraria se quatorze maços fossem vendidos?). E uma nova abordagem da mídia foi formulada.

Observe um dos primeiros anúncios "verdadeiros" que foram veiculados logo depois. Dois adolescentes comuns, sentados na sala de casa, ligam para um executivo de uma revista para perguntar por que a publicação, voltada para o público jovem, aceitava anúncio de cigarros.

O executivo disse que a revista apoiava anúncios antitabagismo, mas, quando um dos jovens pergunta se a revista publicaria algum como utilidade pública, o executivo disse que não.

Quando perguntado por que não, disse: "Estamos neste negócio para ganhar dinheiro". Quando o outro adolescente pergunta "Você está preocupado com as pessoas ou em ganhar dinheiro?", o executivo responde incredulamente "Ganhar dinheiro", antes de desligar rapidamente.

É isso.

O anúncio não pedia nada aos jovens. Não havia mensagem no final pedindo para não fumarem, o que fazerem ou se os tornaria pessoas legais ou não. Deixava somente que eles soubessem, quer se dessem conta ou não, que as empresas de cigarros estavam tentando influenciá-los — e que a mídia estava atenta. Em vez de tentar persuadir, as mensagens apenas apresentavam a verdade e deixavam que os adolescentes decidissem.

E eles decidiram.

Em poucos meses, a "campanha da verdade", como o programa se tornou conhecido, fez com que mais de 30 mil adolescentes da Flórida parassem de fumar.[11] Em alguns anos, a taxa de tabagismo entre os jovens reduziu-se à metade. Foi o programa de prevenção em larga escala mais eficiente de todos os tempos.

O programa piloto rapidamente se tornou modelo mundial para o controle do tabagismo entre jovens. Quando uma fundação nacional foi formada para eliminar o tabagismo juvenil, ela adotou a estratégia da Flórida e converteu a "verdade" em campanha nacional. E contratou Chuck Wolfe para ser seu vice-presidente executivo.

Durante a campanha nacional, as taxas de tabagismo entre jovens diminuíram em 75%. Os adolescentes estavam menos inclinados a começar a fumar, e aqueles que já fumavam estavam menos propensos a continuar. O programa impediu que mais de 450 mil jovens fumassem nos quatro primeiros anos e economizou dezenas de bilhões de dólares em custos com assistência médica.

Na realidade, a campanha da verdade foi tão eficaz em mudar opiniões que, em 2002, o programa recebeu uma das maiores provas de sucesso de sua abordagem: as empresas de tabaco entraram com um processo para pará-lo.

A campanha da verdade fez com que adolescentes parassem de fumar porque não dizia para eles pararem. Wolfe entendeu que os jovens eram suficientemente inteligentes para tomarem suas próprias decisões. Mais do que isso, compreendeu que, ao deixar que eles decidissem, em vez de dizer a eles o que fazer, era mais provável que tomassem uma boa decisão no final.

Wolfe deixou que os adolescentes traçassem seu próprio caminho até o destino. Ao incentivar que fossem participantes ativos, ao contrário de observadores passivos, Chuck fez com que se sentissem no controle. Reduzindo o radar deles e aumentando a ação.[12]

Para diminuir a reatância, os catalisadores facilitam a atividade — não dizem o que fazer ou são completamente não intervencionistas; eles encontram o meio-termo, orientam o caminho.

Quatro são as principais maneiras de fazer isso: (1) Fornecer um cardápio. (2) Perguntar, não dizer. (3) Enfatizar a diferença. (4) Começar com o entendimento.

Forneça um Cardápio

Uma forma de facilitar a atividade é deixar que as pessoas escolham o caminho. Deixar que escolham como chegarão onde você espera que elas irão.

Os pais usam essa ideia o tempo todo. Dizer às crianças pequenas que elas têm que comer um certo tipo de alimento geralmente não funciona. Para começar, se não se interessam por brócolis ou frango, forçá-las só aumentará a resistência.

Então, em vez de forçar, pais inteligentes oferecem uma escolha aos filhos: O que você quer comer primeiro, brócolis ou frango?

Ao apresentar opções, as crianças têm a sensação de que estão no controle: *O papai e a mamãe não estão me dizendo o que fazer, eu estou escolhendo o que quero comer.*

Entretanto, ao selecionar opções, a mãe e o pai moldam a decisão. A pequena Liza ainda está comendo o que precisa comer, só que na ordem que ela escolhe.

Você precisa ir ao médico tomar vacina: Quer no braço esquerdo ou direito? Você precisa se preparar para dormir: Quer tomar banho agora ou depois que escovar os dentes? *Escolhas orientadas* como essas deixam que crianças mantenham um senso de liberdade e controle enquanto ajudam os pais a alcançarem o resultado desejado por eles.[13]

Chefes inteligentes quase sempre fazem a mesma coisa. Potenciais contratados sabem que se espera que eles negociem, então — independentemente do que foi ofertado — geralmente pedem mais.

Um jeito de lidar com isso é dar compensações aos candidatos. Uma semana de férias adicional equivale a US$5 mil a menos no salário anual. Dez mil a mais no salário equivale a uma redução do mesmo montante na participação acionária.

Deixar que potenciais contratados escolham qual magnitude é mais importante, faz com que sintam que têm um papel mais ativo no processo[14] — e com sorte, isso satisfaz a necessidade deles em negociar. Deixar que candidatos escolham entre duas opções também agrada o chefe. Potenciais contratados acreditam que têm mais autonomia sem deixar o chefe em uma posição ruim.

Apresentar um cardápio: um conjunto limitado de opções entre as quais as pessoas podem escolher.

Vá na maioria dos restaurantes italianos para jantar e terá mais de uma opção disponível. Os clientes podem escolher se querem espaguete e almôndegas ou ragu de cordeiro. Molho à bolonhesa ou molho pesto de macadâmia.

Os consumidores podem pedir o que quiserem? Não. Não podem pedir sushi, empanados, souvlaki de cordeiro ou quaisquer outras coisas que o restaurante não ofereça.

Contudo, podem escolher dentro de conjunto limitado de pratos do cardápio. É uma escolha, mas é uma escolha limitada ou orientada. O restaurante prepara o cardápio, e os consumidores escolhem dentro desse limite.

Agências de publicidade fazem algo semelhante quando apresentam um trabalho aos clientes. Se a agência compartilha uma única ideia, o cliente passa a reunião toda apontando erros na apresentação, procurando por falhas ou enumerando motivos por que aquilo não funcionaria.

Portanto, agências inteligentes compartilham diversos caminhos — não dez ou quinze, mas dois ou três — e deixam o cliente escolher o que mais gosta, aumentando o comprometimento independentemente da rota escolhida.

Tente convencer pessoas a fazer algo, e elas vão perder bastante tempo contra-argumentando, pensando a respeito dos diversos motivos de ser uma má ideia ou por que alguma outra coisa seria melhor, porque elas *não* querem fazer o que foi sugerido.

Porém, dê muitas opções, e de repente as coisas mudam.

Em vez de pensar sobre o que está errado com o que foi sugerido, as pessoas pensam qual é melhor. Em vez de apontar erros para tudo que foi apresentado, analisam qual a melhor opção para elas. E, porque estão participando, é mais provável que escolham uma das opções no final.

Um amigo meu resmungava sobre como a esposa pedia a opinião dele e depois ignorava suas sugestões. Ela perguntava "Onde você quer ir jantar?" ou "O que você gostaria de fazer no final de semana?". Mas, se ele respondesse "Um restaurante mexicano seria ótimo" ou "Vamos naquele festival que vai acontecer no domingo", ela sempre dizia não: "Semana passada comemos comida mexicana" ou "Acho que vai fazer muito calor no domingo para ficar ao ar livre o dia todo". O marido ficava maluco com isso. "Por que ela me pergunta o que eu quero, só para dizer não depois?", ele reclamava. "Será que ela está me usando como uma caixa de ressonância perversa?"

Então, ele tentou uma tática um pouco diferente. Em vez de sugerir uma coisa, sugeriu duas. Em vez de sugerir somente comida mexicana, ele diria que comida mexicana ou japonesa seria ótimo. Em vez de sugerir o festival, diria que eles poderiam ir ao festival ou "maratonar" um dos seriados preferidos deles. Em vez de dar uma opção, ele deu um cardápio.

E, de repente, ela parou de argumentar. Ela nunca gostava do que ele sugeria, e ainda vinha com um motivo pelo qual uma opção não era tão boa, mas, pelo menos, escolhia uma.

Agora aquela opção não era somente uma sugestão dele que estava sendo impingida a ela; era uma opção dela. Afinal de contas, ela tinha escolhido.[15]

Pergunte, Não Diga

Outra maneira de facilitar a atividade é fazer perguntas em vez de declarações.

Nafeez Amin é coproprietário da Sherpa Prep, empresa de consultoria em preparação para exames e admissão para universidades, em Washington, DC. A empresa oferece cursos preparatórios para o Graduate Management Admission Test (GMAT) [Exame de Admissão para Graduados em Administração] e para o Graduate Record Examination (GRE), e, por mais de uma década, ajudou centenas de alunos a entrar nos melhores programas de pós-graduação do país.

No início, contudo, Nafeez observou que o mesmo problema se repetia: os alunos não estavam estudando o suficiente.

Além de ajudar na gestão da empresa, Nafeez dava aula nos cursos. A maioria dos alunos não estudava matemática fazia muitos anos, e o GMAT não permitia o uso de calculadoras. Então, o primeiro dia de curso começava com princípios básicos de aritmética. E, ainda, Nafeez fazia uma breve revisão da logística do curso.

Ele incentivava os alunos a fazer um plano de estudos ou contar aos amigos que estão fazendo o curso, para incentivar a responsabilidade com o resultado.

Entretanto, ao conversar com os alunos, Nafeez observou uma grande discrepância entre as expectativas deles e o tipo de trabalho exigido para o sucesso no GMAT. Muitos não tinham ideia no que tinham se metido. Todos se candidatavam para as mesmas dez melhores faculdades, presumindo que com um pouco de esforço seriam aceitos. Os alunos não entendiam que a taxa de aceitação para as melhores faculdades era, geralmente, de 5%, mesmo para os candidatos realmente qualificados.

Muitos chegavam pensando como tinham destruído no Scholastic Assessment Test (SAT) ou se saído muito bem nos testes no passado. Mas esse era um patamar diferente. Não era mais o ensino médio. Seus alunos concorreriam não somente com quem se formou na universidade, mas também com quem se saiu suficientemente bem para pensar com seriedade em fazer uma pós-graduação. Era um subconjunto mais inteligente. Seja lá o que fizeram antes não seria suficiente.

Quando Nafeez perguntou aos alunos o quanto tinham planejado estudar além do curso, tudo que obteve foi números muito baixos. Cinco horas por semana, disse a maioria, no máximo dez. Cerca de cinquenta horas ao final do curso. Nada perto das duzentas ou trezentas horas que normalmente eram necessárias para obter os pontos de que precisavam.

No entanto, quando Nafeez tentou dizer isso aos alunos, só o que obteve em troca foram olhares vazios. Ou não acreditaram nele ou ficaram tão perplexos que abandonaram o curso. Foi o que enfrentaram logo no primeiro dia. *Quem é esse cara que está dizendo que eu preciso estudar mais?*

Nafeez não queria ser desmotivador, queria que os alunos fossem realistas. Queria que entendessem que precisavam estudar mais horas fora da sala de aula. Seria mais difícil do que esperavam. Demoraria mais. Seria um processo.

Então, em vez de dizer aos alunos o que precisavam fazer, Nafeez começou perguntando o que eles queriam. Na próxima vez em que deu aula para a turma, começou perguntando: "Por que estão aqui? Qual o seu objetivo? Por que vão fazer o GMAT?".

"Eu quero entrar em uma excelente escola de administração", disse um aluno.

"Ok. Você sabe o que é necessário para entrar em um lugar como esse?", perguntou Nafeez.

"Preciso de 720 pontos", um aluno respondeu; "750", disse outro.

"Como pretendem chegar a esse número?", perguntou Nafeez.

Vários alunos se manifestaram, e o grupo iniciou uma conversa. Durante o processo, foi revelado que 250 mil pessoas faziam o GMAT todo ano. Para os 20 melhores programas de MBA, havia em torno de 10 mil matrículas. Isso significa que muitas pessoas competem por um número pequeno de vagas. Os alunos começaram a perceber que seria mais difícil do que imaginavam.

Quando a ficha caiu, Nafeez começou guiando a conversa para onde ele queria que terminasse: o quanto eles precisavam estudar. "Então, quantas horas por semana vocês acham que precisam estudar para ficarem no percentil superior?", perguntou.

Em vez de ficarem adivinhando ou atirarem números de improviso, os alunos se deram conta de que não sabiam a resposta. Então começaram a fazer perguntas a Nafeez. "Você já faz isso há um tempo, o que acha?", perguntou um aluno. "Quanto uma pessoa como eu precisa estudar para obter os pontos para entrar em um programa de alto nível?"

Uma luz se acendeu.

Agora, quando Nafeez fala em trezentas horas, todo mundo escuta. Os alunos fizeram as contas e perceberam que não conseguiriam concluir as trezentas horas ou mais em um curso de dez semanas com cinco horas por semana. Tinham que ajustar os planos. E, ao final da discussão, acabaram por triplicar o número de horas que disseram que estudariam.

Usar perguntas estimulou os resultados. Nafeez descobriu que os alunos estudaram mais, aproveitaram mais o curso e se saíram melhor no teste. Não porque ele disse o quanto deviam estudar, mas porque os ajudou a alcançar essa percepção sozinhos.

Perguntas fazem algumas coisas. Primeiro, assim como fornecer um cardápio, as perguntas mudam o papel do ouvinte. Em vez de contra-argumentar ou pensar a respeito de todos os motivos por que discordam de uma declaração, os ouvintes se preocupam com uma tarefa diferente: descobrir a resposta da pergunta. Como eles se sentem a respeito ou qual é a opinião deles. Isso é algo que a maioria das pessoas está mais do que feliz em fazer.

Segundo, e mais importante, as perguntas aumentam o comprometimento. Porque, enquanto as pessoas podem não querer seguir a liderança de alguém, provavelmente, devem seguir a própria liderança. A resposta à pergunta não é simplesmente *qualquer* resposta, é a resposta *delas*. E como é a resposta delas, refletindo seus pensamentos, crenças e preferências, aquela resposta provavelmente as guiará para a ação.

Etiquetas de aviso e campanhas de saúde pública quase sempre fornecem informações, mas o fazem em forma de declarações: "*Junk food* faz você engordar" ou "Dirigir bêbado é crime".

O objetivo é ser direto, mas essas abordagens quase sempre são vistas como moralizantes, o que gera reatância e ativa respostas defensivas. Não há como *junk food* fazer você engordar, eu conheço muita gente que come McDonald's e nunca parece engordar. Ou: O anúncio é exagerado. Meu amigo dirigiu bêbado semana passada, e ninguém morreu. Particularmente, se as pessoas se preocupam muito com um assunto, ser contundentes pode fazer com que se sintam ameaçadas e que as mensagens não surtam efeito.

O mesmo conteúdo, no entanto, pode ser expresso em uma pergunta: Você acha que *junk food* faz bem para você?

Se a resposta a essa pergunta for não, as pessoas estão agora em uma posição difícil. Porque, ao pedir a elas para articularem sua opinião, a pergunta incentivou-as a dar o primeiro passo para admitir conscientemente que *junk food* não faz bem para elas. E, assim que fizerem isso, será difícil continuar comendo esse tipo de alimento.

As perguntas incentivam os ouvintes a se *comprometerem com a conclusão*, a terem um comportamento consistente com qualquer resposta dada.

Nafeez perguntou aos alunos o que queriam alcançar, mas não escolheu essa pergunta ao acaso. Escolheu sabendo que as respostas os guiariam para onde ele queria que fossem.[16]

Uma executiva de uma empresa de dispositivos médicos estava tendo problemas com seus vendedores, que tinham que orientar seus subordinados. Ela enviou diversos e-mails e participou de várias reuniões para incentivar os funcionários seniores a orientar o pessoal mais jovem, a quem deveriam gerenciar.

Entretanto, forçar não estava funcionando. A remuneração depende do número de vendas feitas, logo os gerentes preferem gastar o tempo fechando negócios do que treinando seus funcionários.

Frustrada com a falta de progresso, a executiva finalmente perguntou a um dos vendedores: "Como você aprendeu a se tornar um vendedor bem-sucedido? Onde você aprendeu todas essas técnicas que usa hoje?".

"Ah, aprendi com Tim, meu antigo gerente que trabalhava aqui", respondeu o vendedor.

A executiva pensou por um momento e então respondeu: "Bem, então como a sua equipe vai melhorar se não aprende com você?".

Agora aquele vendedor é um dos melhores mentores na empresa.

Quer tentar mudar a cultura da empresa ou fazer com que uma equipe coopere com uma reorganização rígida? Em vez de seguir um plano predeterminado e impingi-lo às pessoas, os catalisadores fazem o contrário. Começam fazendo perguntas. Visitando os interessados, obtendo suas perspectivas e envolvendo-os no processo de planejamento.

Essa abordagem tem dois benefícios. Primeiro, reúne as informações sobre o problema — não somente de dados de pesquisa ou relatos abstratos, mas também de pessoas de verdade que estão lidando com ele todos os dias. Isso tornará a solução mais eficiente.

Segundo, e mais importante, quando chega a hora da mudança, é provável que todos cooperem. Porque não será visto como uma declaração imposta a eles, mas sim como uma mudança da qual sentem que fizeram parte. Eles já se comprometeram com a conclusão, tornando-os mais dispostos a cooperar com o trabalho para chegar lá — acelerando a mudança.

Pergunte, não diga.[ii]

Enfatize a Diferença

Oferecer um cardápio e perguntar em vez de falar evitam a usurpação do senso de controle. Mas outro caminho para a autopersuasão é enfatizar a diferença — uma desconexão entre os pensamentos e

---

[ii] Ou alternativamente: O que você acha que provavelmente mudará a opinião de alguém, perguntar ou dizer?

as ações de uma pessoa ou uma disparidade entre o que recomenda aos outros e o que ela mesma faz.

Tem fogo?

Fale com qualquer fumante, até com quem fuma de vez quando. Ele provavelmente já ouviu essa pergunta, pelo menos, uma vez, se não centenas de vezes. É um simples pedido de um membro da fraternidade para outro, assim como pedir para segurar o elevador. A maioria fica feliz em fazê-lo.

Entretanto, quando fumantes na Tailândia eram parados na rua e essa pergunta era feita, a resposta estava bem longe de ser positiva. "Não tenho, não", disse um fumante. "Cigarros são venenosos", respondeu outro. "Eles fazem um buraco na sua garganta para o câncer se instalar. Você não tem medo de cirurgia?", repreendeu um terceiro. Fumar faz com que você morra mais rápido, dá câncer de pulmão e provoca diversas doenças, respondiam.

Esses não eram trabalhadores da saúde pública. Eram fumantes comuns que estavam fumando um cigarro. Mesmo assim, eram estimulados a falar como o cigarro era uma péssima ideia.

E só fizeram isso em função de quem pediu.

Quem pediu foi uma criança. Um garotinho vestindo uma camiseta com estampa de macaco, ou uma menina de maria-chiquinha. Cada criança não tinha mais de 1,20 metro de altura e 10 anos no máximo. As crianças puxaram os cigarros do bolso e educadamente pediam fogo aos fumantes.

Após terem o pedido negado e serem repreendidas, as crianças se viraram para ir embora. Mas, antes de irem, entregavam um papel ao fumante. Uma pequena nota, dobrada em quatro, quase como um bilhete passado debaixo da mesa na escola. "Você está preocupado comigo", dizia o bilhete, "por que não se preocupa com você mesmo?".

E, na parte de baixo, havia um número de discagem gratuita que os fumantes podiam ligar para abandonar o vício.[iii]

Por mais de 25 anos, a Thai Health Promotion Foundation manteve essa linha gratuita para ajudar fumantes a largar o cigarro. Contudo, apesar do investimento de milhões de dólares em propaganda e em outros sistemas de mensagens persuasivas, houve poucas ligações. Os fumantes ignoravam as campanhas ou não davam importância às mensagens. Sabiam que fumar era prejudicial, mas não estavam fazendo nada a respeito.

Então, em 2012, a fundação tentou reduzir bloqueios. Percebeu que o orador mais convincente não era a fundação nem as celebridades: eram os próprios fumantes. Para realmente pararem de fumar, as pessoas tinham que se convencer disso. A fundação desenvolveu a campanha Smoking Kid — em português, Criança Fumante —, com esse insight em mente.

Quase todo fumante que recebeu o bilhete de uma criança parou e jogou fora o cigarro, mas ninguém jogou fora o panfleto.

Com um mísero orçamento de US$5 mil e sem nenhum gasto com a mídia, a campanha teve um impacto enorme. Ligações para a linha de suporte subiram mais de 60%. Filmagens dessa interação viralizaram, com mais de 5 milhões de visualizações em pouco mais de uma semana. Mesmo após meses, as ligações para a linha de suporte mantinham uma alta de um terço. Muitos disseram que esse foi o anúncio antitabagismo mais eficiente de todos.

A campanha Smoking Kid funcionou porque enfatizava a diferença, uma desconexão entre o que os fumantes estavam sugerindo aos outros (às crianças) e o que eles mesmos estavam fazendo.

Pessoas buscam coerência interna. Querem que suas atitudes, crenças e comportamentos se alinhem. Alguém que diz que

---

[iii] Ver jonahberger.com/videos para os vídeos da campanha.

se preocupa com o meio ambiente tenta reduzir a sua pegada de carbono. Alguém que prega as virtudes da honestidade tenta não mentir.

Consequentemente, quando atitudes e comportamentos conflitam, as pessoas ficam incomodadas. E para diminuir esse desconforto, ou o que os cientistas chamam de dissonância cognitiva, as pessoas tomam atitudes para realinhar as coisas.

Os fumantes tailandeses enfrentaram exatamente esse desacordo. Já estavam fumando, mas, depois de dizer para as crianças que fumar fazia mal, empacaram. Suas atitudes e comportamentos não se alinharam. Para reduzir essa dissonância, algo tinha que mudar. Ou eles começavam a falar para as crianças que fumar não era tão ruim assim ou reavaliavam o próprio comportamento e pensavam com força em parar de fumar. E foi exatamente isso que fizeram.

Pesquisadores usaram uma ideia similar para fazer com que as pessoas economizassem água.[17] A Califórnia estava enfrentando uma de suas faltas d'água periódicas, e os administradores das universidades estavam desesperados tentado fazer com que os alunos economizassem água, demorando menos no banho. As abordagens persuasivas tradicionais surtiram algum efeito, mas não o suficiente.

Então, cientistas tentaram enfatizar a diferença entre postura e ação. Uma pesquisadora assistente ficou do lado de fora do vestiário feminino da Universidade da Califórnia, em Santa Cruz, e perguntou às alunas que estavam indo para o chuveiro se assinariam um pôster encorajando outras pessoas a economizarem água. "Tome banhos mais rápidos", estava escrito, "Se eu consigo, você também consegue!".

Apoiar uma causa social? Alunos adoravam ajudar.

Então, depois de assinar o pôster, as alunas responderam a breves perguntas sobre o uso da água, como "Ao tomar banho, você sempre fecha a torneira enquanto está se ensaboando ou passando xampu?". Essas perguntas destacavam que o comportamento delas não era o ideal, que às vezes desperdiçavam água do banho.

Por fim, as alunas foram tomar banho. E, sem saberem, uma segunda pesquisadora registrou discretamente quanto tempo deixavam o chuveiro aberto. (Para ter certeza de que as alunas não perceberiam que estavam sendo cronometradas, a assistente fingiu que estava tomando banho em outro chuveiro enquanto marcava o tempo usando um cronômetro à prova d'água.)

Enfatizar a diferença entre a postura e as ações das alunas reduziu drasticamente o uso da água. O tempo do banho diminuiu em mais de um minuto, ou mais de 25%. E as chances eram duas vezes maiores de elas fecharem a torneira enquanto lavavam o cabelo ou se ensaboavam.

Lembrar os alunos de que nem sempre praticam o que pregam encorajou-os a mudar suas práticas.

Essa abordagem funciona mesmo quando a dissonância não é óbvia.

Pessoas que negam a existência da mudança climática provavelmente não querem ar poluído para seus filhos. Funcionários que estão ligados a processos antigos e ineficientes dificilmente recomendariam a mesma abordagem para novas contratações. Há uma desconexão entre o que as pessoas falam ou fazem e o que elas querem ou recomendam para outros.

Imagine um projeto que não está funcionando, ou uma divisão que perde dinheiro sistematicamente. Deveriam ser extintos, mas algumas pessoas são apegadas a eles. "Dê uma chance", dizem. "Dê mais tempo". A inércia bate e elas não conseguem desapegar, mesmo sabendo que deveriam.

Em vez de tentar convencê-las a encerrar o projeto, tente uma conduta diferente. Mude o ponto de referência.

Hoje, se estivessem começando do zero, considerando o que sabem agora, será que sugeririam iniciar o projeto? Se um novo CEO for contratado, será que proporiam manter a divisão? Se não, por que então deveríamos manter?

Enfatizar essa dissonância, e trazê-la para a linha de frente, não somente incentiva as pessoas a enxergarem a discórdia como também a trabalharem para resolvê-la.

Comece com o Entendimento

A forma final que os catalisadores permitem a volta da autonomia, por mais surpreendente que isso possa parecer, teve início com a abordagem utilizada pelos negociadores de reféns, tal como Greg Vecchi.

Nas últimas décadas, os negociadores confiaram em um simples modelo escada. Seja para convencer um terrorista internacional a libertar reféns, seja para mudar a opinião de alguém sobre cometer suicídio, um conjunto de passos básicos sempre funciona.

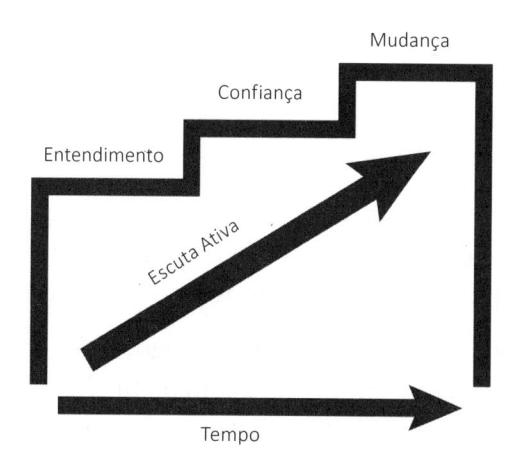

O primeiro passo não é influência nem persuasão. Assim como a maioria das pessoas que estão tentando mudar opiniões, negociadores novatos querem ser diretos dizendo "Libertem os reféns ou atiramos!", pulando imediatamente para o resultado que querem atingir.

Não é de surpreender que táticas como essa não funcionem. Parecem diretas e bastante agressivas, e quase sempre intensificam os conflitos. Começar tentando influenciar alguém faz com que tudo seja sobre você. Não é sobre outras pessoas e as necessidades e motivações delas; é sobre você e o que você quer.

Antes da vontade de mudar, as pessoas devem querer ouvir. Elas têm que confiar na pessoa com quem estão se comunicando. E, até que isso aconteça, nenhum tipo de persuasão vai funcionar.

Pense por que o boca a boca é mais convincente do que a propaganda. Se um anúncio diz que um restaurante novo é bom, geralmente as pessoas não acreditam, porque não acham que podem confiar no que diz o anúncio.

Contudo, se uma amiga diz que elas vão adorar o tagliatelle caseiro, provavelmente dariam uma chance ao local. Por quê? Porque aquela amiga conquistou a permissão. Conheciam bem a amiga para presumir que ela desejava o melhor para elas.

Consequentemente, negociadores experientes não começam com o que *eles* querem; começam por *quem* eles querem mudar. Trabalham para entender de onde aquela pessoa veio. Compreendem e avaliam a situação, os sentimentos e os motivos dela, e mostram a ela que outra pessoa a entende.

Pessoas em crise podem achar que não têm apoio. Estão zangadas e irritadas e querem ser ouvidas, mas chegaram até esse ponto de crise porque acreditam que ninguém as está escutando.

Por isso, Greg Vecchi inicia toda negociação da mesma maneira: "Oi, eu me chamo Greg, estou com o FBI. Tudo bem com você?". Ele fala isso tanto para uma criança de 5 anos, para um ladrão de banco de 50 anos, para uma mãe suicida ou para um assassino. É sua frase inicial.

Não é algo formal, como "Aqui é o Agente Especial Vecchi", e certamente nada do tipo "saia com as mãos para cima ou vamos invadir". Isso não conquistará a confiança de ninguém.

Pelo contrário, Greg começa construindo uma ponte. Ao deixar a pessoa falar, sem julgamento e sem se inserir na conversa, começa a estabelecer um relacionamento. A pessoa passa a se sentir como verdadeira parte interessada na interação. Fazendo as perguntas certas, ele mostra que está ouvindo e que se importa.

Além de mostrar compaixão e compreensão, as perguntas também ajudam a coletar informações. A empatia tática, como é conhecida, ajuda os negociadores a entender qual a questão que realmente importa: por que um suspeito está irritado ou do que ele precisa. Ao se ater ao indivíduo e se importar com ele, negociadores inteligentes constroem uma conexão e lançam as bases para a influência.

Geralmente, isso é a coisa mais difícil para negociadores inexperientes fazerem. Ouvir o outro e se colocar no lugar dele, em vez de ir direto para a resolução. Contudo, a resolução só pode ser alcançada após as bases serem criadas para chegar lá.

Quando as pessoas sentem que alguém está realmente ouvindo e se importa com o bem-estar delas, um sentimento de confiança começa a se formar.

Greg fala a respeito como se estivesse se tornando um ajudante da pessoa. Um defensor ou um meio para conseguir o que querem. "Parece que você está com fome. Vou trazer algo para você comer." "Você quer um carro de fuga? Que tipo de carro você quer?" Ele se tornou um intermediário, um parceiro. Desde o começo estabelece que está ali para ajudar e que são um time.

Isso aparece até na linguagem que Greg utiliza. *"Você e eu vamos resolver isso."* "Temos que continuar juntos, porque *nós* não queremos que isso saia do *nosso* controle, certo?" Inclusive pronomes criam o mundo onde Greg vai ajudar e proteger a pessoa o máximo que ele puder, mas ela precisa ajudá-lo a fazer isso. É difícil para uma pessoa permanecer zangada com alguém que está tentando ajudá-la.

Só então, depois de construir o entendimento e estabelecer a confiança, é que Greg vai criar a mudança. Ele tem que levar a pessoa até o ponto em que ela estiver disposta a ouvir as sugestões e orientações dele.

E, mesmo quando atinge aquele ponto, certifica-se de que resolverá o problema a partir das perspectivas delas. Está com um suposto ladrão de banco escondido com dois reféns? Dizer a ele para sair para ser levado sob custódia provavelmente não vai funcionar. Isso é o que Greg quer que ele faça, mas o ladrão não quer ir para a cadeia.

O mais eficaz é fazer com que o assaltante pense que a solução foi ideia *dele*. Fazer com que ele se convença. Vecchi utiliza as palavras do próprio ladrão e as copia para se enquadrar no que ele quer, para incentivar o ladrão de banco a chegar à conclusão por si só de que sair com as mãos para cima é a melhor opção.

Não significa fazer qualquer coisa que o assaltante desejar, porque a primeira opção do ladrão seria fugir com todo o dinheiro e ser esquecido para sempre. Sair impune. E Greg não pode deixar isso acontecer.

Em vez disso, o que é tão impressionante na abordagem de Greg é que ele faz com que o ladrão de banco colabore, sem *dizer* a ele o que fazer, mas fazendo-o acreditar que Greg está cuidando dele. Desse modo, Greg ajuda o assaltante a chegar onde Greg queria que ele fosse desde o começo, onde a melhor forma de o ladrão alcançar os próprios objetivos é sair com as mãos para cima.

Muitos anos atrás, Greg estava negociando com um pai (chame-o de John) que estava ameaçando cometer suicídio. John estava deprimido. Tinha perdido o emprego, não conseguia encontrar outro e estava preocupado em não conseguir sustentar sua família. A única saída para ajudá-los era se matar. Ele tinha um seguro de vida alto e, se morresse, esperava que o dinheiro os ajudasse.

Em situações como essa, a primeira reação das pessoas é ser diretas. A seguradora não pagaria se John cometesse suicídio, então alguém deveria dizer isso a ele, certo?

Mas isso não fazia parte da perspectiva do John. Não seria entender o que estava por trás daquela situação. E, se você tentasse ser racional com ele e argumentar usando a sua perspectiva em vez da dele, provavelmente ele se mataria.

Então Greg começou a conversar com John. Ele se apresentou, perguntou se John estava bem e começou a trabalhar para entender quais eram as questões subjacentes. "Eu trabalhei para aquele cara por vinte anos", disse John, "e fui despedido e agora não tenho nenhuma renda. O banco é dono de tudo. Tenho que cuidar da minha família, e é isso que vou fazer. Tenho um bom dinheiro de seguro. Ninguém precisa de mim."

"Conte-me sobre sua família", disse Greg, tornando-se o Sr. Ajudante, tentando aprender sobre John porque se importa com ele.

"Ah, tenho mulher e dois filhos maravilhosos", disse John.

E, como John enfatizou os filhos, Greg pegou esse assunto positivo para explorar mais. "Agora, fale-me sobre seus filhos."

"Bem, sim, eu tenho — são dois meninos", contou John.

"Dois meninos? Mesmo?", perguntou Greg, parafraseando e espelhando.

"Sim", retrucou John.

"Parece que você os ama", disse Greg, classificando as emoções. "Parece que você os ama de verdade."

"Sim, é claro que sim", disse John.

"Parece que você realmente é um pai maravilhoso que está tentando fazer a coisa certa", afirmou Greg.

"Bem, claro que estou, não estou?", retrucou John.

Greg faz com que John comece a falar dos filhos e da sua relação com eles. Como John quer que sejam bons meninos e respeitem as mulheres. Como os leva para pescar e ensina habilidades para a vida. Como os filhos gostam de ficar com ele.

Depois de conversarem um pouco e John ter compartilhado todas essas informações, Greg retoma com "Bom, cara, John. Parece que se você se matar hoje, seus filhos vão perder o melhor amigo deles".

E então: silêncio.

Vecchi não fala nada, simplesmente deixa o que ele disse ser assimilado.

Porque acabou de colocar um dilema na cabeça do John, sem dizer a ele o que fazer ou forçá-lo, somente escutando e reformulando as próprias palavras de John. E, como ele desenvolveu uma relação com John, ajudando-o sem julgar, não foi difícil escutar.

Agora John não vai mais se matar, porque o suicídio não parece mais ser uma opção viável.

Tentar evitar que alguém se suicide é uma situação extremamente dura. Espera-se que a maioria de nós nunca a enfrente.

Contudo, a abordagem utilizada por Greg é igualmente eficaz em uma série de batalhas diárias. Desde conversas com fornecedores até brigas de marido e mulher.

Em vez de tentar persuadir, comece compreendendo. Por que o preço do fornecedor é maior do que o desejado? Talvez os custos tenham aumentado. Por que os pratos sujos na pia deixam sua parceira ou seu parceiro tão irritado? Talvez sejam os pratos mesmo, mas talvez seja um lembrete de algo maior, de uma questão não resolvida.

Ao se sentirem compreendidas e cuidadas, as pessoas desenvolvem a confiança. O fornecedor se dá conta de que a meta é uma parceria de longo prazo e não somente uma apropriação de dinheiro. O marido ou a mulher percebe que às vezes pratos sujos são simplesmente pratos sujos. E, com o tempo, juntos, vocês encontram o caminho para a solução.[iv]

É como tirar ervas daninhas do jardim. A abordagem mais rápida é pegar a parte de cima, arrancar do chão e passar para a próxima.

Apesar de ser a maneira mais rápida de fazer com que as coisas pareçam melhores, é uma péssima solução de longo prazo, porque, se somente a parte de cima da erva daninha for cortada, ela cresce de novo. Rápido. O que parecia um atalho acaba levando mais tempo.

Para realmente se livrar da praga, ou mudar opiniões, encontre a raiz. Descubra quais necessidades e motivações estão orientando o comportamento antes de tudo. Encontre a raiz, e o resto virá em seguida.

Para outras táticas utilizadas pelos negociadores para mudar opiniões, consulte o apêndice Escuta Ativa.

Adaptando a Reatância

Quando as pessoas sentem que alguém está forçando ou tentando convencê-las, quase sempre se retraem, fincam o pé e resistem.

Para mudar opiniões, então, precisamos parar de tentar persuadir e encorajar as pessoas a se convencerem. Assim como pais

---

[iv] Começar com entendimento também difunde o radar antipersuasão ao garantir que o outro lado tenha a chance de se manifestar. Na maioria das negociações, argumentos ou discussões, as pessoas gastam muito tempo pensando no que vão dizer depois, por que o que você disse estava errado ou a justificativa do porquê o lado delas estava certo. Isso significa que, em vez de focar no que você está dizendo, elas estão pensando nos contra-argumentos. Em vez de realmente ouvir o que você tem a dizer, monitoram sua conversa, procurando por brechas para fazerem valer seus pontos. Dar uma chance de se explicarem aumenta a chance de elas ouvirem quando você começar a falar.

inteligentes, precisamos apresentar um cardápio ou escolhas guiadas que permita às pessoas escolherem o caminho para o resultado desejado. Como Nafeez Amin, precisamos perguntar, não dizer; usar perguntas para incentivar as pessoas a se comprometerem com a conclusão e ver que o que queremos é, na realidade, a melhor maneira de elas alcançarem um resultado com o qual se importam. Como a Thai Health Promotion Foundation, precisamos enfatizar a diferença ou a desconexão entre o que as pessoas podem recomendar para os outros e o que elas mesmas fazem. E, como Greg Vecchi, precisamos começar com o entendimento, construindo a confiança ao encontrar a raiz do problema.

Ninguém gosta de sentir que há alguém tentando influenciá-lo. Afinal de contas, qual foi a última vez que você mudou de opinião porque alguém disse para fazê-lo?

COMO MUDAR A MENTE
DE UM EXTREMISTA

Até agora, mostramos como reduzir a reatância pode auxiliar na catalisação da mudança em diversas situações. Desde fazer com que adolescentes parem de fumar até inspirar vendedores a serem melhores mentores; e desde fazer com que cônjuges entrem em acordo até encorajar criminosos a saírem com as mãos para cima.

Porém, esse conceito realmente pode ser usado para mudar a opinião de *qualquer pessoa*?

Em uma manhã ensolarada de junho quando o telefone tocou, Michael e Julie Weisser estavam sentados à mesa da cozinha. Fazia apenas alguns dias que tinham chegado à casa nova, e os cantos da grande cozinha americana ainda estavam repletos de caixas de papelão parcialmente esvaziadas.

Michael estava mais perto do telefone, andou até o aparelho e o tirou do gancho. "Alô", disse ele.

Uma voz masculina cheia de ódio esbravejou do outro lado da linha: "Você vai se arrepender de ter se mudado para a Randolph Street 5810, judeu".

E a linha ficou muda.[18]

Os Weissers vieram para Lincoln, Nebraska, em busca de oportunidade. A congregação B'nai Jeshurun, a mais antiga da cidade, estava procurando por um novo líder espiritual, e, após ter atuado como precentor e desempenhar funções rabínicas pelos Estados Unidos, Michael estava à procura de um novo desafio.

Lincoln era uma comunidade predominantemente cristã evangélica, e, dos seus mais de 200 mil residentes, somente poucas centenas se identificavam como judeus. A frequência típica na congregação era quase sempre menor que uma dúzia de pessoas, e Michael trabalhou duro para aumentá-la.

Dois anos e meio depois da chegada de Michael, a filiação ao templo aumentou para cem famílias, e a liderança de Michael gerou uma nova energia.

Então, do nada, surgiu a ligação ameaçadora.

Como essa pessoa sabia o endereço deles? Ainda mais que eram judeus? Estavam com mais medo por causa dos filhos, que ficavam em casa sozinhos depois da escola até que Michael e Julie voltassem do trabalho.

Alguns dias depois, a coisa piorou.

Julie tinha acabado de voltar de um longo dia de trabalho no escritório e andou até a caixa de correio. No meio das contas e correspondências usuais havia um envelope pardo grosso endereçado ao Rabino Michael Weisser.

Levou-o para abrir dentro de casa, e de dentro saiu uma pilha de papéis. Panfletos e prospectos, cada um mais racista e horrível que o outro. Imagens de judeus com narizes aquilinos enormes e fotografias de negros com cabeças de gorilas. Panfletos nazistas que advogavam o Holocausto e citações de "autoridades" que "comprovavam" a inferioridade racial de não brancos.

E, no topo da pilha, um pequeno cartão. Estava escrito: "A KKK está de olho em você, canalha".

Os Weissers já tinham vivenciado o racismo antes. Quando um de seus filhos namorou uma garota afro-americana lá em Memphis, alguém o chamou de "traidor da raça". Outra vez, uma pessoa abordou a filha na escola e gritou que ela era uma "assassina de Cristo".

Mas nada tinha sido tão assustador quanto isso.

A resposta da polícia foi clara. "Vamos colocar da seguinte forma", disse um policial, "Se a pessoa por trás desse pacote for o chefe local da KKK — o que suspeitamos ser verdade —, ele é perigoso. Sabemos que ele fabrica explosivos".

O nome do homem era Larry Trapp, e ele era o líder local dos supremacistas brancos. O grande dragão dos Cavaleiros Brancos da Ku Klux Klan, Trapp era responsável por todo o estado. O objetivo dele era nada menos que "transformar Nebraska em um dos principais enclaves da Klan no país".

Trapp adorava violência e colecionava metralhadoras e armas automáticas. Ele trabalhou para incitar a violência na região, incluindo ameaçar um centro de assistência a refugiados vietnamitas e mandar seus capangas invadirem e incendiarem o local durante a noite.

Os Weissers não sabiam o que fazer. Instalaram fechaduras de segurança nas portas e se certificavam de terem trancado tudo antes de sair. Ficavam nervosos quando carros passavam devagar na frente da casa, e, todos os dias, as crianças faziam caminhos diferentes de casa para a escola para evitar ficarem visados. Michael e Julie odiavam se sentirem intimidados, mas não tinham outra opção.

Julie tentou obter informações sobre Larry Trapp. Ela trabalhava em um consultório médico e descobriu que Trapp era bem conhecido na comunidade médica local. Ele é diabético desde criança, mas a doença, sem tratamento, deixou-o quase cego. A enfermidade também interrompeu gravemente o fluxo sanguíneo para as pernas, e ele teve que amputar os dedões do pé e, por fim, as duas pernas.

Confinado a uma cadeira de rodas, Trapp passou de médico em médico, repreendendo a equipe por onde passava. Era desobediente e usava uma linguagem agressiva e uma agência de recrutamento se recusou a mandar ajuda ao apartamento dele porque ele já tinha apontado uma arma para uma das enfermeiras.

Julie conseguiu descobrir o endereço de Trapp e, um dia, ao dirigir de volta para a casa, viu-se fazendo o retorno. Ela seguiu pela rua até avistar o prédio marrom, bem simples de um só pavimento, de Trapp. Por que ele estava fazendo aquelas coisas terríveis? Era maluco? Solitário? Por que ele tinha tanto ódio?

Ela começou, então, a passar várias vezes de carro pelo endereço. Sentindo-se frustrada, folheou a Bíblia e encontrou um verso que descrevia perfeitamente Trapp: "Uma pessoa imprestável, um homem perverso, anda de um lado para outro dizendo coisas maldosas... com o coração pervertido planeja o mal, continuamente semeando a discórdia; portanto a calamidade se abaterá sobre ele repentinamente; em um momento será destruído além da cura" (Provérbios 6:12-15).

Inspirada pelo que tinha lido, pensou em enviar uma carta para Trapp, mandando o provérbio para ele. Michael não tinha certeza de que era uma boa ideia. Mesmo se Julie quisesse fazer aquilo, ele falou que ela deveria fazer anonimamente. Os amigos dela disseram a mesma coisa. "Você não conhece o modo de pensar dessa pessoa. Ele é maluco! É doente da cabeça! Você não sabe como ele vai reagir."

Semanas depois, os skinheads de Trapp patrocinaram um programa no canal da televisão pública local. A resistência White Aryan fez um vídeo mostrando nazistas, homens da Klan e grupos similares se vangloriando, cuspindo ódio e supremacia branca. O coordenador de acesso comunitário disse que a emissora não podia simplesmente recusar o show por causa do conteúdo. Então foi ao ar.

Michael achou o programa revoltante. Ficou enojado em ver que Larry Trapp poderia se safar de deixar tanta gente com medo. Não conseguia mais se conter. Decidiu que ligaria para Trapp.

Descobriu o número de Trapp e ligou. Ninguém atendeu, mas a secretária eletrônica expeliu um recado perverso.

Michael não deixou recado, mas, depois que a gravação terminou, ligou de volta. *Pelo menos, ninguém mais vai ouvir essa besteira*, ele pensou.

Logo estava ligando regularmente. Até que, finalmente, decidiu deixar uma mensagem. Estava com raiva, uma parte dele queria gritar com Larry, ameaçá-lo com todas as forças que pudesse reunir. Porém, Michael também era um homem de fé, então disse simplesmente: "Larry, é melhor você pensar em todo esse ódio que está espalhando, porque um dia você terá que responder a Deus por todo esse ódio, e não será fácil".

Logo, sempre que tinha algum tempo livre, Michael ligava para o número de Larry e deixava mensagens curtas. "Por que você me odeia? Você nem me conhece, como pode me odiar?". Em outro telefonema, disse: "Larry, você sabia que as primeiras leis que Hitler deu aos nazistas era contra pessoas como você, que não tinham pernas?... Você percebe que teria sido um dos primeiros a morrer sob Hitler? Por que você ama tanto os nazistas?"

Algumas das mensagens eram diretas e algumas eram mais evasivas. Mas todas eram muito poderosas de um jeito ou de outro. "Larry, existe muito amor por aí. E você não tem nenhum. Quer um pouco?"

Michael chamou as mensagens de "lembretes de amor".

Enquanto recebia essas mensagens, o próprio mundo de Larry estava começando a mudar. Ele foi implicado em uma série de ataques noturnos de incêndios criminosos. Um antigo vizinho prestou queixa por mensagens ameaçadoras e ultrajantes que Trapp havia deixado para ele. Um cara da Ku Klux Klan que Trapp conhecia e respeitava foi roubado e morto por dois outros membros da Klan. A saúde dele começou a deteriorar ainda mais.

Para piorar as coisas, as mensagens deixadas em sua secretária eletrônica estavam começando a perturbá-lo demais. Ele nunca sabia quando receberia outra ligação. A voz era sempre calma, melódica e cheia de alegria e entusiasmo.

As mensagens deixavam Trapp irritado. Quem essa pessoa que ligava pensava que era? Trapp tinha que pôr fim a essas mensagens.

Então, quando recebeu a ligação novamente e a pessoa começou a falar, Larry pegou o telefone. "Que diabos você quer?", esbravejou. "Por que está me assediando? Pare de me importunar!"

"Não quero importunar, Larry, só quero falar com você."

"Você está me *assediando*. O que você quer? Fale rápido."

Michael ficou em silêncio por um momento. "Bem, achei que estava precisando de ajuda com alguma coisa", disse Michael, "fiquei imaginando se poderia ajudar. Sei que você está em uma cadeira de rodas e pensei que talvez pudesse levá-lo ao mercado, ou coisa parecida."

Larry foi pego de surpresa. Ele não sabia o que dizer.

A linha ficou muda.

Então, lentamente, Larry pigarreou, e pela primeira vez sua voz soava diferente. Parecia menos cheia de ódio. Menos dura.

"Isso é simpático da sua parte, mas tenho tudo sob controle. De qualquer forma, obrigado. Mas, por favor, não ligue mais para este número. É meu telefone comercial."

Em um sábado tarde da noite, os Weissers estavam em casa conversando sobre que filme assistiriam quando o telefone tocou. A pessoa pediu para falar com o "rabino" e, quando Michael atendeu, imediatamente reconheceu a voz do outro lado da linha.

"Eu quero sair", disse Larry, "mas não sei como".

"Você precisa de ajuda?", perguntou Michael.

"Não sei o que dizer", disse Larry. "Estou me sentindo confuso e meio doente. Acho que isso está me fazendo mal."

Michael se ofereceu para ir à casa de Larry, mas ele se opôs. Michael perguntou se Larry estava com fome e finalmente ele cedeu. Então, Michael se ofereceu para levar comida, e Larry deu o número do seu apartamento.

Quando Trapp abriu a porta e Michael apertou a mão dele, Larry estremeceu como se tivesse levado um choque e começou a chorar. Trapp olhou para os anéis de suástica nos dedos e viu que não podia mais usá-los. Ao entregá-los para Michael, disse: "Eles representam todo ódio em minha vida. Pode levá-los embora?".

Larry começou a soluçar mais alto. "Desculpe-me", ele disse, "me desculpe por tudo o que fiz". Michael e Julie passaram os braços em volta dele e disseram que tudo ficaria bem.

Em 16 de novembro de 1991, Trapp deixou formalmente a Ku Klux Klan. Em seguida, passou a se desculpar com todos que havia prejudicado. Todos que tinha ameaçado. Escreveu uma carta para uma emissora de notícias se desculpando pela "linguagem abusiva e alcunhas raciais que usei contra várias raças e indivíduos no estado de Nebraska".

Livrou-se de todos os detritos racistas que tinha acumulado em sua casa e tentou recomeçar.

A relação dele com Michael e Julie se transformou em uma estreita amizade.

Naquela véspera de Ano-Novo, Trapp descobriu que seus rins estavam falhando e que tinha menos de um ano de vida. Os Weissers convidaram-no para morar com eles, e ele concordou. Transformaram a sala de estar em quarto, e Julie deixou seu emprego para cuidar da saúde precária de Larry.

Por fim, ele se converteu ao judaísmo na sinagoga de Michael, a mesma que, em algum momento, havia planejado explodir. Um pouco mais de três meses depois, Larry faleceu na casa dos Weissers.

Larry Trapp passou toda a infância se escondendo do pai abusivo. E, conscientemente ou não, passou grande parte da vida adulta tentando agradar esse mesmo pai, que também era um racista declarado. Por qualquer estranha razão, reproduzir aquilo que mais o machucava deu a Larry a força de que precisava para continuar. Até que um dia alguém lhe deu uma outra opção.

Michael não tinha sido o primeiro que tentou incentivar Larry a mudar. Os policiais o arrastaram diversas vezes até a delegacia.

Naquela época, o policiamento significava punição. "Temos que interromper esse comportamento de qualquer forma que pudermos." Mas a polícia nunca parou para pensar qual era o problema em primeiro lugar. Com o que estava lidando para que aquele cara agisse dessa maneira?

Décadas atrás, quando Michael Weisser foi entrevistado pelo conselho de diretores para o cargo no templo, falou da importância dos principais fundamentos religiosos: amor, tolerância e comportamento não nocivo. "'Ame o seu vizinho como a si mesmo!' Não estamos falando do vizinho que é igual a nós. Não, estamos falando do vizinho que é *diferente*."

Agora, quando perguntam por que Larry mudou de ideia, Michael menciona uma ideia similar.

Força alguma faria com que Larry deixasse a Klan. Mas, ao estender a mão para Larry e dizer que alguém se importava, Michael mostrou a ele que existia algo mais poderoso que o ódio.

"Você pode levar um cavalo até a água, mas não pode obrigá-lo a beber", disse Michael. "Mas se estiver com sede, ele beberá. E foi isso que aconteceu com Larry."

Larry não mudou porque Michael falou para ele. Mudou porque chegou à conclusão por si só. Entretanto, Michael não ficou de braços cruzados. Ele reduziu a reatância, guiando Larry para o caminho que ele, Larry, pudesse explorar sozinho.

"Como caminhar ao lado dele, como as pegadas na areia", disse Michael. "Sem forçá-lo para um lado ou para outro, mas andando em uma certa direção. Primeiro, ele estava acompanhando a caminhada, e depois liderou sozinho. E, se eu fosse o catalisador, então penso que fiz a coisa certa."

Como Trapp disse: "Eu era um dos casos mais difíceis de ativista branco nos EUA. Se eu mudei de opinião ou de sentimentos, qualquer um pode."

Michael mudou a opinião de Larry ao reduzir a reatância. Em vez de dizer a Larry o que ele deveria fazer, Michael criou uma linha de comunicação e encorajou Larry a se convencer.

A reatância, no entanto, não é a única barreira à mudança. Mesmo quando o radar antipersuasão de uma pessoa não está em modo de alerta vermelho, quase sempre está ligado ao que ela já estava fazendo.

Como discutiremos no capítulo 4, "Incerteza", geralmente as pessoas têm "neofobia": desvalorizam ou evitam coisas novas porque, quase sempre, mudança envolve incerteza. Não é claro se a coisa nova será boa ou ruim.

Porém, além de subestimar coisas novas, as pessoas supervalorizam o que já possuem. Os produtos e serviços que estão usando, ideias e atitudes que têm ou programas e iniciativas dos quais participam. E, para compreender o porquê, temos que avaliar o poder da dotação.

2. DOTAÇÃO

Alguns anos atrás tive um problema com meu celular. Eu o tinha há quase seis anos e adorava. Ele tinha todas as funções que queria, cabia direitinho no meu bolso e, em geral, era um ótimo dispositivo.

Mas estava ficando sem memória. Todas as fotos e vídeos armazenados, junto ao tamanho crescente dos aplicativos, tinham consumido o espaço disponível.

No início, não era nada demais. Havia músicas que nunca escutei e aplicativos que nunca usei, então me livrei deles.

Entretanto, logo arquivos não utilizados ficaram mais difíceis de encontrar. Toda vez que eu queria tirar uma foto nova, tinha que começar apagando uma antiga. O que era mais importante: a tia Jan e o aniversário dela ou o primeiro dia do cachorrinho na neve?

Amigos sugeriram que eu procurasse um novo telefone, e foi o que fiz. Os modelos mais recentes tinham um processador mais rápido, câmera extra e muito espaço adicional. Contudo, eram 20% maiores que o meu telefone antigo. Era mais difícil segurá--los e digitar com a mesma mão, e ainda mais difícil de caberem no bolso.

O tamanho era a característica mais importante? Não. Na realidade, se você tivesse me perguntado antes, provavelmente nem eu teria pensado nisso. Contudo, segurar o aparelho foi suficiente para eu pensar duas vezes antes de comprar um modelo novo.

Eu não queria um telefone *diferente*; eu queria o mesmo aparelho que eu tinha, só que ligeiramente atualizado. Finalmente, a Apple liberaria uma versão compacta, então por que não esperar alguns meses?

Contudo, enquanto esperava, meu velho telefone entrou em uma espiral de morte lenta e constante.

Primeiro, um ponto vermelho ameaçador apareceu nas configurações. A Apple impingiu um novo sistema operacional, mas o meu aparelho não tinha espaço para instalar.

Então, os aplicativos de companhias aéreas pediam para ser atualizados, mas precisavam do novo sistema operacional. Isso significava que eu não teria mais cartões de embarque no celular e que haveria uma coisa a mais para pensar toda semana quando viajasse. Como nos aviões turboélices, cujos motores falham um após o outro, as diferentes funções do meu telefone gradualmente pararam.

Apesar de tudo isso, esperei. Era uma indignidade após a outra, mas insisti no meu velho telefone.

Até que, depois de quase perder um voo porque não tinha imprimido o cartão de embarque, eu me rendi. Fracassei, liguei para minha operadora e pedi um telefone novo.

Pode-se pensar que era o final da história. Que o telefone novo chegaria, eu abriria a embalagem e, felizmente, começaria a usá-lo.

Porém, não foi isso que aconteceu.

Mesmo depois que o telefone chegou, eu ainda não o tinha usado. Era tão apegado ao meu antigo aparelho que só fui abrir o novo mais de três meses depois. Semanas se passaram enquanto eu mantinha a tecnologia antiga. Durante todo esse tempo, meu telefone antigo estava se tornando cada vez mais obsoleto.

Você deve estar achando essa história engraçada. Ridícula, até. Mas isso é mais comum do que se imagina.

Coisas novas geralmente são melhores. Telefones são mais rápidos e têm mais memória. Os serviços são mais abrangentes e entregam resultados melhores. As estratégias de gerenciamento são mais atuais e eficazes. As pessoas deveriam mudar.

Mas não mudam.

Mesmo que a coisa nova seja tecnicamente melhor, elas se apegam à antiga. Seguem os mesmos processos e mantêm as mesmas linhas de ação.

E, apesar de ser fácil atribuir à nostalgia, algo mais sutil está em jogo.

Canecas e Homens

Pense na última vez que faltou luz. Você usou a lanterna do telefone, mas se preocupou se ficaria sem bateria. Teve que reiniciar todos os relógios depois que a energia voltou. E, se a falta de luz foi particularmente demorada, você jogou fora toda a comida da geladeira. De forma geral, não foi nada agradável.

Ninguém gosta de falta de energia, mas a Pacific Gas and Electric Company — ou PG&E, como é comumente chamada — queria entender exatamente o quanto os consumidores não gostavam da falta de luz. A PG&E trabalha para equilibrar confiabilidade e custo. Poderia investir em medidas de prevenção adicionais, mas isso encareceria o serviço. Ou poderia reduzir as tarifas, mas provavelmente a confiabilidade sairia prejudicada.

Então, o que os consumidores preferiram, confiabilidade maior ou custo menor?

Para descobrir, pesquisadores entrevistaram mais de 1.300 consumidores e perguntaram qual dos seis planos de energia prefeririam.[1] Alguns planos eram mais caros, mas prometiam menos interrupções ou interrupções de curta duração, ao passo que outros planos eram mais baratos, mas previam interrupções mais longas e frequentes.

Como era de se esperar, quando a maioria dos clientes respondeu, poucos escolheram o plano com muitas interrupções de energia. Significava uma falta de luz por quatro horas, pelo menos, uma vez por mês: mais tempo sentado no escuro ou preocupado se a comida da geladeira estragaria. Na época, a maioria dos clientes vivenciava cerca de três cortes por ano, então disseram que para mudar para um serviço pior precisariam de um desconto de no mínimo vinte dólares.

Entretanto, um grupo de pessoas gostava muito do plano com cortes maiores, mesmo que significasse um serviço pior.

Por que preferiam um serviço menos confiável? Eram mais velhos ou mais sensíveis ao preço, o que os levaria a preferir um serviço mais barato, mesmo que fosse menos confiável?

Não, a única diferença era o status quo. O que eles já recebiam. Um pequeno grupo já vivenciava diversos cortes de energia — uns quinze por ano por quatro horas cada —, então escolheram um plano similar ao que conheciam, apesar de parecer a pior opção para a maioria.[2]

O viés do status quo está em todo lugar. As pessoas tendem a comer os mesmos alimentos que sempre comeram, comprar as mesmas marcas e fazer doações para as mesmas causas que sempre apoiaram.

Observe, por exemplo, uma pessoa que acabou de passar por uma cirurgia cardíaca de derivação ou por uma angioplastia para desobstruir as artérias. Após a cirurgia, vários médicos dizem a esse paciente diversas vezes para mudar a dieta e o estilo de vida. Entretanto, somente 10% realmente mudam.[3]

Mudar é difícil, porque as pessoas tendem a supervalorizar o que possuem: o que já é delas ou o que já estão fazendo.

Considere esta caneca de cerâmica:

É branca, tem uma alça boa e resistente, e deve ser boa para tomar qualquer bebida quente que escolher. Quanto você estaria disposto a pagar por essa caneca? Qual o valor máximo que pagaria por ela?

Ao responder a uma pergunta similar, as pessoas disseram que pagariam em média três dólares. Era uma caneca bonita, delicada, mas nada valiosa.

Para um grupo diferente, fizeram uma pergunta ligeiramente diferente. Mostraram a mesma caneca, e, em vez de perguntarem qual a intenção de comprar a caneca, adotaram a perspectiva do *vendedor*. Deram uma caneca para eles e perguntaram qual o valor mínimo que estariam dispostos a *aceitar* para *vendê-la*.

Os valores de compra e venda deveriam ser os mesmos. Afinal de contas, é a mesma caneca; portanto, se estão comprando ou vendendo, as pessoas deveriam fazer a mesma avaliação.

Contudo, isso não aconteceu. Vendedores, em média, queriam mais do que o dobro para se desfazer da caneca. Ou um pouco mais de sete dólares.

Por quê?

Bem, não é simplesmente porque as pessoas sejam capitalistas e queiram comprar barato e vender caro. Acontece que assim que possuímos algo, assim que detemos algo, começamos a nos apegar. E, consequentemente, damos maior valor.

Esse efeito, chamado de dotação, acontece o tempo todo.[4] Os alunos da Universidade Duke estavam dispostos a pagar cerca de US$200 pelos ingressos do Final Four do basquete universitário norte-americano, mas os alunos que já tinham ingressos queriam mais de US$2 mil para vendê-los. Negociadores de memorabilia valorizam mais o cartão de beisebol se eles o têm do que quando não o têm. E, se levar em conta tempo, propriedade intelectual ou o receptor de outras coisas, as pessoas querem mais para desistir do que para adquirir. A propriedade até aumenta o valor inferido de crenças e ideias. Quando alguma coisa é *nossa*, nós as valorizamos mais.

Na verdade, quanto mais as pessoas fazem ou possuem alguma coisa, mais valor elas dão.[5] Quanto mais tempo um proprietário mora na própria casa, por exemplo, maior é o valor que ele atribui ao imóvel em relação ao valor de mercado. Quanto mais apegados ficam, mais difícil de desapegar.[6]

Aversão à Perda

Toda mudança tem prós e contras. Um telefone novo tem uma bateria melhor, mas uma tela maior. Um plano novo de energia tem menos interrupções, mas é mais caro. Um software novo economiza dinheiro, mas tem que estar integrado ao sistema antigo e podemos levar um tempo para aprendê-lo.

Acontece que essas vantagens e desvantagens não têm o mesmo peso.

Imagine se ofereço a oportunidade de ganhar cem dólares para jogar cara ou coroa. Se der cara, você ganha cem dólares e, se der coroa, você perde cem. Você aceitaria a aposta?

Se você é como a maioria, provavelmente não aceitaria. É claro que tem a chance de ganhar cem dólares, mas há uma chance igual de perder cem dólares; então, o ganho potencial não vale o risco. É melhor ficar parado e não fazer nada.

A economia clássica provavelmente concordaria. Calcule o valor esperado, ou a soma de todos os resultados possíveis multiplicados pela probabilidade de ocorrência, e o número resultante será zero. Uma chance de 50% de ganhar cem dólares significa mais cinquenta dólares, e uma chance de perder cem dólares significa menos cinquenta dólares, então, se somarmos os dois, teremos zero. Consequentemente, as pessoas deveriam ser indiferentes quanto a aceitar a aposta ou não. Dado o esforço de participar, pode-se até dizer que o valor esperado seria ligeiramente negativo, então a maioria recusaria.

Imagine, no entanto, adoçar só um pouquinho o negócio. Em vez de ganhar cem dólares com cara, aumente para cento e dois dólares. O mesmo potencial negativo, mas um potencial positivo maior.

A economia normal diria que você deveria aceitar a aposta. O valor esperado é (50% × $102) + (50% × -US$100) = US$51-US$50 = US$1. Um dólar não é muito, mas faça essa aposta cem vezes e, na média, você ganharia cem dólares; então, o valor esperado diria para você apostar.

Mas você apostaria? Estaria disposto a arriscar cem dólares para ter a chance de ganhar cento e dois dólares?

Provavelmente não. Na realidade, é provável que eu tenha que aumentar significativamente o lado positivo para obter mais do que alguns interessados, porque as perdas são mais relevantes que os ganhos. Ao decidir fazer uma aposta, comprar um telefone novo ou fazer qualquer mudança, as desvantagens potenciais têm um peso maior que as vantagens potenciais. Perder cem dólares parece pior do que ganhar cem dólares. Perder cem dólares parece ainda pior do que ganhar cento e dez dólares.

Na realidade, pesquisas sugerem que ganhos potenciais de se fazer alguma coisa devem ser 2,6 vezes maiores do que perdas potenciais para fazer com que as pessoas tomem iniciativas. Há chance de perder US$100? O ganho potencial tem que ser, pelo menos, US$260 para que maioria das pessoas queira apostar.[7]

Sempre que as pessoas pensam em mudar, elas comparam as coisas com o seu estado atual. O status quo. E, se os ganhos potenciais quase não superam as perdas potenciais, elas não se mexem.

Para fazer com que mudem, as vantagens têm que ser no mínimo duas vezes mais positivas que as desvantagens. Um novo software não pode ser somente um pouco melhor; tem que ser *muito* melhor. Uma nova abordagem não pode ser só um pouco mais eficiente; tem que ser consideravelmente mais eficiente. Se as pessoas têm que desistir de algo que gostam ou perder coisas de valor, o benefício (p. ex., eficiência alavancada, custo reduzido ou alguma outra mudança positiva) tem que ser, pelo menos, duas vezes maior para valer a pena.[i]

E, enquanto as vantagens de coisas novas são quase sempre evidentes, os agentes de mudanças potenciais geralmente ignoram as desvantagens ou os custos.

---

[i] É importante observar dois aspectos. Primeiro, a coisa nova não precisa ser duas vezes melhor que a antiga; a vantagem (i.e., benefício ou ganhos) tem que ser duas vezes superior que quaisquer desvantagens (i.e., custos ou perdas). Por exemplo, um serviço novo não precisa ser duas vezes mais rápido que o antigo, mas o incremento de velocidade ou outro benefício precisa ser duas vezes maior que qualquer custo monetário em adquiri-lo ou tempo gasto no aprendizado de como usá-lo. Segundo, são os ganhos e as perdas *percebidos* que importam: o serviço pode ser duas vezes mais rápido, mas, se o cliente não está preocupado com a velocidade, isso não tem importância. Da mesma maneira, se alguns consumidores gostam de telefones maiores, então um tamanho maior não seria uma perda; na realidade, seria um ganho. A aversão à perda não age em características, mas em mudanças. Se um carro novo tem todos os benefícios do antigo, não há perda, mesmo se algumas características forem diferentes. Compreender verdadeiramente as necessidades e os valores de alguém ajuda a determinar se uma mudança em particular será *percebida* como um ganho ou uma perda.

Pense, por exemplo, na compra de um notebook novo. Os custos monetários são fáceis de ver, mas há diversos outros custos menos óbvios. O tempo exigido para ler avaliações, comparar características e descobrir qual potencial alternativa é a melhor. Há o esforço para encomendar o novo dispositivo, instalar tudo e aprender uma nova configuração e sistema. Isso não inclui o custo potencial do arrependimento de fazer a escolha errada.

Esses diferentes aspectos podem ser descritos como custos de mudança. Os impedimentos financeiros, psicológicos ou processuais (p. ex., tempo e esforço) para trocar de produtos e serviços, mas também de fornecedores, médicos, sistemas de pagamento, caminhos para o trabalho, ou seja, basicamente qualquer coisa.

Há custos de mudança de trocar de supermercado (descobrir onde ficam os produtos), de parceiros de tênis (saber quem fará o quê), de escritório (lembrar quem senta onde e onde colocar as coisas) e de estratégias (rejeitar hábitos antigos).

Tudo isso facilita para que as coisas sejam feitas como antes, mesmo que não sejam perfeitas.

E isso foi exatamente o que aconteceu comigo e meu telefone.

Certamente o novo modelo tinha uma tecnologia melhor. Era mais rápido e eficiente e todas aquelas outras coisas que a nova tecnologia geralmente traz.

No entanto, os benefícios eram o dobro dos custos de mudança? Não mesmo.

Mudar para uma nova versão exigia mudar além do que eu já tinha. Abrir mão do telefone menor que eu conhecia e adorava. E aquela perda potencial, as diversas desvantagens, tornavam mais difícil mudar.

Então como amenizar a dotação?

Há duas maneiras principais: (1) trazer à tona o custo da inação e (2) queimar os navios.

Traga à Tona o Custo da Inação

Como parte do curso introdutório de Marketing da Wharton School, os alunos do MBA geralmente leem um estudo de caso bem conhecido sobre uma fábrica fictícia de cerveja chamada Mountain Man.[8] Por mais de oitenta anos, a cerveja — Mountain Man Lager — era o único produto da empresa familiar. Tinha uma sólida reputação de qualidade no centro-oeste norte-americano e uma clientela extremamente leal de operários — caras que bebiam cerveja em um bar no caminho de casa depois de um dia duro de trabalho.

No início dos anos 2000, no entanto, a liderança da empresa estava enfrentando dificuldades em como responder à mudança nas preferências do consumidor. As vendas de cervejas light estavam crescendo, e menos pessoas estavam bebendo o tipo lager. Então, pela primeira vez na história, as vendas da empresa diminuíram. Não muito, cerca de 2% ao ano.

A direção estava considerando introduzir uma cerveja do tipo light, mas estava preocupada se afastaria os clientes que tinha. Se os yuppies que gostavam de cerveja light começassem a beber a marca, seus consumidores principais — mineiros e operários — poderiam mudar para outra coisa.

O caso inteiro baseia-se em: a introdução de uma cerveja light acabaria com o carro-chefe da marca? Alunos do MBA estimaram as vendas potenciais da nova cerveja, calcularam como isso afetaria as vendas da marca existente e chegaram à conclusão sobre quão prejudicial seria a introdução do novo produto.

Todos estavam preocupados com o risco de fazer algo novo. A introdução da nova cerveja levaria a uma redução de 5% na venda da cerveja lager, ou a queda seria de 20%? Qual seria o desgaste do patrimônio da marca? Os principais consumidores deixariam de comprá-la?

Entretanto, enquanto os alunos do MBA gastam bastante tempo pensando nos perigos potenciais de fazer uma mudança, tendem a gastar menos tempo pensando em algo igualmente importante: os riscos de não fazer nada.

Embora continuar fazendo o que a empresa já fazia por oitenta anos possa parecer ser mais seguro do que fazer algo novo, esse não é necessariamente o caso. As vendas estão caindo. Então, não fazer nada não significa que não vai acontecer algo ruim, significa que a empresa, ainda que devagar, certamente cairá no esquecimento.

O que você acha que causa maior dor? Um ferimento grave, como quebrar um dedo ou a rótula, ou algo mais leve, como luxar um dedo ou ter um joelho instável?

À medida que se envelhece, algumas pequenas lesões insignificantes aparecem aqui e ali. Um dedo luxado, imprensado por uma bola de basquete ou de futebol, que não virou totalmente. Um joelho instável, machucado durante um jogo de tênis ou nas atividades do dia a dia, que dobra de vez em quando. Uma dor no ombro ou nas costas que parece não ir embora.

Essas lesões não são graves. Com certeza, de vez em quando, pioram e são dolorosas, mas quase sempre acabam sendo uma chateação mais do que qualquer outra coisa. Uma questão menor.

E, apesar de não serem ideais, parecem melhor que as mais graves, como quebrar a perna, ter um ataque do coração ou quebrar a rótula.

De fato, pergunte às pessoas o que preferem. Isso nem será uma questão para elas. Um joelho instável pode incomodar, mas uma rótula quebrada é horrível. Precisa de cirurgia invasiva e meses de árdua reabilitação, gesso e movimentos limitados até ficar curada. Se um joelho instável pudesse ser comparado a algumas moscas voando pela casa, uma rótula quebrada seria um lugar infestado de baratas.

Contudo, um olhar mais atento revela algo interessante. A recuperação pode ser paradoxalmente mais rápida para lesões mais graves do que para as mais leves, porque as pessoas reagem a elas quando acontecem.

Quando uma lesão grave ocorre, as pessoas têm uma postura ativa para acelerar a recuperação. Consultam médicos, submetem-se a cirurgias e tomam remédios. Conversam com fisioterapeutas, criam tratamentos e esboçam planos de recuperação. Tudo para melhorar mais rápido.

Entretanto, lesões menos graves tendem a não encorajar os mesmos recursos. Claro que as pessoas tomam alguns ibuprofenos ou colocam gelo nos dedos torcidos quando chegam em casa, mas provavelmente não esboçaram um plano de tratamento.

E, mesmo se delinearem um plano, é menos provável que o sigam. Seria *preciso* tomar dois ibuprofenos toda manhã e fazer dez minutos de fisioterapia para relaxar as coisas, mas quem tem tempo para fazer isso todo dia antes do trabalho? Logo a folha de exercícios vai para a pilha de papéis e a caixa de ibuprofeno volta para o armário de remédios.

De muitas maneiras, essa resposta diferencial faz sentido. Leva tempo e custa dinheiro consultar médicos, ir a especialistas e preparar planos de tratamento. É necessário esforço para fazer fisioterapia toda manhã e lembrar de tomar o remédio. Então, dado que esses remédios têm um custo — às vezes bem alto — é mais provável que as pessoas os procurem para um ataque do coração do que para uma dor de cabeça.

Mas, como não são suficientemente significativas para provocar uma resposta importante, as pequenas coisas acabam não indo embora.

Um joelho instável dói por mais tempo do que uma rótula quebrada porque lesões graves excedem nosso nível de tolerância à dor, enquanto lesões leves não o fazem. Lesões sérias ultrapassam um patamar crítico, desencadeando medidas mais importantes para resolvê-las. Entretanto, coisas que não são tão dolorosas não geram respostas relevantes, o que significa que acabam por não serem abordadas.[9,10]

Se um produto ou serviço não funciona, as pessoas procuram e encontram um novo. Porém, se tem um desempenho ligeiramente abaixo do satisfatório, não há um forte estímulo à mudança.

Quando o status quo é terrível, fica fácil fazer com que as pessoas mudem. Estão dispostas a mudar porque a inércia não é mais uma opção viável. Se a sua casa está infestada de baratas, você precisa chamar uma empresa de dedetização, resta saber qual.

Contudo, quando as coisas não estão terríveis, ou estão bem, mas não ótimas, é mais difícil fazer com que as pessoas se mexam. Se a coisa antiga não era tão ruim assim, por que se dar ao trabalho e incorrer nos custos de fazer algo novo? Se forem somente algumas moscas voando, vale a pena o esforço de chamar a empresa de dedetização? Talvez elas simplesmente vão embora sozinhas.

Coisas terríveis são substituídas, mas as medíocres permanecem. Um desempenho péssimo gera ação, mas um desempenho médio gera complacência.

Para superar a dotação, precisamos ajudar as pessoas a se dar conta do custo de não fazer nada — que, em vez de ser seguro ou sem custo, manter o status quo realmente tem uma desvantagem.

Meu primo sempre adicionava manualmente sua assinatura toda vez que escrevia um e-mail. Seja de trabalho ou pessoal, digitava "Atenciosamente, Charles" no final.

Quando ouvi isso pela primeira vez, fiquei boquiaberto. Por que não criar uma assinatura de e-mail que diga "Atenciosamente, Charles" e então adicioná-la automaticamente ao final de cada mensagem?

"Só leva alguns segundos para digitar 'Atenciosamente, Charles'", ele retrucava. "Além disso, não sei como fazer assinaturas automáticas e isso levaria muito tempo para aprender."

Para Charles, o status quo era suficiente. Ele sabia que o que fazia não era o ideal, mas não era tão mau para que o motivasse a mudar. O que são alguns segundos aqui e ali, afinal de contas? Era uma dor de cabeça, não um ataque do coração.

Ademais, o custo da mudança parecia maior do que o benefício. Levaria minutos para configurar uma assinatura automática, e isso economizaria somente alguns segundos, então por que mudar?

Depois de tentar várias vezes com que ele usasse a assinatura de e-mail, tentei uma abordagem diferente.

"Quantos e-mails você acha que escreve por semana?", perguntei.

"Não sei", ele respondeu. "Talvez uns quatrocentos."

"Ok, e quanto tempo você leva para escrever manualmente cada assinatura?", perguntei.

Ele parou.

Então, abriu a barra de pesquisa e digitou "como adicionar uma assinatura de e-mail".

Sempre que o status quo for bom, mas não maravilhoso, ou medíocre, mas não péssimo, a mudança parece não valer o esforço. Porque o estado atual das coisas não parece tão ruim assim.

Revelar o custo da inação ajuda as pessoas a perceberem que manter o status quo não é isento de custos como parece.

É claro que escrever manualmente uma assinatura de e-mail não leva tanto tempo. Dois ou três segundos no máximo. Então não parece valer a pena investir tempo para mudar.

No entanto, multiplique esses segundos por quatrocentos e-mails por semana e teremos de dez a vinte minutos. Em um ano, mais de dez horas. De repente, uma assinatura de e-mail parece menos com uma dor de cabeça e mais com algo mais grave. E fazer alguma coisa a respeito parece a melhor forma de ação.

Gloria Barrett é uma consultora financeira no sul da Califórnia. Ela auxilia pessoas com gestão patrimonial, seguro de vida e planejamento de aposentadoria. Alguns de seus clientes mais novos investem de maneira mais agressiva, com uma alta participação de ações no portfólio de investimento, ao passo que clientes mais velhos são mais cautelosos, preferem os títulos, em função de um horizonte de tempo menor.

Entretanto, Gloria tinha um cliente cujo comportamento não fazia sentido. Keith tinha uns 45 anos e não pretendia se aposentar pelos próximos 20 anos, mas se comportava de maneira bastante conservadora. Tinha mais da metade do dinheiro na poupança e não queria investi-lo.

Ela tentou fornecer dados a Keith para mostrar que o mercado de ações apresentava uma taxa de retorno mais alta. Preparava relatório após relatório mostrando que até os investimentos mais cautelosos renderiam mais dinheiro. Porém, Keith não se mexia.

O mercado de ações parecia arriscado. Então, ainda que tivesse investido pouco, Keith estava preocupado em perder o resto de seus ativos. Além disso, a poupança rendia juros, de modo que, embora o retorno não fosse alto, o saldo crescia anualmente. Não muito, mas o bastante para que manter o dinheiro lá parecesse bom o suficiente.

Após uma ligação particularmente frustrante, Gloria decidiu parar de enfatizar a vantagem potencial de investir mais e estruturou as coisas de outro modo. Mostrou de maneira concreta quanto dinheiro Keith estava perdendo por manter tal reserva na poupança.

Ela iniciou um relógio imaginário em 1º de janeiro. Então, em cada ligação ou reunião que tinha com Keith nos meses subsequentes, mencionou quanto dinheiro ele tinha perdido mantendo o status quo. No começo eram apenas alguns dólares, depois algumas centenas e então alguns milhares.

"Como posso estar perdendo dinheiro?", perguntou Keith. "Olho a minha poupança, e toda vez o saldo aumenta."

"Claro", retrucou Gloria, "mas isso não leva em conta a inflação. E, se comparado com o desempenho que poderia ter, mesmo no investimento mais conservador, você está perdendo um bom dinheiro".

Keith demorou ainda para mudar. Hesitou, reclamou e resmungou. Mas, finalmente, quando o ponteiro atingiu mais do que alguns milhares, teve uma crise e tirou uma boa parte do dinheiro da poupança. Na próxima vez em que se falaram, ele mudou a maior parte do restante. Ainda tem algum dinheiro na poupança, mas está mais compatível com seu horizonte de tempo, e seu retorno aumentou significativamente.

A mudança é custosa. Novos produtos custam dinheiro, e aprender a usar novos serviços leva tempo. Novas iniciativas demandam esforço para serem desenvolvidas, e leva tempo para que nos acostumemos a ideias novas.

E esses custos, na maioria, são antecipados. Você paga por um livro antes de começar a ler, e investe tempo para aprender um programa novo antes de usá-lo.

Os benefícios da mudança, entretanto, tendem a demorar para acontecer. Você não aproveita o livro até recebê-lo e começar a ler. Pode levar semanas, até meses, para finalmente instalar e rodar o novo programa.

Não é de surpreender que essa *lacuna temporal de custo-benefício* bloqueie a ação. As pessoas são impacientes. Querem as coisas boas mais rápido e as ruins depois. Então, se a mudança significa custos agora e benefícios depois, não fazem nada.

É como tentar deixar de comer doces. Lógico que existe o benefício de longo prazo de emagrecer e ter uma vida mais saudável, mas existe o custo de curto prazo de deixar de comer aquele delicioso bolo de chocolate. E sabemos muito bem como isso vai funcionar.

Em consequência, as pessoas permanecem em seu status quo. Por que incorrer em custos, se isso não for preciso? Principalmente quando o status quo não parece tão ruim assim.

O autor de livros de negócios Jim Collins disse uma vez que "o bom é inimigo do ótimo... Não temos escolas ótimas, principalmente porque temos boas escolas. Não temos um governo maravilhoso, principalmente porque temos um bom governo. Poucas pessoas conquistam vidas maravilhosas, em grande parte porque é muito mais fácil contentar-se com uma vida boa".[11]

Isso também acontece com a mudança. Quando as coisas vão bem, é fácil manter o status quo. Mudar é custoso e requer esforço, então, enquanto as coisas estão suficientemente boas, o ímpeto para mudar é silenciado.

No entanto, enquanto fazer nada quase sempre não custa nada, nem sempre é tão sem custo quanto parece. O status quo pode ser bom — apropriado até, mas, se comparado com algo melhor, é pior. E, apesar de a diferença parecer pequena, ou até irrelevante, somada ao longo do tempo, torna-se bem grande.

Então, para mudar opiniões e facilitar a dotação, os catalisadores trazem à tona o custo da inação. Tornam mais fácil para as pessoas perceberem a diferença entre o que estão fazendo agora e o que poderiam estar fazendo.

E, em vez de enfatizar o quanto a coisa nova é melhor do que a velha, ou o ganho potencial da ação, os catalisadores fazem o oposto. Enfatizam o quanto estão *perdendo* ao não fazer nada.

Porque, quando surge a aversão ao risco, as perdas intimidam mais do que os ganhos. Perder dez dólares parece pior do que ganhar dez dólares, e tornar-se menos eficiente parece pior do que tornar-se mais eficiente. Ver quanto tempo ou dinheiro está sendo perdido é mais motivador do que ver quanto poderia ter ganhado. Tudo isso faz com que seja menos provável que as pessoas mantenham o status quo.

Se apresentada da maneira correta, até uma dor de cabeça merece ser tratada.

Queime os Navios

Trazer à tona o custo de inação incentiva a conscientização de que não fazer nada não é sem custo. Porém, quando a dotação é muito forte, às vezes mudar exige dar um passo maior. E essas situações podem justificar queimar os navios.

Quando criança, ninguém diria que Hernán Cortés se tornaria um famoso explorador. Nascido em Medellín, na Espanha, em uma família relativamente pobre, Hernán era pequeno, sofria com cólicas e estava quase sempre doente. Aos 14 anos, os pais incentivaram-no a estudar Direito, mas as notícias a respeito de Cristóvão Colombo e suas descobertas do Novo Mundo estavam surgindo na Espanha. Cortés não estava satisfeito em ficar em sua cidade pequena e provinciana, e fez planos de ir para as Américas.

Em 1504, Cortés desembarcou em Hispaniola (o que hoje é o Haiti e a República Dominicana) e passou os anos seguintes tentando se estabelecer. Registrou-se como cidadão, tornou-se um tabelião e participou das expedições para conquistar partes da vizinha Cuba. Os esforços de Cortés foram favorecidos pelo governador de Hispaniola, e ele foi nomeado para um alto cargo político na colônia.

Finalmente, o governador pediu que Cortés o ajudasse a invadir o México. Acreditava-se que o continente tinha uma grande quantidade de ouro e prata, e o governador colocou Cortés no comando de uma expedição para explorar o interior do país a ser colonizado.

Acompanhado por cerca de seiscentos homens, treze cavalos e um pequeno número de canhões, Cortés e seus onze navios atracaram na Península de Iucatã. Ele reivindicou a terra para a coroa espanhola, venceu algumas batalhas contra os nativos e assumiu o controle do que é hoje Veracruz, região costeira oposta ao Golfo do México a partir de Cuba.

Depois de fundar uma cidade, Cortés queria explorar ainda mais. Tenochtitlán, a cerca de 320 quilômetros para o interior, era tida como uma cidade mágica, cheia de infinitas riquezas.

Entretanto, nesse momento, Cortés e o governador estavam em conflito. O governador tinha medo de perder o controle sobre a expedição e enviou ordens para retirar Cortés do comando. Porém, ele permaneceu e, agora, enfrentava pena de reclusão ou morte se retornasse a Cuba. Sua única opção era conquistar e povoar parte do território.

Nem todos os homens de Cortés estavam satisfeitos em abrir caminho para o interior. Alguns ainda eram leais ao governador e, quando descobriram os planos de seu líder, conspiraram para retomar o navio e voltar a Cuba.

Cortés foi rápido em esmagar a rebelião, mas enfrentou um dilema. Para que a missão de conquistar Tenochtitlán fosse bem-sucedida, ele precisava da lealdade dos homens. Contudo, com os navios prontamente disponíveis, seria difícil evitar outro motim. Se certa quantidade de homens se esgueirassem em um dos navios, poderiam navegar e trazer, posteriormente, mais represálias do governador.

Diante dessa situação, Cortés tomou uma decisão incomum: queimar os navios. Após retirar as provisões e a artilharia dos navios, mandou que fossem incendiados. Todos os onze navios.12

Para evitar outro motim, mandou destruir seus próprios navios.

Voltar não era mais uma opção. Agora todos tinham que seguir em frente.

O que Cortés fez pode parecer loucura. Ele não fez apenas uma declaração; destruiu a sua única opção de voltar para casa. Contudo, parece que ele não foi a única pessoa a adotar essa estratégia.

Ao invadir a Península Ibérica em 711 D.C., o comandante muçulmano Tariq ibn Ziyad ordenou que os navios que o trouxeram fossem queimados para evitar a covardia. Um antigo ditado chinês, "Quebre as chaleiras e afunde os barcos", faz alusão a uma batalha na qual um líder chinês fez algo semelhante para incentivar seu exército a se comprometer com o curso da ação. E a expressão "queimem as pontes" vem da ideia de queimar uma ponte após atravessá-la durante uma campanha militar, não deixando escolha para as tropas senão continuar a marchar.

Se comparada às situações que a maioria das pessoas enfrenta diariamente, essa tática é claramente extrema. E egoísta.

Entretanto, versões similares, menos dramáticas, podem ser aplicadas a uma série de situações em que as pessoas estão presas ao status quo. Sem deixar completamente a antiga opção de lado, mas fazendo com que se conscientizem e arquem mais com os seus verdadeiros custos.

Sam Michaels é o responsável pela TI de uma empresa de entretenimento de médio porte. Além de dar suporte ao site da empresa e a outras propriedades digitais, Sam deve assegurar que o software e o hardware da empresa estejam funcionando bem e atualizados.

Essas atualizações deveriam ser relativamente simples. Todo mundo instala uma nova versão do Windows ou adquire um computador atualizado quando o antigo fica ultrapassado. O novo software tem várias características, e os novos desktops são mais rápidos e mais seguros, então, os funcionários ficariam muito felizes em modernizar.

Contudo, por melhor que seja o upgrade, Sam descobriu que sempre tinha pessoas que não queriam mudar. Em vez de ter uma máquina nova ou um software novo, preferiam manter os antigos. As máquinas existentes estavam funcionando bem, então não queriam desperdiçar tempo para aprender um novo sistema operacional ou arriscar que arquivos se perdessem se podiam ficar com o que tinham.

Mudar custos era a ordem do dia.

E essas lesmas não se mexiam. Sam podia enviar lembretes, compartilhar links que mostravam como os upgrades seriam melhores, ou passar nos escritórios para implorar pessoalmente, mas nem assim se interessavam.

Enfim, Sam cansou de forçar. Então, tentou algo diferente. Tirou a antiga opção do bolso.

Em uma segunda-feira de manhã, Sam enviou um e-mail para todos que ainda não tinham feito a atualização. Além de recomendar que mudassem para uma máquina nova e dar algumas recomendações de como ele poderia ajudá-los a fazer isso, Sam observou uma mudança iminente no suporte de TI.

Por razões de segurança, as máquinas que ainda rodavam o Windows 7 em dois meses teriam que ser desconectadas da rede. Como a maioria dos funcionários tinham máquinas mais novas, e seria difícil para a TI se manter atualizada em relação aos problemas com as máquinas antigas, naquele momento, a TI não conseguiria dar mais suporte para essas máquinas. Se a máquina quebrasse ou tivesse um problema, os funcionários teriam que resolver sozinhos. A TI preferiu que não iria tão longe e ficaria feliz em ajudar todos a obterem novas máquinas. Porém, se não quisessem fazer a mesma coisa que o resto do grupo, ficariam por conta própria.

Sam enviou o e-mail e saiu para almoçar.

Quando voltou, uma hora depois, metade das pessoas tinha respondido ao e-mail para agendar horário com a TI para ajudá-las com a atualização. No final da semana, o resto das lesmas enviaram respostas semelhantes.

O e-mail de Sam funcionou porque ele queimou os navios. Não foi tão longe quanto Cortés. Não apagou a versão antiga do Windows dos funcionários ou simplesmente jogou os computadores deles pela janela.

No entanto, adotou o mesmo princípio. Ele trouxe à tona os custos da inação e deixou claro que em breve aqueles custos aumentariam. Deixou claro que os funcionários poderiam continuar usando os velhos navios, mas, se assim o quisessem, deveriam fazê-lo por conta própria.

A mesma ideia pode ser aplicada de maneira mais ampla.

Os fabricantes de automóveis não se recusam a produzir peças de reposição para veículos antigos, mas, após um período razoável, param de produzi-las em quantidade. Os preços sobem, e os consumidores são encorajados a fazer a transição para algo novo.

Os fabricantes não forçam os consumidores a mudar, mas também não subsidiam o preço das peças antigas, deixando-o artificialmente baixo. Passam o custo para o consumidor, tornando menos provável que este mantenha o status quo.

Inação é fácil. Pouco esforço é necessário para manter as mesmas crenças. Pouco tempo é necessário para manter as mesmas políticas e abordagens. E pouco dinheiro é necessário para manter os produtos e os serviços que já estão sendo usados.

Não é de surpreender, portanto, que, quando a escolha é ação ou inação, a inação quase sempre vence. A inércia prevalece. Um corpo em repouso tende a ficar em repouso.

Então, às vezes, a inação tem que deixar de ser uma opção. Ou, pelo menos, não pode mais ser subsidiada. Embora possa derrotar os iniciantes em um evento de luta livre, repentinamente a competição fica muito mais homogênea quando a inação se torna mais custosa. Agora estão todos no mesmo pé.

Em vez de pensar *se* uma certa coisa nova é melhor do que uma antiga, ao se retirar a inação do jogo, queimar navios incentiva as pessoas a deixarem de lado o velho e, em vez disso, pensar *qual* coisa nova vale a pena buscar.

Facilite a Dotação

Voltando ao estudo da caneca: as pessoas se apegam às coisas que já fazem. Seja aos produtos que já possuem ou às crenças que mantêm, aos fornecedores com quem trabalham ou às iniciativas que apoiam.

Catalisar a mudança não é somente tornar as pessoas mais confortáveis com coisas *novas*; é ajudá-las a desapegar das *antigas*. Facilitar a dotação. Como a consultora financeira Gloria Barrett, precisamos revelar o custo da inação, ajudando as pessoas a se conscientizarem que a inação e o status quo não são isentos de custo como parecem. Como Sam Michaels na TI, precisamos queimar navios, tirar o status quo da mesa, ou, pelo menos, deixar de subsidiar seus custos.

E para ver, em ação, o poder de facilitar a dotação, não precisamos ver nada além do que uma das maiores reviravoltas eleitorais da história recente: o referendo sobre o Brexit.

ESTUDO DE CASO

COMO MUDAR A OPINIÃO DE UMA NAÇÃO

Em 21 de maio de 2015, Dominic Cummings concordou em ajudar a começar uma organização que, no final, seria chamada Vote Leave [Vote Sair, em português]. No dia seguinte, deu início à tarefa monumental de fazer com que os britânicos desistissem de quase cinquenta anos de integração com a União Europeia.

Diferentemente das decisões políticas tradicionais, referendos são determinados pela opinião pública. Em vez de um pequeno grupo de políticos decidir se o Reino Unido permaneceria na União Europeia (UE), se o salário-mínimo seria aumentado, ou quaisquer outras questões, essas iniciativas de votação convidam todo o eleitorado a dar o seu voto.

A maioria dos referendos falha. Em Oregon e na Califórnia, por exemplo, os dois estados norte-americanos com o maior número de iniciativas por voto, somente um terço dos referendos são aprovados. Ao redor do mundo, esse número é ligeiramente maior.

Para referendos serem bem-sucedidos, milhões de pessoas têm que ser convencidas a mudar. Para alterar o salário-mínimo do que é para algo mais alto. Para abandonar os 46 anos de integração econômica, de subsídios agrícolas e de livre comércio. Abrir mão do jeito antigo de fazer as coisas e mudar para algo novo.

No caso do Reino Unido, o risco de deixar a UE era particularmente profundo. A maior parte da comida, do combustível e dos medicamentos do Reino Unido é importada, portanto qualquer diminuição no comércio poderia gerar escassez. Economistas ficaram apreensivos com o impacto nas exportações e preocupados se a saída desvalorizaria a libra esterlina.

Não é de surpreender, então, que poucos acreditaram que o referendo seria aprovado. A maioria das pesquisas sugeriu que o Reino Unido permaneceria na UE. Editores tinham a mesma visão, com as chances de apostas indicando uma probabilidade de 80% de vitória para a campanha pró-UE.

Cummings reconheceu que referendos enfrentam um desafio em sua mensagem. O status quo é muito mais fácil de ser explicado. Não exige uma análise de por que a UE não é boa para os britânicos ou como o fluxo complexo de subsídios, concessões e outros suportes podem ou não contrabalançar o dinheiro que o Reino Unido estava investindo na União Europeia. Tudo o que todas as campanhas para "Ficar" tiveram que fazer foi dizer às pessoas para manter o curso. Fazer o que sempre fizeram. Não estragar tudo.

Se o lado "Sair" tivesse a chance de encenar uma virada, não se perderiam no meio do mato. Precisavam de uma mensagem simples que todos conseguissem entender.

Então, Cummings comprou um ônibus vermelho para a Vote Leave. Os políticos viajaram pelo país, conversando com os eleitores. Na lateral do ônibus, estava escrito em grandes letras brancas: "Mandamos £350 milhões por semana para a UE; em vez disso, vamos financiar nosso NHS [National Health Service, Serviço Nacional de Saúde, em português]".[13]

O ônibus Brexit, como passou a ser chamado, não chamava apenas a atenção, ele trouxe à tona os custos da inação. Os britânicos acreditavam que permanecer na UE era mais seguro. Que isso não tinha custo. Porém, o ônibus mostrou a eles o contrário. Que toda semana o Reino Unido mandava milhões de libras em taxas de filiação à UE. Dinheiro que poderia ser gasto em coisas como o Serviço Nacional de Saúde.

Contudo, o ônibus também fez outra coisa. Embaixo daquela mensagem, em letras ligeiramente menores, Cummings colocou o grito mobilizador de toda a campanha "Sair".

O slogan começou com duas palavras somente: "Assuma o controle". Cummings adorava sua simplicidade, mas sentia falta de alguma coisa. Então, passou a brincar com diferentes variações.

Ele entendia bem de aversão à perda e de viés do status quo. Sabia que as pessoas preferiam continuar com o que já estavam fazendo do que fazer algo novo. E, enquanto "Assuma o controle" estava bom, implicitamente concordava com a premissa de que deixar a UE era uma ação e ficar, uma inação. O que caiu bem nas mãos dos seus oponentes.

Se ele pudesse inverter as coisas... faria com que *sair* fosse o status quo...

Então, depois de um insight, mudou o slogan. Não foi muito: substituiu uma palavra, mas mudou completamente o ponto de referência.

Ele substituiu por "retomar". "Retome o controle."

"Retome", Cummings escreveu em seu blog, "entra com um instinto evoluído forte — detestamos perder coisas, especialmente o controle". "Retome" desencadeou a aversão ao risco. Parecia que alguma coisa tinha sido perdida, e que sair da UE era uma forma de reaver aquela coisa.

Quando o British Election Study entrevistou eleitores, quatro vezes mais pessoas preferiram a linguagem em "Vamos retomar o controle". E quando os votos foram contabilizados em 23 de junho, o resultado foi surpreendente. Os britânicos votaram para sair da União Europeia.

Com "Vamos retomar o controle", Cummings reestruturou de modo inteligente todo o debate. Ele se apropriou do efeito da dotação e da valoração elevada das pessoas por aquilo que têm, e lembrou-as de que o Reino Unido já esteve fora da UE. Sair não era arriscado; era somente uma forma de endireitar o navio.[ii] Fazer com que as coisas voltassem ao que eram.

Essa estratégia nem sempre é fácil de ser aplicada. Pode não ser imediatamente óbvio como um novo medicamento ou um processo de fabricação pode ser apresentado como útil para recuperar a perda.

[ii] Trata-se também de retomar o controle do sistema propriamente dito. Fez as pessoas pensarem. "Sim, esses são os caras que estragaram a economia, que se jogaram do penhasco em 2008, cujos colegas são banqueiros do Goldman Sachs com fundos especulativos em títulos", disse Cummings. "Retomaremos o controle para vocês em Londres."

Entretanto, em muitos casos essa abordagem é um jeito esperto de virar a mesa contra a inércia. Mesmo não sendo seu titular, Donald Trump usou essa ideia na campanha presidencial de 2016. Em vez de dizer que tornaria a América grande, ele disse que tornaria a América grande *novamente*. Ajudaria a fazer com que as coisas retornassem ao que eram. Ronald Reagan usou uma mensagem similar em sua campanha presidencial em 1980.

E isso não se aplica somente à política. Os distritos escolares falam em como seus currículos "voltaram ao básico". Organizações falam em como uma nova abordagem ou foco ajuda a voltarem às origens. Em vez de enfatizar como ideias, políticas ou iniciativas são novas, focam como são semelhantes às coisas que vieram antes.

Até mesmo produtos e serviços novos podem ser abordados dessa maneira. É a mesma coisa que você conhece e ama, só que atualizada para a era digital.

Não é uma mudança; é uma revitalização.

Reatância e dotação são duas barreiras importantes que impedem a mudança. Contudo, para compreender como as informações não conseguem mudar o posicionamento das pessoas, precisamos valorizar a importância da distância.

3. DISTÂNCIA

Quando Virginia[1] bateu à porta, era sempre difícil saber como as pessoas reagiriam. Jovem, vestindo camiseta branca e óculos, parecia bastante amigável para que a maioria ao menos abrisse a porta para descobrir o que estava acontecendo.

Hoje, como parte integrante de um grupo de cabos eleitorais, Virginia estava perguntando aos eleitores de Miami como se sentiam a respeito dos direitos dos transgêneros. A Comissão do Condado de Miami-Dade aprovou recentemente uma regulamentação que protege os transgêneros contra discriminação, e isso era um tópico controverso, com opiniões fortes de ambos os lados.

"Que número parece certo para você?", Virginia perguntou a Gustavo, apontando para uma escala em um pedaço de papel contendo números que iam de fortemente contra os transgêneros a fortemente a favor.

Parado em frente à entrada de sua casa, vestindo uma camiseta sem mangas por dentro da calça cáqui, esse homem latino mais velho parecia bem tradicional. Acrescente uma camisa guayabera de linho, e Gustavo poderia ser um membro do Buena Vista Social Club. Virginia, por sua vez, é uma pessoa sem gênero definido, que não se identifica nem como homem nem como mulher.

Gustavo apontou para um número na metade inferior da escala, indicando que se opunha à legislação. "E você se sente assim por causa da questão dos banheiros?", Virginia perguntou. Gustavo disse que não apoiaria a legislação porque estava preocupado como seria utilizada. Como homens predadores se aproveitariam da legislação para entrar nos banheiros femininos.

"De onde vem essa ideia?", indagou Virginia.

"Porque eu vim da América do Sul", disse Gustavo, "e na América do Sul não gostamos de bichas".

Ouvir aquilo foi como um tapa na cara. A maioria das pessoas agradeceria educadamente ao eleitor pelo tempo e iria embora. A maioria diria que não valia a pena tentar convencer — que não era *possível* convencer — alguém como Gustavo, que tinha uma crença tão visceralmente mantida e enunciada.

Mas será que essa intuição estava errada? Será que havia uma forma de mudar a opinião de alguém como Gustavo? Será que conservadores comprometidos podem ser convencidos a apoiar políticas "liberais" como os direitos dos transgêneros?

Estendendo a Mão ao Inimigo

Dizer que o clima político atual dos Estados Unidos é desagregador é uma subavaliação. Mais da metade dos democratas e republicanos têm sentimentos "bastante desfavoráveis" em relação ao partido de oposição, mais do que o triplo do número de meados de 1990. Vizinhos rasgavam avisos no quintal, perspectivas opostas eram evitadas, e jantares de Ação de Graças foram servidos com um lembrete para não se discutir política.

As chamadas bolhas de filtro são uma explicação comum para a discórdia. Diga-me com quem andas que te direi quem és. As pessoas sempre preferiram os meios de comunicação que apoiavam seus pontos de vista, mas a tecnologia exacerbou essas tendências.

Em vez de conversar com vizinhos ou folhear jornais locais, obtêm notícias e informações online. E o ecossistema online está cada vez mais ajustado às visualizações de cada um. O Facebook prioriza informações de seus contatos mais próximos, que geralmente compartilham perspectivas semelhantes. O Twitter mostra informações de pessoas que você segue, que em geral concordam com você.

A web e as mídias sociais se juntaram para criar um estado de isolacionismo social em que raramente somos expostos a pontos de vista conflitantes. Aliados à propensão das pessoas em clicar na informação que corrobora suas perspectivas, esses algoritmos podem levar a humanidade a se tornar mais e mais isolada em suas próprias câmaras de ressonância.

Para resolver esse problema, especialistas sugerem estender a mão ao inimigo. Em vez de esconder-se dentro da própria bolha online, converse com alguém que veja as coisas de maneira diferente. Crie pontes para o outro lado.

Intuitivamente, isso faz todo o sentido. Ir além de caricaturas e estereótipos e relacionar-se com quem discorde de você faz bem para os dois lados. Em vez de frágeis e deploráveis, começaremos a enxergar no outro lado verdadeiros seres humanos. Ao entender de onde vem a oposição, todos adquiriremos uma visão mais moderada.

Será que isso realmente funciona?

O sociólogo Chris Bail estava esperançoso.[2] Ele acredita que, se conseguirmos considerar o outro lado, nós nos convenceremos. A exposição a pontos de vista opostos faria com que nos movêssemos para o meio. Não todos, mas alguns. Liberais e conservadores não estariam cantando "Kumbaya", mas, pelo menos, estariam se movendo ligeiramente na direção do outro partido.

Para testar essa possibilidade, Bail organizou um experimento inteligente. Recrutou mais de 1.500 usuários do Twitter e fez com que seguissem contas que os expunham a pontos de vista opostos. Por um mês, visualizaram mensagens e informações de funcionários eleitos, organizações e líderes de opinião oposta. Um liberal poderia ver tweets da Fox News ou de Donald Trump. Um conservador poderia ver posts de Hillary Clinton ou de Planned Parenthood.

Era uma versão digital de estender a mão para o inimigo. Uma intervenção simples que poderia ter grandes efeitos para a política social.

Então, no final do mês, o sociólogo e sua equipe mediram as atitudes dos usuários. Como se sentiam a respeito de diversas questões políticas e sociais. Questões como se a regulamentação do governo é benéfica, se a homossexualidade deveria ser aceita pela sociedade, e se a melhor forma de garantir a paz é por meio da força militar.

Era um grande empreendimento. Anos de preparação e milhares de horas de trabalho. A esperança era que, como milhares de especialistas, colunistas e outras cabeças pensantes discutiram, conectar-se com o outro lado faria com que as pessoas ficassem mais unidas.

Contudo, isso não aconteceu. A exposição ao outro lado não as tornou mais moderadas.

Na realidade, aconteceu o contrário. A exposição a opiniões contrárias *mudou* as opiniões, mas na direção oposta. Em vez de se tornarem mais liberais, os republicanos expostos às informações liberais tornaram-se mais conservadores, desenvolvendo atitudes mais extremas em relação às políticas sociais. Os liberais apresentaram efeitos semelhantes. Democratas que seguiram uma conta conservadora tornaram-se *mais* liberais, não menos.

Seria bom se os tweets tentassem persuadir. Como discutido no primeiro capítulo, tentativas de persuasão quase sempre induzem à reatância.

Porém, nesse caso, em vez de dizer o que fazer, a maioria dos posts somente continham informações.

E por que as informações não ajudaram?

Corrigindo Falsas Crenças

Ao tentar mudar opiniões, esperamos que evidências funcionem. Apresentar fatos, números e outras informações incentivaria as pessoas a se moverem em nossa direção.

A intuição é simples. Dados deveriam levar as pessoas a atualizarem seu pensamento. Elas deveriam considerar a evidência apresentada e, como consequência, mudar suas opiniões.

Infelizmente, isso nem sempre acontece.

Considere, por exemplo, as informações falsas. Vacinas ajudam a proteger contra doenças como sarampo, caxumba e rubéola (MMR ou Tríplice Viral). Entretanto, apesar de a maioria se vacinar, alguns pais deixam de imunizar seus filhos em razão de preocupações infundadas sobre a ligação entre vacinas e autismo.

Em um artigo de 2014 da revista especializada *Pediatrics*, pesquisadores analisaram se expor pessoas à verdade ajudaria a mudar falsas crenças.[3] Eles apresentaram evidência científica do Centro de Controle de Doenças (CCD) que desmistificavam a ligação entre vacina e autismo. Observaram que "vários estudos científicos realizados cuidadosamente não encontraram nenhuma ligação entre a vacina Tríplice Viral e o autismo", e resumiram algumas das diferentes descobertas de estudos diversos.

Após lerem o artigo, os participantes davam sua opinião. Qual a probabilidade de darem a vacina Tríplice Viral ao seu filho?

A exposição à verdade ajudou? Mais ou menos.

Para aqueles que já estavam favoravelmente predispostos a vacinar, a informação adicional ajudou. Reduziu falsas percepções e aumentou a intenção de vacinar os filhos.

Contudo, para participantes com atitudes menos favoráveis em relação às vacinas, a exposição à verdade falhou. O fornecimento de evidência científica do CCD não corrigiu a desinformação. Na verdade, aconteceu o contrário: fez com que *diminuísse* a probabilidade de vacinarem os filhos.

Diversos estudos tiveram efeitos semelhantes.[4] Seja analisando medicamentos, políticas ou outras áreas, evidências que deveriam mudar opiniões nem sempre funcionaram. Às vezes fizeram com que as pessoas fossem mais suscetíveis à verdade, mas outras vezes só reafirmaram falsidades. Apesar de haver pouca intenção em persuadir — portanto, provavelmente pouca reatância —, as pessoas ainda desconsideravam as informações.

Em vez de mudar falsas crenças, a exposição à verdade geralmente aumentou falsas percepções. Fornecer informações corretas tornou as pessoas mais suscetíveis a acreditar exatamente no oposto.

Então, quando a informação funciona e quando falha?

Um Campo de Futebol de Crenças

Mais de meio século atrás, cientistas comportamentais das universidades de Yale, Vanderbilt e Oklahoma tentaram responder a essa pergunta.[5] Era final da década de 1950, e eles queriam escolher uma questão controversa. Algo que pessoas diferentes tivessem opiniões diferentes, e que fosse fácil comparar mensagens que defendiam diversas posições.

Escolheram, então, a bebida alcoólica.

Enquanto a maioria dos Estados Unidos tinha abandonado a proibição décadas antes, a venda de bebidas alcoólicas ainda era proibida em Oklahoma, local de realização do experimento. Recentemente, o estado tinha realizado um referendo para determinar o destino das leis existentes e o voto favoreceu a proibição por uma margem estreita. Alguns habitantes de Oklahoma eram contra a proibição, mas um número ligeiramente maior era a favor de manter a restrição às bebidas alcoólicas. Era a questão perfeita para ser investigada.

Os pesquisadores criaram diferentes apelos escritos. Um deles era totalmente antiproibição. Ele assinalava que muitas pessoas gostavam de beber, portanto a venda e o consumo de bebidas alcoólicas não deveriam ser restringidas.

O segundo apelo adotou um tom mais moderado de antiproibição. Sugeriu coisas como "a venda de bebidas alcoólicas deve ser regulada, para que estejam disponíveis em quantidades limitadas para ocasiões especiais".

Em seguida, recrutaram defensores da proibição (p. ex., membros da Women's Christian Temperance Union [União de Temperança das Mulheres Cristãs] e alunos que se preparavam para se tornar padres e freiras), deram a eles uma das duas mensagens de antiproibição e mediram a mudança de atitude, quantos entrevistados mudaram seu ponto de vista em relação ao álcool como resultado de terem sido expostos à mensagem.

É possível imaginar que assumir uma posição mais extrema geraria maior mudança. Afinal, em tudo, desde negociações salariais até a compra de casas, as pessoas geralmente começam pedindo mais do que menos.

Compradores de casas oferecem entre 85% e 90% do preço pedido inicialmente com a esperança de chegar a um meio-termo, portanto, para começar, vendedores colocam o preço de venda artificialmente alto. Ao pedir mais, os vendedores se certificam de alcançar o resultado desejado mesmo depois de levarem em conta a barganha.

Aplicado à mudança de opiniões, delimitar uma posição mais distante se aproveita dessa tendência de repartir a diferença. Mesmo se as pessoas não percorrem todo o caminho, encontrar no meio significa terminar mais perto do desfecho desejado. Chegar ao meio-termo do apelo antiproibição redigido de maneira contundente significaria uma mudança maior do que chegar ao meio-termo de um apelo redigido de maneira moderada.

No entanto, não foi isso que aconteceu. Quando pesquisadores analisaram os resultados do estudo da proibição, descobriram que o apelo forte não era o mais eficaz para se mudar opiniões.

E o motivo era algo chamado região de rejeição.

Antes de apresentar os dois apelos antiproibição aos entrevistados, os pesquisadores solicitaram as opiniões deles em relação às bebidas alcoólicas e à proibição. Os participantes receberam oito afirmações e circularam a que mais se aproximava do seu ponto de vista. Algumas afirmações apoiavam fortemente a proibição, algumas eram totalmente opostas a ela e outras ficavam no meio-termo.

Imagine um campo de futebol americano dividido em linhas, com diferentes marcações indicando diferentes pontos de vista da proibição. Um lado apoia a proibição, e o outro se opõe a ela, e as duas linhas de fundo são as pessoas que têm opinião mais decisiva.

A linha de fundo dos defensores está repleta de pessoas que apoiam fortemente a proibição. A maioria concorda com afirmações como: "Já que o álcool é a maldição da humanidade, a venda e o consumo de bebidas alcoólicas, inclusive de cerveja light, devem ser completamente abolidos".

A linha de fundo oposta quer repelir completamente a proibição. Eles concordam, na maioria, com afirmações do tipo "Tornou-se evidente que o homem não pode ficar sem bebidas alcoólicas; portanto, não deve existir qualquer restrição à venda ou ao consumo".

Caminhe em direção ao meio de campo, e o extremismo diminui. Por volta da linha de 25 jardas, estão aqueles moderadamente a favor ou contra a proibição. Não se incomodam em manter algumas restrições às bebidas alcoólicas, mas acreditam que deveriam estar disponíveis em pequenas quantidades para consumo em algumas ocasiões. E, na linha de 50 jardas, estão aqueles que ficam em cima do muro. Para eles, argumentos a favor e contra são praticamente iguais.

Além de escolher a afirmação que melhor representava sua opinião, os entrevistados também observaram quais pontos de vista não achavam condenáveis, quais discordavam ou não se viam defendendo.

Essas escolhas criaram duas zonas. Uma era a *zona da aceitação*. A perspectiva com que as pessoas mais concordavam, com um conjunto de pontos de vista que poderiam potencialmente apoiar.

Fora dessa área segura estava a *região da rejeição*. Um conjunto de perspectivas com as quais discordavam com veemência ou rejeitavam ativamente como sendo errado.

Considere uma pessoa cujos pontos de vista a posicionem no meio de campo. É a opinião atual dela, mas sua zona de aceitação seria qualquer uma das posições em ambas as direções que poderia apoiar. Fora dela é a região de rejeição, ou qualquer coisa que ela não levaria em conta.

Pessoas diferentes não somente têm posições diferentes no campo, como também suas zonas de aceitação e rejeição variam. Uma pessoa poderia estar na zona final, a zona de aceitação seria até a linha de 20 jardas, e região de rejeição seria em qualquer lugar fora daquilo

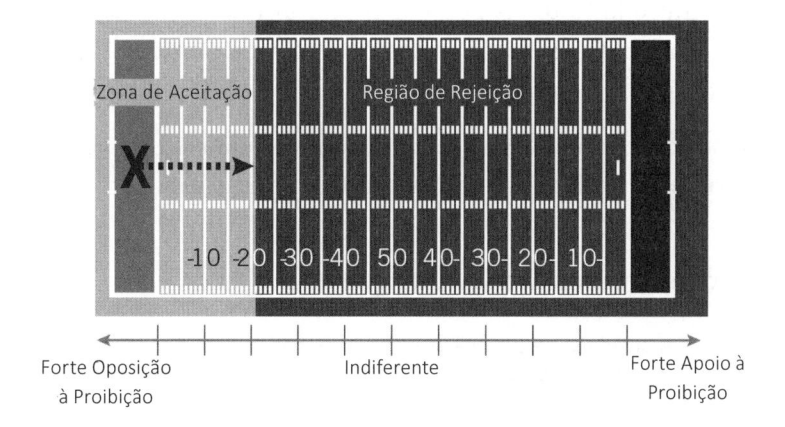

Outra pode estar na linha de 25 jardas, aceitando qualquer coisa nessa metade e rejeitando tudo do outro lado.

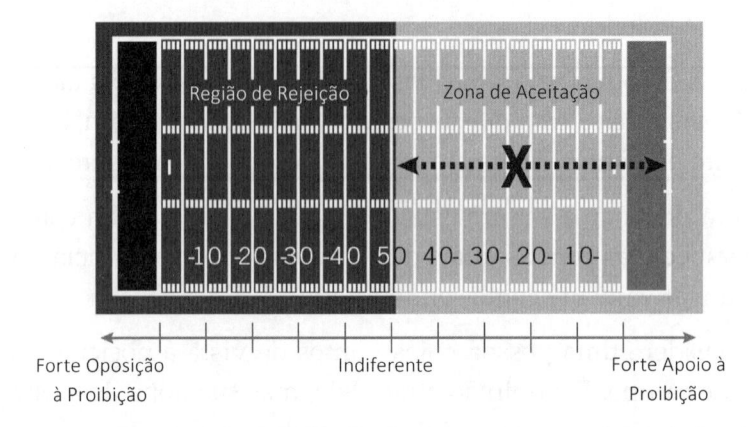

Essas zonas diferentes, por sua vez, determinavam se as mensagens antiproibição seriam bem-sucedidas ou falhariam. As informações recebidas eram comparadas com os pontos de vista existentes. Se o conteúdo estivesse bem próximo (i.e., dentro da zona de aceitação), a informação tinha funcionado como pretendido. As pessoas mudaram de opinião na direção desejada.

Contudo, se a informação caiu na região de rejeição, ela falhou. O conteúdo não somente não conseguiu persuadir, como também quase sempre falhou. As pessoas mudaram de opinião na direção *oposta*. Ficaram ainda mais certas de que seus pontos de vista iniciais estavam corretos.[i]

De modo geral, o apelo moderado levou quase três vezes mais defensores da proibição a se moverem em direção à legalização das bebidas alcoólicas.[6]

Às vezes, menos é melhor do que mais.

---

[i] Isso também acontece na política. Republicanos não ouvem somente notícias conservadoras, e democratas não seguem somente a mídia liberal. Dependendo de onde as pessoas ficam no continuum, elas estão dispostas a considerar ou a ouvir algumas perspectivas e não outras. Um democrata extremamente liberal poderia pensar que *Slate* é imparcial, mas não consideraria algo do *Wall Street Journal*, ao passo que um democrata mais moderado poderia pensar que o *Slate* é radical e considerar uma visão mais conservadora chegando até da Fox News.

O Viés da Confirmação

Ao tentar mudar opiniões, geralmente queremos logo fazer uma grande mudança. Queremos um grande aumento de salário agora. Queremos que os oponentes imediatamente se tornem defensores.

Pensamos que se déssemos informações suficientes às pessoas, elas se convenceriam. Se compartilhássemos mais evidência, enumerássemos mais motivos ou fizéssemos a apresentação correta, mudariam.

Entretanto, frequentemente isso dá errado. Em vez de mudar de perspectivas, as pessoas fincam o pé. Em vez de mudar, convencem-se cada vez mais que estão certas.

Como discutimos, a reatância é um dos motivos. Quando uma pessoa sente que alguém quer tentar convencê-la, aumenta a guarda, argumenta contra a persuasão.

Entretanto, mesmo quando não há tentativa de persuasão, às vezes até fornecer informações dá errado.

E a região de rejeição explica o motivo. As pessoas têm uma faixa, ou zona, em torno de suas crenças que estão dispostas a considerar. Conservadores leais se opõem ao gasto e à regulação do governo. Fale a respeito de uma lei para eliminar o gasto deficitário ou para proteger os livres mercados, e provavelmente apoiarão.

Entretanto, avance além daquela zona para coisas como aumentar o teto da dívida ou fornecer assistência médica universal, e falhará. Quanto mais distante estiver a mensagem, menor é a probabilidade de ouvirem. É mais provável que os empurremos na direção oposta.

Isso ocorre porque a região de rejeição não somente afeta a mudança, ela molda como as pessoas percebem e reagem à informação. Buscamos, interpretamos e favorecemos informações de uma maneira que confirme ou suporte crenças existentes.

Após assistirem a um jogo de futebol americano entre Princeton e Dartmouth, por exemplo, alunos de cada uma das universidades responderam, na sequência, a uma série de perguntas.[7] Foi um jogo difícil, e muitas penalidades foram aplicadas aos dois times. O quarterback da Dartmouth quebrou a perna após uma marcação da defesa. O tailback estrela da Princeton quebrou o nariz e sofreu uma leve concussão. Princeton acabou ganhando, mas os ânimos se inflamaram dos dois lados, além de discussões calorosas sobre de quem era a culpa.

Como os fãs viram o jogo, no entanto, dependeu totalmente para qual lado torciam. Os alunos de Princeton acharam que Dartmouth começou jogando pesado e cometeu o dobro de faltas do que o time deles. Os alunos de Dartmouth acharam que os dois lados jogaram duro e que Princeton provocou mais faltas. Exatamente o mesmo jogo, duas perspectivas diferentes.[8]

Esses vieses moldam até se as pessoas acreditam em coisas aparentemente objetivas como a pesquisa científica.

Professores da Universidade de Stanford forneceram informações sobre dois estudos que analisavam a eficácia da pena de morte.[9] Um estudo, cujas descobertas sugeriam que a pena de morte funcionava como um impedimento, comparou índices de homicídio um ano antes e um ano depois da adoção da pena de morte em quatorze estados. O estudo concluiu que, em onze dos quatorze estados, os índices de homicídio diminuíram após a adoção da pena de morte.

O outro estudo, cujas descobertas sugeriam que a pena de morte não era um impedimento, comparou índices de homicídio em dez pares de estados vizinhos com diferentes leis relativas à pena de morte. Concluiu que, em oito dos dez pares, os índices de homicídios eram *maiores* no estado que adotava a pena de morte.

Além dos resultados do estudo, os participantes receberam informações sobre como a pesquisa tinha sido realizada: detalhes processuais sobre os métodos e assim por diante.

Então, perguntaram aos participantes o quanto confiavam no estudo e sobre a qualidade da pesquisa, isto é, se cada estudo tinha sido bem ou mal executado.

Apesar de fazer sentido que a lealdade aos times pode afetar como um jogo é visto, era de se esperar que respostas à pesquisa científica fossem mais objetivas — particularmente nesse domínio tão importante que é a pena de morte, em que vidas estão em jogo.

Entretanto, verificou-se que a forma como as pessoas viam esses resultados científicos aparentemente objetivos dependia inteiramente da posição delas em relação ao tema. Quem defendia a pena de morte pensava que era mais convincente o estudo que sugeria ser esse um impedimento eficaz. Os oponentes à pena de morte acreditavam exatamente no oposto.

Isso também se manteve a respeito de como os estudos foram realizados. As pessoas que defendiam a pena de morte acharam que o estudo que sugeria que a pena de morte era um impedimento eficaz foi "bem pensado" e "parecia ter reunido dados de forma adequada". Oponentes argumentaram que "a evidência oferecida, sem dados sobre como o índice de homicídios geral se comportou naqueles anos, é relativamente sem sentido". Para o estudo que acreditava que a pena de morte era ineficaz, as perspectivas foram invertidas. Enquanto oponentes da pena de morte diziam coisas como "Usar estados vizinhos ajuda a tornar o experimento mais preciso [porque são] locais similares", defensores diziam "Deve haver circunstâncias bem distintas entre os conjuntos de dois estados, mesmo que compartilhem uma fronteira".

Até mesmo "fatos" aparentemente objetivos dependiam das crenças preexistentes de quem os interpretavam. A decisão de aceitar as descobertas ou procurar por falhas depende menos dos procedimentos específicos empregados e mais do alinhamento dos resultados às crenças existentes.

Não admira que a verdade de uma pessoa seja "fake news" para outra. Se uma informação é verdadeira ou falsa depende da posição da pessoa no campo. Em vez de unir lados opostos, a exposição à evidência, às vezes, aumenta a distância.

Essa tendência em buscar e processar informação de modo a confirmar o ponto de vista tem sido chamada de viés de confirmação.10 E ninguém está imune. O viés de confirmação molda tratamentos prescritos pelo médico, decisões de jurados e estratégias adotadas por investidores. Orienta as ações de líderes, as pesquisas feitas por cientistas e os feedbacks que os funcionários internalizam.

Como observou o psicólogo Thomas Gilovich: "Ao examinar evidência pertinente a uma dada crença, as pessoas tendem a ver o que esperam ver e concluir o que esperam concluir [...]. Pelas conclusões desejadas [...], nós nos perguntamos 'Posso acreditar nisso?', mas pelas conclusões desagradáveis nos perguntamos 'Devo acreditar nisso?'"[ii]

Esses vieses dificultavam ainda mais a mudança de opiniões. Além de as pessoas estarem dispostas a mudar, devem estar dispostas a ouvir informações que poderiam abri-las para aquela possibilidade.

Quando ideias ou informações entram, nós as comparamos com a nossa visão existente. Consideramos e pesamos para entender como se enquadram nas crenças existentes.

[ii] Esse viés inclusive se estende aos extremistas, como os membros da Stormfront.org, o maior fórum online de discussão da supremacia branca. O fórum define como brancas as "pessoas não judias com descendência totalmente europeia, sem exceções", e os membros do site geralmente se submetem a testes genéticos para provar a brancura. Mas o que acontece quando o resultado daqueles testes mostram que eles deixaram de cumprir o próprio critério? Pesquisadores descobriram que muitos membros cujos resultados dos testes sugeriram que não eram descendentes europeus puros inventaram uma desculpa. Os resultados dos testes devem ser enviesados, ou os testes genéticos realmente não são a melhor maneira de medir a "brancura". Até os nacionalistas brancos mudam os padrões quando esses não se encaixam naquilo que querem.

Se cair na zona da aceitação, consegue o selo de aprovação. É marcada como confiável e segura, e faz com que nos mudemos para aquela direção.

Contudo, se ideias ou informações caem na região da rejeição, enfrentam um exame mais detalhado. São vistas como não confiáveis, fortuitas e errôneas, ou, até pior, são completamente ignoradas.[11] E mudam as opiniões na direção oposta.[iii]

Então como vencer esses vieses? Como os catalisadores evitam a região da rejeição e incentivam as pessoas a realmente considerar o que têm a dizer?

Existem três formas de mitigar a distância: (1) encontrar a média móvel, (2) pedir menos, e (3) mudar o campo para encontrar um ponto de descolamento.

Encontre a Média Móvel

A cada ciclo eleitoral, campanhas políticas gastam enormes somas de dinheiro. Em 2016, por exemplo, mais de US$6,5 bilhões foram gastos nas eleições presidenciais e do congresso.

Embora algum dinheiro seja gasto com equipe, comida e transporte, a maioria é gasta com persuasão. Mala direta, campanha via telemarketing e angariação de votos porta a porta. Televisão, rádio e anúncios digitais que tentam convencer as pessoas a votarem de um jeito ou de outro.

Há alguma evidência de que esse dinheiro é bem gasto. Quando os cientistas políticos analisaram dezenas de estudos de medidas das primárias e das urnas, encontraram um padrão claro.[12] A propaganda e a campanha de contato funcionaram. Coisas como mala direta e angariação de votos porta a porta influenciaram como eleitores avaliaram candidatos e os fizeram mudar seu voto.

[iii] O contrário também se mantém. Como vemos a informação, seja verdadeira ou falsa, molda o lado que é atribuído a ela. Se achamos que a informação é verdadeira, achamos que veio do nosso lado. Se achamos que é falsa, deve ter vindo da oposição.

Contudo, quando analisaram as eleições gerais, cientistas políticos encontraram algo diferente. O mesmo resultado era esperado. Afinal, assim como as eleições primárias, as disputas para decidir quem será o presidente ou quem terá um assento no Senado ainda envolve entrar em contato com eleitores e publicar anúncios para convencer as pessoas a fazerem uma coisa ou outra.

Entretanto, em dezenas de estudos, cientistas políticos descobriram que o efeito médio de coisas como mala direta e angariação de votos nas eleições gerais era... zero. E, apesar de ser muito difícil avaliar a eficácia da propaganda digital e pela televisão, a evidência encontrada foi igualmente irrefutável. Efeito zero.

Só para ter certeza, foram realizados alguns outros testes. Conduziram novos experimentos, avaliando milhares de entrevistados. Apesar de essa abordagem aumentar a precisão estatística em dez vezes, o resultado ainda era o mesmo. Sem efeito.

Por quê?

Bem, a resposta pode ser encontrada na diferença entre as primárias e as eleições gerais. As duas envolvem múltiplos candidatos competindo uns com os outros, apresentando suas posições sobre diversas questões e tentando persuadir eleitores.

Contudo, em vez de concorrer contra membros do próprio partido, como nas primárias, as eleições gerais geralmente envolvem concorrer contra alguém do partido oposto. Ao passo que primárias envolvem decidir entre dois candidatos que já delimitaram suas posições no mesmo lado do campo, eleições gerais envolvem candidatos sentados em metades completamente diferentes. As duas opções podem não só estar bem distantes, mas uma delas pode estar na zona de aceitação, enquanto a outra provavelmente está na região de rejeição.

Portanto, mudar opiniões torna-se mais difícil ainda. Uma coisa é fazer com que democratas apoiem um candidato democrata que normalmente é mais liberal que eles, mas fazê-los apoiar um republicano é muito mais desafiador.

Isso é particularmente verdade dada a força das afiliações partidárias. Estar obcecado por uma questão ou domínio muda a amplitude da informação que as pessoas estão dispostas a considerar. Quem não se importa com determinada questão ou domínio tem uma zona de aceitação mais ampla e uma pequena região de rejeição. Existem várias opiniões às quais estariam mais receptíveis e poucas que rejeitariam definitivamente.

Porém, para pessoas que se preocupam, é exatamente o oposto. Elas veem as coisas como certo e errado, isso significa que existem poucas perspectivas que levariam em consideração, uma pequena zona de aceitação e uma ampla região de rejeição.[13]

Em parte, esse é o motivo pelo qual mudar opiniões políticas é tão desafiador. Você não está somente tentando mudar ligeiramente posições; está tentando fazer com que mudem de lado. E não exclusivamente sobre qualquer questão. Uma pela qual estão obcecadas e sobre a qual dificilmente ouvirão perspectivas alternativas. É o mesmo que pedir a um fã do Red Sox começar a torcer pelos Yankees, ou pedir para quem gosta de Coca-Cola mudar para Pepsi. Não é uma das tarefas mais fáceis.

Então o que fazer em situações como essas? Simplesmente desistir?

Não exatamente. Porque o estudo sobre eleição descobriu um lado positivo. Um local onde candidatos mudaram opiniões nas eleições gerais, mesmo quando a mudança parecia difícil.

Em política, campanhas inteligentes não tentam mudar *todas* as opiniões; focam mudar eleitores que estão abertos a fatos e argumentos. Indecisos ou grupos que, levando em consideração o candidato, a circunstância ou a questão, são receptivos a serem convencidos. Pessoas que têm uma zona de aceitação maior, ou cuja zona se sobreponha mais às posições do candidato.

E, em vez de utilizar os mesmos argumentos para todo mundo, catalisadores usam uma abordagem mais cirúrgica. Miram pessoas com mensagens específicas, que são mais relevantes para elas.

Em 2008 no Oregon, por exemplo, o democrata Jeff Merkley estava concorrendo ao Senado norte-americano contra o titular republicano Gordon Smith. Smith era um político popular e tido como moderado, então a corrida estava se preparando para ser bem competitiva.

Pesquisadores estavam interessados em ver se conseguiriam mudar as opiniões dos eleitores.[14] Se conseguiriam mudar o voto daqueles que votariam no titular republicano, para que votassem no concorrente democrata.

Todavia, em vez de bombardear com o mesmo apelo, trabalharam para encontrar quem já estivesse predisposto. Eleitores que, por qualquer motivo, estivessem dispostos a mudar de opinião.

Primeiro, procuraram uma questão polêmica. Um assunto que o titular estivesse em descompasso com, pelo menos, alguns de seus eleitores.

Após repassar várias possibilidades, resolveram pelo aborto. Eleitores de Oregon tendiam a ser *pro-choice*, ou, em português, pró-escolha, e o titular republicano não era. Melhor ainda, o desafiante era um de muitos candidatos ao Senado que a National Association for the Repeal of Abortion Laws [Associação Nacional para Revogação das Leis do Aborto], ou NARAL Pro-Choice America [ANRLA Pró-Escolha América], estava endossando naquele ano.

Então, os pesquisadores identificaram eleitores pró-escolha e tentaram persuadi-los com base naquela questão específica. Mais cedo, no ciclo eleitoral, grupos de defesa conduziram uma pesquisa em larga escala para identificar eleitores que apoiavam o direito das mulheres em escolher se abortariam ou não. Através de ligações ou correspondências, pesquisadores selecionaram esse grupo, enfatizando o endosso a Merkley pela Planned Parenthood e pela

NARAL Pro-Choice America e os repetidos votos pró-vida de seu oponente no Senado.

Será que essa abordagem funcionaria com todos os eleitores? Definitivamente não. A eleição era dominada pela economia, e o aborto não era a coisa mais importante para todo mundo.

Além do mais, enviar a mesma mensagem para todo mundo poderia facilmente ter dado errado. Para aqueles que não se preocupavam com o aborto, entraria por um ouvido e sairia pelo outro. Para os defensores pró-vida, a mensagem provavelmente seria rebatida e aumentaria o apoio ao titular.

Contudo, ao buscar a média móvel, essa campanha mudou a votação em 10%. E o desafiante Merkley ganhou.

Ao lidar com questões pelas quais as pessoas estão obcecadas, comece encontrando a média móvel. Indivíduos que, por causa das suas atuais opiniões, são mais suscetíveis à mudança porque, para começar, não estão muito longe.

Uma forma é buscar por resíduo comportamental. Pistas que indiquem opiniões conflitantes ou uma vontade de mudar. No contexto político, democratas Blue Dog que apoiam os direitos às armas ou republicanos que assinaram uma petição em apoio à reforma ambiental. No contexto dos negócios, consumidores que reclamaram sobre um concorrente na mídia social.

Abordagens high-tech, como segmentação semelhante, também são úteis. Elas potencializam dados sobre clientes ou defensores para encontrar outros com as mesmas características e preferências e, portanto, com mais probabilidade de se interessarem.

E, quando os dados ainda não estão disponíveis, analise e aprenda. Pegue uma amostra de pessoas, teste uma abordagem em particular e registre as características principais em várias dimensões. Usar isso para identificar subgrupos ou bolsões nos quais a abordagem foi mais eficaz pode ajudar a determinar que tipos de pessoas buscar em uma população mais ampla.

Tentando fazer com que um produto decole? Em vez de tentar convencer todo mundo do quanto ele é bom, encontre um subgrupo que já esteja precisando dele. Investidores de risco quase sempre se referem a produtos e serviços como vitaminas e analgésicos. Desejáveis (p. ex., vitaminas) são aqueles que podem ser deixados para mais tarde, e necessários (p. ex., analgésicos), aqueles que as pessoas não vivem sem.

Catalisadores começam procurando quem veja a sua oferta como analgésico, em vez de saírem atrás de qualquer um. Localizam usuários potenciais que precisam da oferta e que não podem esperar para aproveitá-la.

Tentando mudar opiniões durante uma reunião? Comece com pessoas cuja posição esteja mais perto. Não só são as mais prováveis de serem convencidas como, ao mudarem de opinião, com sorte, passarão a defendê-la e trarão outras com elas.

Peça Menos

A média móvel é um ótimo lugar para começar, mas às vezes queremos mudar a opinião de pessoas que estão muito distantes. Então como fazer?

Imagine que está no trabalho quando recebe uma ligação no celular. A pessoa que liga se apresenta como um representante do Consumers' Group [Grupo dos Consumidores] e pergunta se você gostaria de participar de uma pesquisa. Iriam até a sua casa para categorizar todos seus produtos domésticos. E, para ter certeza de que conseguiriam todas as informações necessárias, teriam que ter acesso a toda sua casa. Inclusive a todos os armários da cozinha e despensa, só para o caso de precisarem remexer neles. Seriam cinco, talvez, seis pessoas e não deveriam levar mais do que algumas horas. E perguntam se você estaria disposto a fazer isso como voluntário. Em outras palavras, de graça.

Você aceitaria participar?

Se está tentando conter o riso diante da audácia desse pedido, não está sozinho. Cinco ou seis pessoas na minha casa para vasculhar os armários da cozinha? De jeito nenhum! Quem seria louco o suficiente para fazer uma pergunta dessas? E ser voluntário para fazer isso de graça? Sem chance.

Um pedido como esse claramente cai na região da rejeição. É demais para aguentar.

De fato, quando dois psicólogos de Stanford telefonaram para as pessoas e fizeram um pedido semelhante, somente uns poucos aceitaram.[15] Não temos certeza quem são essas almas caridosas ou se entenderam com o que concordaram. A maioria, o que não é surpresa, disse não.

Os psicólogos estavam interessados em um problema que todos nós enfrentamos diariamente. Como fazer com que pessoas façam o que de outra forma não fariam.

E, como os cientistas observaram, o jeito mais fácil de atacar esse problema era por meio da pressão: "Exercer a maior pressão possível no indivíduo relutante… para forçá-lo a colaborar". Dizer o que deve ser feito. Punir quem não fizer. Pagar para que seja feito. Forçar, forçar, forçar até ceder.

Os cientistas acreditavam que existia uma abordagem melhor.

E havia. Quando os pesquisadores perguntaram a um grupo diferente, mais do que o dobro disse que sim.

Era o mesmo pedido, o mesmo voluntariado para que meia dúzia de pessoas remexessem em sua casa por duas horas. Mas, dessa vez, mais da metade concordou.

Qual a diferença?

Os cientistas começaram pedindo menos.

Três dias antes, telefonaram a um segundo grupo com um pedido muito mais inócuo. Apresentaram a mesma história aos entrevistados (que estavam ligando do Consumers' Group), mas, em vez de começar com o maior pedido (vasculhar os armários da cozinha), os cientistas começaram com o menor pedido primeiro: se os entrevistados estavam dispostos a responder algumas perguntas ao telefone sobre alguns produtos domésticos que tinham. Coisas simples como qual marca de detergente usavam para lavar a louça.

A maioria que atendeu ao telefone ficou feliz em ajudar. Com certeza, responder algumas perguntas não era a melhor coisa, mas não estava na região de rejeição também.

E quando os cientistas retornaram a ligação alguns dias mais tarde com pedidos muito maiores? Essas pessoas estavam mais inclinadas a concordar.

Os pesquisadores descobriram que concluir aquele primeiro pequeno pedido mudou como as pessoas se viam. Inicialmente, responder a algumas perguntas pelo telefone deve ter sido o máximo que alguém estava disposto a fazer; era a ponta da zona de aceitação. Entretanto, ao concordar com aquele pedido, mudaram de posição. Mudou onde estavam no campo. Como os cientistas observaram: "Assim que concordou com o pedido [...] pode ter se tornado, aos próprios olhos, o tipo de pessoa que faz esse tipo de coisa".

Concordar com um pedido pequeno relacionado moveu as pessoas na direção certa. Isso significa que o pedido final, que antes estava muito longe, agora estava na zona de aceitação.

Quando as pessoas mudam sua posição no campo, zonas e regiões mudam com elas. Portanto, em vez de estar diretamente na região de rejeição, o pedido final está agora na zona de aceitação, tornando-as mais suscetíveis a ajudar.

Está difícil fazer com que as pessoas mudem de opinião? Tente pedir menos em vez de pressionar mais. Diminua o tamanho do pedido inicial para que caia na zona de aceitação. Isso não só fará com que o pedido inicial seja bem-sucedido, como também fará com que, em geral, mudanças maiores sejam mais prováveis.

Médicos geralmente lidam com isso ao tentar que obesos percam peso. Quando alguém precisa perder de 20 a 50 quilos, a tendência é pedir algo drástico. Exercícios diários. Parar de comer junk food, cortar completamente a sobremesa.

Essas abordagens inevitavelmente falham. Essas recomendações são ótimas na teoria, mas as pessoas dificilmente as escutam. São difíceis de serem implementadas. É claro que uma pessoa obesa *deveria* fazer exercício uma vez por dia, mas, para alguém que não faz exercícios há meses ou anos, é pedir muito.

A Dra. Diane Priest estava tentando ajudar um caminhoneiro obeso a perder peso. Ele gostava de beber Mountain Dew, e garrafas de um litro eram mais fáceis de levar na estrada, então, ele bebia até três garrafas por dia.

Três litros de Mountain Dew? São mais de 60 gramas de açúcar. E fazer isso todo dia? É a mesma coisa que comer cem barras de Snickers por mês.

A melhor estratégia para o motorista era parar totalmente de beber refrigerante. Contudo, a Dra. Priest sabia que seria uma tarefa difícil. Então começou fazendo um pedido menor.

"Tente tomar dois litros por dia", ela pediu. "Duas garrafas em vez de três. E, toda vez que for ao banheiro, encha a garrafa usada com água, para beber no lugar do refrigerante."

No início foi difícil, mas o caminhoneiro finalmente passou de três litros de Mountain Dew para dois por dia.

Depois, a Dra. Priest pediu que ele reduzisse para uma garrafa. E só depois que isso funcionou é que ela pediu para cortar totalmente o refrigerante.

O motorista ainda toma uma lata de Mountain Dew de vez em quando, mas já perdeu mais de 10 quilos.[16]

Ao tentar mudar opiniões, a tendência é exagerar. Queremos mudar logo a perspectiva das pessoas. Estamos procurando uma solução definitiva para fazer com que parem de tomar refrigerante ou mudem de partido político da noite para o dia.

Contudo, observe melhor as grandes mudanças, raramente são abruptas. Ao contrário, geralmente se parecem mais com um processo. Uma mudança lenta e constante com várias etapas durante o caminho.

Pedir menos é se comprometer com o processo. A Dra. Priest começou pedindo ao caminhoneiro para beber uma garrafa de Mountain Dew a menos, mas ela não parou aí. No início, ela pediu pouco, e depois pediu um pouco mais.

Em vez de somente pedir menos, então, realmente se trata de *quebrar a mudança*. Quebrar pedidos grandes em menores, em pedaços mais acessíveis. Começar com um e construir a partir daí. Mover de 10 a 15 metros por vez, em vez de ter que rezar uma Ave-Maria, esperando o melhor.

Os designers de produto falam disso como construir o caminho das pedras. Se a oferta inicial da Uber tivesse sido pedir aos usuários para entrar no carro de um estranho, provavelmente a empresa não teria decolado. Aceitar carona de estranhos? Exatamente o que a sua mãe disse para você não fazer.

Em vez disso, a empresa começou com um pedido bem menor. Começaram como um jeito mais fácil de chamar um serviço de carro executivo. Com o lema "Motorista particular de todo mundo", era possível solicitar corridas exclusivas em carros de luxo pretos. Somente depois desse posicionamento de alta qualidade é que mudou para o mercado mais popular com o UberX, uma opção mais barata que oferece veículos não luxuosos (mas continuam sujeitos a verificação de antecedentes). Por fim, a empresa espera mudar para veículos totalmente autônomos.

Se, no início, a Uber tivesse pedido para as pessoas fazerem uma grande mudança, provavelmente teria falhado. Estava muito longe daquilo com o qual estavam acostumadas. Muito diferente do que os consumidores se sentiam seguros em fazer. Contudo, ao quebrar a mudança, diminuiu o tamanho do pedido. Cada lançamento de um novo produto era como um ponto de partida, movendo lentamente os consumidores de onde estavam até algo novo e diferente.

Peça para alguém atravessar um rio turbulento e provavelmente a resposta será não. É assustador. A água é muito funda. Eu posso ser levado pela corrente.

Porém, adicione degraus pelo caminho, e as pessoas ficarão mais dispostas a realizar a jornada. Agora podem pular de um lado para o outro sem se preocupar em ficar molhadas.[iv]

Mude o Campo, Encontre um Ponto de Descolamento

Pedir menos encurta a distância. Cria um degrau. E, ao fazê-lo, faz com que o pedido final esteja mais perto e ainda mais acessível.

Entretanto, quando a pessoa está realmente entrincheirada, existe mais uma técnica que pode ser útil: mudar de campo.

[iv] Um lugar por onde começar é enfatizar as maneiras que as pessoas já concordaram ou estão se movendo na direção desejada. Uma dieta e um livro de exercícios potencializa essa ideia de forma sábia. Em vez de começar a tentar convencer as pessoas a serem mais saudáveis, o autor mostra que isso é algo que elas já querem: "Parabéns! Não sei se já se deu conta ou não, mas, simplesmente ao pegar este livro, já está dando o primeiro de muitos passos, pequenos e grandes, simples e desafiadores, na direção da jornada mais gratificante de todas — a estrada para recuperar a saúde física, bem-estar e felicidade". Ao mostrar as formas com que já estavam dispostos, o autor encoraja os leitores para ver a posição deles no campo como estando perto do gol, o que faz com que provavelmente fiquem por perto para a nova fase da jornada (GREENE, 2002, p. 9).[17]

Encontre uma dimensão na qual já exista um acordo e use isso como ponto de pivô.

O que seria preciso para ajudar pessoas a serem menos preconceituosas?

Dave Fleischer tem feito essa pergunta a si mesmo desde que tinha seis anos de idade. Ele cresceu na única família judia em Chillicothe, Ohio, e, para complicar mais as coisas, era gay. "Se eu tivesse falado somente com as pessoas que concordavam comigo, só teria falado com a minha mãe e meu pai", ele disse.

Agora, com sessenta anos, Dave passou a vida toda tentando diminuir o preconceito. A sua primeira experiência como forasteiro o levou a uma organização comunitária, e ele ajudou a obter votos para diversas causas políticas.

Em novembro de 2008, no entanto, Fleischer percebeu um sinal de alerta. Os residentes da Califórnia estavam votando na Proposta 8, uma medida que propunha a proibição do casamento entre pessoas do mesmo sexo no estado. Considerando as tendências liberais da Califórnia, as eleições sugeriram que a medida seguramente seria derrotada e o lado pró-LGBT ganharia.

Mas não ganhou. A medida foi aprovada.

Foi um grande golpe para a comunidade. Todos estavam em choque e indignados. Não sabiam o que fazer com a situação ou o que fazer depois.

Enquanto tentava se recuperar da perda, Dave teve uma ideia. Em vez de tentar fazer suposições sobre as pessoas que votaram contra eles, por que não perguntar diretamente a elas? Visitar os bairros onde foram derrotados, encontrar os eleitores que votaram contra e perguntar por que fizeram aquilo.

Trabalhando com o Centro LGBT de Los Angeles, Dave e sua equipe visitaram o centro dos condados onde perderam. Locais onde as pessoas eram radicalmente contra o casamento gay ou odiavam gays e lésbicas. Os cabos eleitorais bateram nas portas de defensores da Proposta 8 e conversaram para entender as perspectivas deles.

A angariação de votos geralmente segue um script cuidadosamente planejado. Um consultor político elabora uma mensagem, e o trabalho dos cabos eleitorais é fazer o seu discurso. Palavra por palavra, cuspindo fatos e números para tentar convencer as pessoas a concordarem. As conversas, se podem ser chamadas assim, em geral são unilaterais e quase sempre parecem forçadas. É como estar em uma palestra. Não é surpresa que vários eleitores se apressem para encerrar a interação.

No entanto, em consequência da Proposta 8, a equipe de Dave tentou parar de falar e começou a ouvir. Sem script, somente perguntar por que as pessoas se sentiam daquela maneira.

Depois de mais de 15 mil conversas cara a cara, Fleischer e sua equipe aprenderam muito mais do que esperavam. Não somente a respeito das preferências em relação ao casamento gay, mas também o que levou os eleitores a mudar seus corações e mentes. Repassaram 64 iterações diferentes do script antes de, finalmente, escolherem uma de que gostassem. Chamaram a nova abordagem de "sondagem abrangente".

Poucas coisas são tão resistentes à mudança quanto o preconceito. Mais de cinquenta anos depois que a Lei de Direitos Civis proibiu a discriminação baseada em raça, sexo ou nacionalidade, a intolerância ainda está viva e passa bem. Mais da metade dos norte-americanos expressam preconceito contra negros, e um terço são contra o casamento gay. Faz somente poucos anos que uma aluna da Universidade de Yale chamou a polícia porque encontrou um aluno afro-americano tirando um cochilo na sala do dormitório, e agentes da Alfândega e Proteção de Fronteiras dos EUA detiveram duas mulheres apenas porque elas estavam falando espanhol em um posto de gasolina de Montana.

Parte do desafio é como o preconceito está tão arraigado. Crianças adquirem suas crenças, religião ou outros laços sociais dos pais, e essas perspectivas se tornam parte da sua visão de mundo, quase como uma segunda natureza.

Então, não é de surpreender que, quando Dave mostrou os vídeos de sua abordagem de sondagem abrangente a um conhecido cientista político, o professor não acreditou que ela tenha mudado a opinião de alguém. "Não há motivo para pensar que você está tendo sucesso", ele disse, "porque ninguém está".

Em junho de 2015, com o objetivo de fornecer um teste mais rigoroso, Fleischer ajudou a conduzir um experimento na Flórida.[18] Alguns meses antes, o condado Miami-Dade aprovou uma portaria que protege os transgêneros da discriminação. Com medo de uma reação violenta, voluntários e a equipe do Centro LGBT de Los Angeles fizeram uma parceria com a organização local para irem de porta em porta. Mais de cinquenta cabos eleitorais conversaram com mais de quinhentos eleitores.

As conversas foram duras, rudes e repletas de emoção. Pessoas contrárias à legislação não eram casualmente de oposição, elas tinham forte convicção baseada em religião, cultura e em como foram educadas. Não é a plateia mais fácil de converter.

Entretanto, quando os pesquisadores tabularam os resultados, encontraram algo notável. Uma única conversa de dez minutos de "sondagem abrangente" fez com que eleitores ficassem mais tolerantes. Tiveram mais atitudes positivas em relação aos transgêneros e pareciam mais solidários às leis de proteção contra a discriminação.

E o efeito não era de curta duração. Persistiu por meses após os cabos eleitorais terem passado por lá. Eles até resistiram à exposição para atacar os anúncios da oposição.

A noção de que uma conversa pode mudar opiniões sobre uma questão controversa de maneira duradoura é animadora — maravilhosa até. No entanto, traz à tona uma pergunta bem mais importante: por que essas conversas foram tão eficazes?

A sondagem convencional é bem parecida com o trabalho de um carteiro. Entrega a informação, e então vai para outra casa. Os cabos eleitorais querem entrar e sair o mais rápido possível.

Isso pode ser visto observando como os cabos eleitorais praticam. Um grupo de trainees é dividido em duas filas, formando pares. Em cada dupla, um finge ser o cabo eleitoral e o outro, o eleitor. E quem é o vencedor? O cabo eleitoral que foi o mais sucinto.

A sondagem abrangente demora mais. O objetivo, acima de tudo, é fazer com que o eleitor seja honesto. Interagir de forma franca e sincera sobre uma questão complexa e com uma grande carga emocional. E isso não acontece em poucos minutos.

A equipe de Dave Fleischer está disposta a investir o tempo que for preciso para se conectar com o eleitor. Mostrar a ele que é seguro falar o que sente. Não importa se o cabo eleitoral gostará ou não.

Foi por isso que Virginia, naquela conversa chocante com Gustavo, não ficou zangada, não foi embora e nem pulou em cima dele quando ele fez aquela insinuação descarada.[19]

"Na América do Sul, não gostamos de bichas", disse Gustavo.

E Virginia respondeu sem levantar a voz.

"É assim que você se refere aos transgêneros ou a todos os gays?", Virginia perguntou com educação.

"Seja o que é ou o que Deus fez você... Não tente ser outra coisa", explicou Gustavo.

"Então, eu sou gay", afirmou Virginia em um tom positivo e otimista.

"Você é gay?", repetiu Gustavo. "Oh, meu Deus."

Em vez de fazer um sermão, Virginia começou a contar sua história. E Gustavo se interessou. Ele perguntou o que a tinha levado a tomar aquela "decisão". Virginia explicou que não era uma escolha ou decisão. Era somente quem ela é. E começaram uma verdadeira conversa.

Virginia falou sobre como amava sua parceira, e isso levou Gustavo a falar da própria esposa. Que a esposa era deficiente, e os desafios de dar banho, alimentar e fazer tudo para ela. "Deus me deu a capacidade de amar uma pessoa deficiente", explicou, "e o amor é o que importa no final".

"Eu me identifico muito com isso", concordou Virginia. "Para mim, aquelas leis e, inclusive, os transgêneros, tratam disso. Elas dizem respeito a como tratamos uns aos outros."

Agora que se conectaram em um nível mais profundo, Virginia voltou à discussão a respeito do banheiro. Perguntou a Gustavo o que ele achava que era a pior coisa que poderia acontecer se ele e uma pessoa transexual usassem um banheiro ao mesmo tempo. Ele deu de ombros. Nada, na verdade, ele admitiu.

"Isso assusta você?", perguntou Virginia.

"Não", disse Gustavo, indicando rapidamente que não se preocuparia.

Virginia mudou a discussão sobre banheiros, de um medo abstrato hipotético para algo baseado na realidade prática.

"Escute, provavelmente eu estava enganado", Gustavo disse sobre a sua opinião original sobre os direitos dos transgêneros.

"Você votaria a favor de banir a discriminação contra transgêneros?", perguntou Virginia.

"A favor", respondeu Gustavo.

Virginia trocou o campo. Ela encontrou um ponto de descolamento.

Tradicionalmente, quando uma pessoa pensa em adotar a perspectiva de outra, isso em geral envolve colocar-se no lugar da outra. Entrar na cabeça de uma pessoa para ver a partir dos olhos dela.[20]

Isso funciona bem quando podemos facilmente imaginar com o que aquela outra perspectiva se parece. Imagine que você é um aluno do ensino médio e, para ajudar um colega com dificuldade, colocou-se no lugar dele. Se você já teve alguma dificuldade acadêmica, esse é um exercício útil. Pense no tempo em que teve dificuldade em cálculo, lembre-se de como se sentiu, e use isso para ajudar a entender seu colega.

Mas e se você for um aluno nota 10? Bem, então fica mais difícil adotar essa perspectiva. Se sempre foi um bom aluno, fica difícil imaginar como é ter dificuldades de aprendizado. Isso significa que tentar adotar a perspectiva do outro não vai ajudá-lo a entender o estado emocional dele.[21]

Para evitar esse problema, em vez de se colocar no lugar do outro, a sondagem abrangente incentiva eleitores a encontrar uma situação paralela na própria experiência. Sem imaginar como é ser outra pessoa, mas uma ocasião em que o eleitor se sentiu da mesma maneira.

Um aluno nota 10 pode experimentar um momento difícil ao tentar entender como é ter dificuldades de aprendizado, mas ele já deve ter enfrentado uma dificuldade em algum momento da vida. Seja no esporte, no namoro ou em qualquer outro domínio, pensar como se sentiu vai ajudá-lo a compreender melhor o que alguém com dificuldades acadêmicas está passando.

A sondagem abrangente usa isso para reduzir o preconceito. É difícil imaginar como é a vida do outro. Particularmente, se essa pessoa é de raça, cor, gênero ou orientação sexual diferente.

Você pode pedir para a maioria dos homens brancos de 45 anos de idade imaginar o que é serem discriminados, mas provavelmente eles não vão entender. Mesmo se tentarem adotar a perspectiva de quem sofreu discriminação, é bem provável que nunca tenham sequer imaginado se um garçom foi rude com eles por causa da raça ou se foram preteridos em uma promoção por causa do gênero.

Portanto, em vez de pedir aos eleitores imaginar o que é ser um transgênero, cabos eleitorais pedem que eles encontrem experiências análogas em suas próprias vidas. Virginia se baseou no amor de Gustavo por sua esposa deficiente para ajudá-lo a ver como ela se sentia em relação à parceira. Outros cabos eleitorais pediram que eleitores pensassem na época em que foram julgados negativamente por serem diferentes. Então, depois que eles compartilharam suas histórias, os cabos eleitorais os incentivaram a ver como as próprias experiências poderiam oferecer uma janela para verem o que os transgêneros estavam passando.

Um militar veterano contou como uma empresa não quis contratá-lo porque ele tinha transtorno de estresse pós-traumático. Esse era apenas um dos aspectos sobre quem ele era, mas potenciais empregadores não conseguiam enxergar além disso. O relato não era sobre ser um transgênero, mas o ajudou a entender, e se conectar com, o que deveria ser para uma pessoa transgênera sentir-se discriminada em função de um aspecto da identidade dela.

A sondagem abrangente funciona porque muda o campo. Ela encontra a dimensão na qual as pessoas estão mais próximas, em vez de começar com uma questão contenciosa, ou no campo em que estão mais distantes. Onde elas concordam, em vez de onde discordam. Um *ponto de descolamento*.

Ao ser questionado sobre direitos dos transgêneros, aborto ou qualquer outro tópico complexo politicamente sensível, é fácil acertar as coisas que caíram bem longe. Conservadores incondicionais estão sentados na linha de dez jardas e, claramente, os direitos dos transgêneros estão na região de rejeição, lá na metade liberal do campo.

Entretanto, a sondagem abrangente muda a conversa. Não é mais uma discussão abstrata sobre como alguém pensa como eles se sentem. Nem é sobre os direitos dos transgêneros. Pelo menos, não diretamente.

Pelo contrário, é sobre amor e adversidade. Sobre se importar. Ou como é se sentir banido. Ser julgado de forma negativa ou discriminado por ser diferente. Algo com que alguém pode se identificar, independentemente de como se sente a respeito dessa questão em particular.

Em vez de começar com uma questão difícil que parece ser divisora (um ponto de atrito), a sondagem abrangente começa com um interesse comum. Algo em torno do qual todos podem se reunir.

Então, somente depois de construir uma conexão é que os cabos eleitorais finalmente dão uma volta e trocam para os direitos dos transgêneros.[v] Mudar o campo do jogo: em que os dois times estão entrincheirados em pontas diferentes para um onde todos estão no mesmo time.

Quem discordaria da importância do amor profundo? Da redução da adversidade e da ajuda a quem gostamos? E, se você concorda com tudo isso, então, não deve ter percebido que proteger os direitos dos transgêneros é muito semelhante a algo que você já acredita.

E, como Dave coloca: "Eu sei como sou quando sou a minha melhor versão. Sei como sou quando sou a minha pior versão. E aprecio quando outra pessoa me ajuda a ser a minha melhor versão. É o que estamos fazendo na porta dos eleitores. Basicamente, estamos dizendo 'Ei, estou vendo você. Sei como

---

[v] Se alguma coisa parece familiar, deveria. A sondagem abrangente é muito parecida com o modelo escada que os negociadores de reféns geralmente usam. Em vez de pularem para tentar persuadir, começam com outra coisa e constroem a confiança e o entendimento. No entanto, em vez de começar somente com o entendimento, a sondagem abrangente trata de descobrir o local de concordância (um ponto de descolamento) e então usa-o para trocar o campo para a dimensão na qual as coisas parecem mais distantes.

você é na sua melhor versão'. É assim que você se vê? É assim que você quer ser? Se sim, como você vai aplicar aquele pensamento no seu próximo voto?".

A sondagem abrangente teve mais do que um pequeno efeito. O impacto foi de bom tamanho. Apesar de a conversa ter sido breve, seu efeito foi maior que a mudança nas opiniões a respeito de gays e lésbicas nos Estado Unidos entre 1998 e 2012, um período de quase 15 anos.

O mais interessante, entretanto, foram as opiniões que mudaram. Não foi somente a média móvel, os democratas que mudaram um pouquinho ou as pessoas que já apoiavam os direitos dos transgêneros. A sondagem abrangente funcionou com a mesma eficácia, independentemente de afiliação política ou de crenças preexistentes. Convenceu até mesmo quem inicialmente era contra os direitos dos transgêneros a ser favorável ao assunto.

Você tem um chefe que não apoia uma iniciativa porque acha que vai custar muito caro? Está lidando com um colega que não acredita na cultura da empresa porque pensa que ela é muito "emocional"? Catalisadores mudam de campo e encontram o ponto de deslocamento.

Em vez de forçar ainda mais no mesmo caminho bloqueado, explore direções correlatas onde as pessoas não estejam tão entrincheiradas. Mesmo que uma pessoa pareça um adversário em uma dimensão, provavelmente é mais do que isso. Pontos de concordância, como certificar-se de que a empresa continua a crescer ou que a retenção de funcionários permanece alta, comece com isso. Inicie com áreas de concordância e desenvolva a partir daí.

A distância é o terceiro principal bloqueio à mudança. A reatância reforça que as pessoas se retraiam quando sentem que alguém está tentando persuadi-las. Entretanto, mesmo somente fornecendo informações ou evidências, a distância importa. Se as coisas estão muito longe de onde estão atualmente, caem na região da rejeição e são desconsideradas ou ignoradas.

Para catalisar a mudança, então, precisamos começar por descobrir a média móvel. Pessoas para quem a mudança não está muito longe, e que podem ser usadas para ajudar a convencer as outras. Ao tentar mudar aqueles que estão mais longe, precisamos começar pedindo menos, como fez a Dra. Priest. Pegue uma grande mudança e quebre-a em pedaços maleáveis menores ou coloque um caminho de pedras. Peça menos antes de pedir por mais. E, finalmente, como os cabos eleitorais abrangentes de Dave Fleischer, precisamos encontrar o ponto de descolamento. Comece por um ponto de concordância e gire a partir dele para mudar o campo. A conexão com essas direções paralelas deverá mover as pessoas o suficiente para enxergarem o tópico inicial de maneira diferente.

E até mesmo mudar um pouco.

COMO MUDAR A OPINIÃO
DE UM ELEITOR

O que leva alguém que foi democrata a vida inteira passar a votar nos republicanos? Um conservador comprometido virar liberal?

Até aqui, vimos diversos exemplos de como diminuir a distância pode ser usado para orientar a mudança política. Desde fazer com que conservadores apoiem os direitos dos transgêneros até encorajar os defensores da proibição a considerarem afrouxar as restrições às bebidas alcoólicas.

Podíamos argumentar que os exemplos acima ainda são em pequena escala. Uma coisa é mudar opiniões sobre uma única questão (por exemplo, proibição), e outra é mudar crenças políticas como um todo (por exemplo, mudar de partido político).

Existem alguns exemplos famosos de mudança de afiliação partidária. O presidente Ronald Reagan era originalmente um democrata, foi até líder do sindicato trabalhista, até 1962, quando se tornou membro do Partido Republicano. A senadora Elizabeth Warren foi uma conservadora fervorosa por anos antes se tornar a democrata progressiva que é atualmente.

Entretanto, como isso funciona com as pessoas comuns? É possível convencer um eleitor a mudar? Se sim, como?

Mudando da Direita para a Esquerda

Silvia Branscom nasceu e cresceu em Enid, Oklahoma, em meados de 1970. Apelidada de Capital do Trigo de Oklahoma, a cidade se situa na ponta leste das Grandes Planícies e está bem no centro da América. Predominantemente branca, a comunidade se orgulha de ser "temente a Deus", e Silvia passou a frequentar a Igreja Batista depois que seus pais se divorciaram quando ela tinha 4 anos de idade.

A mãe se casou novamente, e o novo padrasto de Silvia era muito gentil. Era um homem de família e a tratava como se fosse sangue do seu sangue. Ensinou-a sobre carros e como fazer alguns reparos na casa.

Politicamente, no entanto, o padrasto se posicionava o mais à direita possível. Ele tinha feito parte da Guarda Nacional e defendia veementemente o direito do porte de armas. Era contra o aborto e acreditava que as mulheres não deveriam ser líderes.

Enquanto crescia, todo mundo amava Ronald Reagan, inclusive Silvia. Ser alguma coisa diferente de conservador era questionar a sua fé em Deus. Como você pode ser um "matador de bebês"? Finalmente, quando já tinha idade para votar em uma eleição de verdade, Silvia votou "de cabo a rabo" nos republicanos.

Nesse meio-tempo, a vida pessoal de Silvia estava caminhando. Adotou a vida da cidade pequena, casou-se quando terminou o ensino médio. Aos 21 estava grávida. Todo domingo, o marido e ela iam à igreja.

O marido de Silvia era o chefe da casa, quem ganhava o pão. Ela ficava em casa, cuidando do bebê. Acreditava, e até mesmo dizia em voz alta, que "as mulheres devem se submeter aos maridos". Por fim, ele se formou na universidade com um mestrado em engenharia de petróleo, e a família se mudou para o Alasca.

Silvia sempre quis voltar a estudar. Adorava aprender e, antes de ficar grávida e ser forçada a parar de assistir às aulas, estava cursando ciências humanas em uma faculdade. A mudança reacendeu seu interesse, e ela começou a cursar duas matérias por semestre na Universidade do Alasca.

Na universidade, teve dois professores que a influenciaram bastante. Dois membros do corpo docente que começaram a fazer com que ela mudasse de opinião.

Um deles era da sua aula de debates. Ele fez a alegação de que não existia essa coisa de verdade universal. Ela contra-argumentou que Deus era a verdade universal.

Depois, a classe passou a discutir a Segunda Emenda. O direito de portar armas. Na cabeça de Silvia, isso era uma coisa certa e se voluntariou para defendê-lo.

Foi esmagada. Total e completamente destruída. Ela debateu com outro aluno que competia em debate nacional e era o quarto do país. Nunca tinha ouvido nenhum dos argumentos que o colega apresentou. De volta em casa, a questão tinha que ser evitada.

O outro professor que a influenciou ensinava Civilização Ocidental. Silvia foi educada para acreditar que aqueles que não eram cristãos ou que nunca tinham ouvido falar em Cristo eram pessoas ruins que usavam drogas e cometiam crimes. O professor dela ridicularizou tudo isso. Ele não era cristão, mas era gentil e um bom cidadão, e conhecia a Bíblia melhor do que todo mundo que ela conhecia, melhor que todos os cristãos lá de Oklahoma.

Ensinou à classe tudo sobre as Cruzadas e as diversas formas de opressão cristã. Tudo isso já tinha sido apresentado de uma maneira bem diferente na cidade dela.

Nenhum dos professores tentou convencer Silvia de que as crenças dela estavam erradas, nem a forçaram a acreditar que as deles eram corretas. Não disseram o que ela tinha que fazer ou no que pensar. Simplesmente mostraram a ela que existia outro caminho, que havia outra abordagem.

O professor de Civilização Ocidental, em particular, era bastante parecido com Silvia para cair na zona da aceitação, mas suficientemente diferente para incentivá-la a mudar. Ele conhecia a Bíblia de trás para frente; apenas enxergava a partir de uma perspectiva diferente.

Silvia ainda era uma republicana e uma cristã devota, mas começou a questionar. Passou a ter dificuldades com crenças que ela tomava como certas há muito tempo.

Então, o marido dela foi transferido para a Escócia. Silvia não conseguiu terminar seu bacharelado, mas foi exposta a um mundo que nunca tinha visto antes.

No Reino Unido, conheceu uma pessoa muçulmana pela primeira vez. Uma mulher cujo filho frequentava a mesma creche. Mais tarde, ficou amiga de uma mulher da Índia. Ela passou a ter um pensamento mais global.

As coisas começaram a ficar obscuras. As crenças religiosas que antes eram tão óbvias, ou as respostas que antes recebia como verdadeiras, de repente não pareciam mais tão simples.

Quando finalmente retornou aos Estados Unidos, as coisas pareciam diferentes. Ela ficou impressionada com a falta de prioridade com a educação. Silvia era uma grande fã de esportes, mas agora parecia algo ofensivo canalizar o dinheiro para os esportes em vez de investir na educação. Os professores escolares em Oklahoma tiveram que fazer greve porque recebiam menos que US$40 mil por ano, ao passo que o ensino médio local tinha gasto US$400 mil para trocar a grama do campo de futebol.

Ela ficou surpresa em descobrir tanta exposição à violência armada e ao racismo sistemático, especialmente no sistema de justiça criminal. Como tinha dado à luz a sua filha na Inglaterra, ficou aterrorizada com a falta de assistência médica. Até os sermões na igreja não pareciam muito corretos. Toda aquela conversa sobre amor e gentileza só valia para pessoas com a mesma fé.

Basicamente, passaram-se quase dez anos para que ela mudasse. Ela votou em George H. W. Bush, em 1992, e em Bob Dole em 1996. Por fim, ela sentiu que o Partido Republicano não refletia mais os seus valores. O partido dizia que se importava com a fé, mas não compartilhava a preocupação dela a respeito dos fracos e marginalizados.

Em 2000, ela votou em Al Gore.

Atualmente, Silvia se considera uma democrata. Acredita na igualdade de raças e gêneros e que a sociedade é melhor para todos quando todos recebem cuidado.

Ela se entristece em ver a América tão dividida. Não tem a raiva que os democratas têm contra os republicanos, e acredita que a maioria dos cidadãos republicanos querem o bem, mas se sente repelida por todos os políticos republicanos e a forma com que usam o medo para serem eleitos. As comunidades rurais giram em torno da família e da igreja. Algumas vezes esquecem que somos todos uma única família e merecemos ser cuidados.

MUDANDO DA ESQUERDA PARA A DIREITA

Diego Martinez cresceu no Vale Central da Califórnia. Em Modesto, para ser preciso. A cerca de 150 quilômetros a leste de São Francisco, uma cidade de operários, onde fica a maior vinícola do mundo. Na terra arável fértil das áreas vizinhas crescem amêndoas, nozes e uma variedade de outras safras. Mais de um terço dos residentes se identificam como hispânicos ou latinos, e, mesmo não sendo tão liberais como o resto da Califórnia, a área se mostra mais liberal do que conservadora.

Os pais de Diego emigraram do México, e ele estudou na Modesto Junior College antes de ser transferido para a Universidade Estadual de San Diego.

Quando se registrou para votar pela primeira vez, assim como muitos de seus amigos, registrou-se como democrata. Os assuntos em voga eram igualdade no casamento, ajuda aos menos afortunados, e ficar de fora de guerras estrangeiras. Os democratas também pareciam mais amigáveis aos imigrantes. Todas essas coisas eram importantes para Diego, e ele votou nos democratas repetidamente. Para Obama em 2008 e 2012, e em Hillary em 2016.

Porém, no final de 2016, Diego começou a ficar incomodado com a posição do Partido Democrata. Achou os comentários de Obama sobre a diferença salarial entre homens e mulheres preocupantes. Concordava que havia uma diferença, entretanto não pelos mesmos motivos que Obama ressaltava. E estava preocupado com o que viu quando Obama se tornou o guerreiro da "justiça social".

Também não gostava da forma que os democratas que conhecia se comportavam. Na época, morando na cidade de Nova York, viu mais e mais amigos democratas adotarem atitudes hipócritas em relação aos outros. Como se soubessem todas as respostas. Como se o partido pudesse resolver todos os problemas melhor do que ninguém.

Contudo, o que mais o incomodava era a falta de diálogo aberto. Entre seus amigos e colegas, se não concordasse totalmente com o consenso liberal democrático, era considerado um racista. Um preconceituoso. Ou alguma coisa parecida. Os democratas pareciam ignorar o mundo real.

Ele se sentia pressionado. E não gostava. Então, passou a adotar uma visão mais ampla.

Passou a ouvir Jordan Peterson, um professor de psicologia da Universidade de Toronto e um forte crítico do politicamente correto. Começou a seguir Ben Shapiro, um comentarista político conservador que escreveu sobre como as universidades estavam doutrinando a juventude americana. E passou a prestar atenção ao trabalho de Nassim Taleb. Tudo dentro da sua zona de aceitação, mas lentamente se deslocando para o outro lado do campo.

Diego considerava os pontos apresentados por eles convincentes. Eram algumas das pessoas mais inteligentes que já tinha escutado. E as ideias deles sobre tópicos como discurso livre, responsabilidade, autoatualização e história faziam sentido para ele e lentamente começaram a influenciar seu pensamento.

O trabalho de Taleb, em particular, ajudou Diego a colocar em palavras o que há muito sentia sobre seus amigos democratas. Que eles clamavam por igualdade de raças, mas nunca saíram para beber com um motorista de táxi russo. Que eles falavam muito sobre ideais abstratos elevados, mas nunca tinham tocado em coisas da realidade.

Ele via os democratas, e particularmente seus amigos liberais, como estando obcecados por coisas como diversidade e igualdade, em vez de problemas reais e maiores como economia e segurança nacional. Ficava impressionado como os mesmos amigos liberais, que mencionavam a ciência como prova de que a mudança climática existia, rapidamente descartavam a ideia de que homens e mulheres eram biologicamente diferentes.

Começou, então, a se ver atraído em direção ao lado mais conservador do espectro. E, no verão de 2017, registrou-se como um republicano.

Ele não acredita que seus amigos republicanos ou conservadores entendam de tudo. E não ficou contente quando Trump ganhou. Mas, e o fato de que tantos liberais ficaram arrasados com a vitória de Trump? Diego achou que era um pouco demais. Eram os liberais se engajando em sinalizar a virtude, em vez de se empenharem e lidarem com problemas reais.

Diego sabe que os Estados Unidos são mais do que somente cidades costeiras, ricas e educadas. Valoriza o discurso livre que acha que os republicanos incentivam. E, enquanto perdeu amigos de viés socialista por causa de diferenças ideológicas, nunca um amigo de direita o chamou de racista por ter discordado dele.

As histórias de Silvia e Diego parecem bem diferentes. Uma mulher caucasiana do coração da América que foi da direita para a esquerda. E um hispânico da Costa Oeste que foi da esquerda para a direita.

Embora a jornada deles tenha ido em direções diferentes, na realidade eles têm muito em comum. E não somente por terem crescido em regiões fortemente agrícolas.

Nos dois casos, alguns indivíduos chave ajudaram a mudar a visão deles. Sem dizer a eles o que fazer ou sem pressioná-los a mudar, mas reduzindo a reatância, ao permitir a atividade. Orientando ou moldando a jornada e abrindo seus olhos para novas informações e novas ideias.

Professores universitários e intelectuais, com certeza, mas também amigos comuns que eles encontraram em suas vidas diárias.

E ainda, assim como nas grandes mudanças, as coisas não acontecem logo. Alguém tem que encurtar a distância. É preciso diversos pequenos passos em vez de um salto grande. Interações múltiplas ao longo dos meses, ou até mesmo anos. Uma mudança lenta, gradual, trazida por ter a chance de ver o mundo ou estar preocupado com a falta de um discurso expressivo.

Ao começar com as coisas que tinham em comum e desenvolver a partir daí, os catalisadores nas vidas de Silvia e Diego mudaram suas opiniões.

Além da distância, no entanto, existe outro bloqueio com o qual temos que lidar. Esse bloqueio é a incerteza.

4. INCERTEZA

Em 1998, um ex-vendedor de ingressos da liga menor de beisebol, Nick Swinmurn percorreu várias vezes um shopping em São Francisco. Estava procurando por um par de sapatos. Não era qualquer sapato. Ele queria um certo modelo de botas da marca Airwalk.

Uma loja tinha o modelo certo, mas a cor errada. A outra, a cor certa, mas o tamanho errado. Uma hora depois, Nick ainda estava indo de loja em loja, procurando sem sucesso. Após as opções se esgotarem, voltou para casa frustrado e de mãos vazias. *Deve haver um jeito melhor*, ele pensou.

A loucura da internet tomou conta da Bay Area, e Nick pensou que uma loja online de sapatos poderia funcionar. Todas as marcas, modelos, tamanhos e cores que as pessoas queriam, tudo em um lugar fácil de procurar.

Nick angariou algum dinheiro, construiu um site básico, e assim nasceu o Shoesite.com.

Porém, construir um negócio online era difícil. E, alguns meses depois, o Shoesite.com estava ficando sem dinheiro. O negócio tinha consumido a primeira rodada de financiamento e estava com dificuldades para conseguir a segunda. As vendas estavam devagar e não eram altas o suficiente para impressionar as grandes empresas de investimento.

Simplificando, investidores de risco não querem investir em uma empresa de sapatos online. De empresa em empresa, a reposta era sempre a mesma: Quem compraria sapatos pela internet?

A única salvação do Shoesite.com era que não tinha concorrência, porque todo mundo achava que era um péssimo negócio.

Hoje, compramos tudo online. Sapatos e roupas, certamente, mas também fazemos hipotecas, compramos carros e até animais de estimação. Para quem cresceu procurando um par olhando perfis e os passando para a direita, sem entender aqueles sons alienígenas do modem discado, é difícil imaginar uma vida na qual o que precisamos não esteja a um clique de distância.

No entanto, nem sempre foi assim. Embora a ubiquidade da compra online atual pareça que sua adoção teve um crescimento rápido, abrupto, a verdade está bem longe disso.

De fato, no final da década de 1990 e início dos anos 2000, o e-commerce estava se afundando. Apesar de toda propaganda e entusiasmo, as vendas online foram responsáveis somente por uma pequena fatia de todas as vendas. A cada cem dólares gastos em mercadorias e serviços, um pouco mais de cinco centavos eram em compras online. Na verdade, a maioria do comércio online era transações entre empresas, carregamentos de manufaturas e mercadorias por atacado.

A Pets.com foi de um anúncio durante o Super Bowl à demissão de todos os funcionários. A empresa de delivery de produtos de mercearia Webvan saiu de uma avaliação de um bilhão de dólares para o fechamento de suas portas dezoito meses depois. Durante um período de seis semanas em outubro e novembro de 2000, as empresas pontocom fecharam à taxa aproximada de uma por dia.

Até a Amazon sofreu. Perdeu US$323 milhões no último trimestre de 1999, e em 2000 sua ação terminou o ano perdendo mais de 83% de seu maior valor em 52 semanas.

O problema era que as pessoas estavam acostumadas a comprar em lojas físicas. Sempre que queriam alguma coisa, entravam no carro, dirigiam até o varejista mais próximo e escolhiam o que quer que estivesse nas prateleiras.

Provavelmente não era o melhor jeito de fazer compras, ou o mais eficiente, mas era um hábito. Era familiar e seguro.

Para o Shoesite.com ter sucesso, Nick precisava mudar o comportamento do consumidor. Ele precisava superar algo chamado taxa de incerteza.

A Taxa de Incerteza

Alguns anos atrás, eu precisava de uma folga do frio. O inverno estava particularmente difícil, e a cidade estava mergulhada em temperaturas geladas e vórtices polares. Era hora de umas férias.

Miami parecia perfeita. Mesmo em fevereiro, as temperaturas ficavam em torno dos 20°C e fazia sol. Tinha praias lindas e ótima comida. Tudo o que eu precisava era encontrar um hotel.

Após procurar em diferentes sites, restringi a escolha a duas opções. Ambas tinham quartos com varanda e vista para o mar quase pelo mesmo preço.

A única diferença era a qualidade dos quartos. O Hotel A tinha sido reformado há uma década, ou duas, e os quartos estavam em bom estado. Nada maravilhoso, mas não horrível.

O Hotel B tinha sido parcialmente reformado mais recentemente. Alguns quartos foram totalmente remodelados e estavam impecáveis. Pareciam bonitos, com móveis sofisticados e tapetes novos. Os outros, no entanto, precisavam de uma modernização.

Pareciam encardidos com uma mobília ultrapassada e camas que já tinham tido dias melhores.

Se eu conseguisse pegar um dos quartos melhores no Hotel B, a escolha seria fácil. Mas, quando liguei, o representante disse que dependia de quando os outros hóspedes saíssem. Ele podia fazer uma observação da minha preferência, mas não podia garantir.

Eu tinha uma decisão a tomar. Reservar o Hotel A e, certamente, pegar um bom quarto, ou apostar no Hotel B? Talvez algo melhor, talvez algo pior.

Se você estivesse nessa situação, qual escolheria? A coisa certa ou a opção arriscada com a chance de uma vantagem maior?

Cientistas não fizeram exatamente esse experimento, mas realizaram dezenas, talvez milhares, como esse. Deixe as pessoas escolherem entre uma coisa certa, boa, e uma incerta, mas potencialmente melhor e veja o que escolhem.

Por exemplo, uma escolha entre US$30 e uma aposta: uma chance de 80% de ganhar US$45 e uma de 20% de não ganhar nada.

Ao contrário de meu hotel de Miami, aqui podemos calcular uma resposta "certa", ou o que uma pessoa completamente racional deveria fazer. A aposta tem um retorno esperado maior. Aposte dez vezes e você ganharia US$45 oito vezes em dez. Com certeza não ganharia nada algumas vezes, mas na maioria ganharia mais do que os US$30 garantidos.

E, mesmo levando em consideração as duas vezes que você não ganharia nada, a aposta ainda é a melhor escolha. Repita por dez vezes e o lucro esperado seria 8 × $45 = $360, enquanto a coisa certa daria somente 10 × $30 = $300.

Entretanto, pense o que faria nessa situação. Você ficaria com os US$30 garantidos ou iria para a aposta?

Se você for como a maioria, provavelmente escolheria a coisa certa. Os US$30 garantidos, mesmo que seja um valor esperado mais baixo e que, na média, o lucro fosse menor.

Por quê? Porque as pessoas são avessas ao risco. Elas gostam de saber o que vão levar, e, enquanto o que vão levar for positivo, preferem o certo ao risco.[i] Mesmo se, em média, a escolha arriscada for melhor.

Seria ótimo pegar o quarto de hotel remodelado recentemente. Minhas férias seriam muito melhores por causa dele. Mas o quão frustrante seria se acabasse em um dos quartos antigos? Mesmo se a chance for relativamente baixa, vale a pena o risco?

Essa desvalorização das coisas incertas é chamada de "taxa de incerteza". Quando escolhemos entre a coisa certa e a arriscada, a opção arriscada tem que ser muito melhor para ser escolhida. O quarto remodelado tem que ser muito mais bonito. O valor esperado na aposta tem que ser muito maior.

E a taxa de incerteza é muito mais elevada do que você poderia pensar.

No início dos anos 2000, três pesquisadores da Universidade de Chicago perguntaram às pessoas o quanto estariam dispostas a pagar por um vale-presente de US$50.[1] O vale-presente era de um varejista local e deveria ser usado nas duas próximas semanas.

Após refletirem, disseram que estariam dispostas a pagar em média algo em torno de US$26. Alguns não compravam com esse varejista, e os outros devem ter ficado preocupados com a validade de duas semanas. Esses aspectos, combinados com outros,

---

[i] A aversão ao risco é particularmente verdadeira no domínio dos ganhos, ou na obtenção de algo positivo. No domínio das perdas, as pessoas estão na verdade buscando o risco. Em vez de, com certeza, perder pouco dinheiro, preferem apostar e ter a chance de perder mais dinheiro para também ter a chance de não perder nada.

levaram à desvalorização do vale-presente em cerca de metade de seu valor real.

Outro grupo respondeu o quanto estaria disposto a pagar por um vale-presente de US$100. Em média, disseram que pagariam cerca de US$45. Algumas pessoas disseram mais, algumas menos, mas, na média, por todas as razões apresentadas, disseram que pagariam aproximadamente a metade do valor real.

Novamente, sem surpresa.

Para um terceiro grupo, entretanto, os pesquisadores introduziram alguma incerteza.[2] Ofereceram um bilhete de loteria com uma chance de 50/50. Uma chance de 50% de ganhar um vale-presente de US$50, e uma chance de 50% de ganhar um vale-presente de US$100. Quanto pagariam por esse bilhete de loteria?[3]

Antes de chegar à reposta, leve em consideração uma questão ainda mais simples. Se comparado com um vale-presente de US$50, quanto as pessoas *deveriam* estar dispostas a pagar pelo bilhete de loteria? Deveriam estar dispostas a pagar mais do que por um vale-presente de US$50? Menos? Quase o mesmo?

Ao refletir sobre uma pergunta como essa, a reposta "racional" é bem clara. O valor de uma oportunidade arriscada deveria ficar entre os melhores e piores resultados possíveis.

Considere como exemplo um carro usado. O valor de tabela é US$10 mil, mas o carro pode precisar de uma nova correia dentada. E, se precisar, o conserto custaria mil dólares. Tendo isso em conta, a maioria diria que o valor do carro é algo entre US$9 mil e US$10 mil. O valor se precisar ou não de uma nova correia.

Você poderia fazer a média dos dois valores e dizer que o carro vale US$9.500. Ou inclinar-se mais para US$9 mil (por exemplo, US$9.250) se realmente acredita que precisa de uma nova correia dentada. De qualquer modo, o valor do carro usado deveria ficar entre US$9 mil e US$10 mil. Algo entre o melhor e o pior resultado.

A mesma lógica deveria ser aplicada aos vales-presente. Não está claro se o bilhete de loteria daria um cartão de US$50 ou de US$100, mas, no pior caso, seria um de US$50. Então, as pessoas estariam dispostas a pagar, pelo menos, aquele valor. Talvez não muito mais, mas, pelo menos, um pouco mais.

Contudo, não estavam.

Não. Quando os pesquisadores analisaram os dados, encontraram exatamente o oposto. Ninguém estava disposto a pagar mais pelo bilhete de loteria. Nem mesmo um pouco, sequer estava disposto a pagar o mesmo valor. De fato, enquanto as pessoas estavam dispostas a pagar cerca de US$26 por um vale-presente de US$50 e US$45 por um de US$100, estavam dispostas a pagar US$16 pelo bilhete de loteria. Quase 50% menos do que o pior resultado possível.[4]

E a razão para isso era a taxa de incerteza.

Quem estava dando lances pelos vales-presente sabia exatamente o que receberia. Trocaria determinada quantidade de dinheiro por um vale-presente de um determinado valor.

Entretanto, quem compraria o bilhete de loteria não tinha essa certeza. Não sabia qual seria o resultado. E, ainda que os dois resultados fossem bons, aquela incerteza era cara, e fez com que os bilhetes valessem menos.

A mudança quase sempre envolve algum grau de incerteza. Comprar sapatos online é uma boa ideia? Vai me economizar tempo e esforço, ou será um transtorno ainda maior? Os sapatos servirão em mim? Vou gostar de como ficarão? É difícil saber com certeza.

E não gostamos da incerteza. Nem um pouco, como mau tempo e leite estragado, ou uma série de outras coisas que consideramos moderadamente irritantes. Não, *realmente* não gostamos da incerteza, tanto que isso tem um custo real tangível.

A incerteza é ainda pior que certos resultados negativos. Saber que vai chegar atrasado a uma reunião certamente é ruim, mas imaginar se você chegaria na hora geralmente é pior. Ser demitido não é bom, mas imaginar que está para ser demitido é ainda pior.

Portanto, quanto mais a mudança envolve incerteza, menos interesse temos em mudar. Quanto maior ambiguidade em torno de um produto, serviço ou ideia, menos valiosos se tornam. É menos provável um vale-presente e mais provável um bilhete de loteria.

Não tem certeza de que a empresa de jardinagem pode consertar aqueles buracos marrons na grama? Melhor deixar para lá. Está com dúvida se a administração vai recompensar as pessoas por "pensar fora da caixa"? É melhor não complicar e continuar a fazer as coisas do jeito que sempre fizeram.

A incerteza enfraquece o valor de fazer as coisas de maneira diferente, deixando-nos menos dispostos a mudar.

E, se reduzir o valor de coisas novas não fosse suficiente, a incerteza cria ainda um outro bloqueio. Ela interrompe totalmente a tomada de decisão.

Apertar o Botão de Pausar

Em um famoso estudo, pesquisadores pediram a alunos de Stanford imaginar que tinham acabado de fazer um exame de classificação.[5]

É o final do semestre, você está exausto e descobre que passou na prova. Agora você tem a oportunidade de comprar um pacote de férias de Natal de cinco dias para o Havaí por um preço excepcionalmente baixo. A oferta especial termina amanhã.

Você:

(a) Compraria o pacote de viagem?

(b) Não compraria o pacote de viagem?

(c) Pagaria cinco dólares por uma taxa não reembolsável para ter o direito de comprar o pacote de viagem pelo mesmo preço excepcional depois de amanhã?

As duas primeiras opções são diretas. Comprar a viagem ou não. A terceira envolve adiar a escolha. Em vez de agir, suspende o julgamento e deixa a escolha ou a ação para um momento posterior.

A maioria dos alunos disse que compraria o pacote de férias. Alguns disseram que não comprariam, e alguns que prefeririam adiar a escolha para depois, mas a maioria disse que compraria.

Um segundo grupo recebeu um cenário semelhante, exceto que não tinham sido aprovados. Teriam que refazer o exame daqui a alguns meses, depois dos feriados.

Mesmo que esses alunos tenham "falhado" e não tenham passado, as escolhas deles eram quase idênticas as dos que passaram. A maioria compraria o pacote de viagem.

Isso faz sentido. Ao ser aprovado no exame, as férias se tornam uma recompensa. Vá para o Havaí para comemorar! Ao não passar na prova, as férias passam a ser um prêmio de consolação. Uma chance para descansar e se recuperar antes de fazer a prova de novo. Duas razões diferentes, a mesma escolha no final.

Havia um terceiro grupo de participantes. Em vez de dizer aos alunos que tinham sido aprovados ou reprovados, foi dito que o resultado ainda não tinha saído, que era incerto. E, assim como os "reprovados", foi dito que, se não passaram, teriam que refazer a prova daqui a alguns meses.

Se as pessoas sairiam de férias se tivessem passado e também se não tivessem passado, então, saber se foi aprovado ou reprovado não fazia diferença. Mesmo se estivessem incertos sobre o resultado do exame, os alunos ainda deveriam sair de férias.

Contudo, acrescentar incerteza mudou o que escolheram. Em vez de comprar o pacote de férias, a maioria escolheu adiar a escolha e aguardar até que as coisas ficassem mais certas. Decidiram não fazer nada em vez de ir adiante.

Desse modo, a incerteza atua como um botão de pausa. Interrompe a ação e congela as coisas onde estão.

Então, embora a incerteza seja ótima para o status quo, ou para qualquer coisa que as pessoas estavam fazendo antes, é péssima para mudar opiniões. Porque em vez de ir adiante e fazer algo novo, a incerteza faz com que esperemos e mantenhamos o que sempre estávamos acostumados a fazer. Pelo menos até resolver a incerteza. Se isso vier a acontecer.

Está com dúvidas se a compra online será melhor? Pode muito bem dirigir até a loja como você fazia antigamente. Não tem certeza se vale a pena recrutar pessoal para um projeto? Pode muito bem adiar a escolha até que as coisas fiquem mais certas.

Coisas novas quase sempre envolvem incerteza, então, se não está claro quão melhor a coisa nova será, pode muito bem ficar com a segurança e manter o status quo.

Assim como uma bandeira de aviso em uma corrida de carros, ou um aviso de construção em uma autoestrada, a incerteza diminui o progresso à frente.[6] Faz com que façamos uma pausa e tiremos o pé do acelerador.

Como, então, sair do modo de pausa?

Testabilidade

Acontece que a resposta para essa pergunta vem do que parece ser um domínio totalmente não relacionado: milho híbrido.

Everett Rogers nasceu em uma família de fazendeiros na área rural de Iowa no início dos anos de 1930. A Grande Depressão tinha acabado de começar, e, enquanto a vida estava difícil em todo lugar, havia poucos lugares que ainda eram mais difíceis que a área rural de Iowa. A fazenda não tinha aquecimento, encanamento ou eletricidade, e desde muito cedo Rogers tinha que fazer a parte dele para manter a fazenda funcionando. Dividia seu tempo entre ir para a escola — uma casa-escola de um cômodo —, alimentar as galinhas, tirar leite das vacas e fazer todos os outros afazeres que precisavam dele.

Ir para a faculdade não era a primeira coisa na qual ele pensava, e Rogers teria ficado em casa se a professora não tivesse enchido o carro com os alunos promissores do terceiro ano do ensino médio e dirigido até a Universidade Estadual e Iowa. Ele nunca tinha ido a uma universidade, mas gostou do que viu e decidiu cursar Agronomia.

Todo verão, voltava para casa para trabalhar na fazenda da família e levava informações sobre as melhores e mais recentes inovações agrícolas. Novos insights sobre os benefícios da rotação de culturas, ou tecnologias, que poderiam aumentar a eficiência e a produção.

Na maior das vezes, no entanto, as pessoas ignoravam o conselho dele. O pai de Rogers estava relutante em adotar a semente de milho híbrido, por exemplo, mesmo que tenha sido desenvolvida para ser resistente à seca e ter um rendimento 25% maior.

Rogers se perguntava o porquê. Então, depois de concluir o mestrado, voltou à Universidade Estadual de Iowa para fazer um doutorado.

Alguns anos antes, dois membros do corpo docente da faculdade examinaram exatamente a inovação que o pai de Rogers tinha ignorado: milho híbrido. Em um levantamento com mais de 250 fazendeiros em duas comunidades de Iowa, descobriram que mesmo o milho híbrido sendo tecnicamente "melhor" (i.e., ter caules mais fortes e haver maior produção de milho por semente), demorou treze anos até que todos finalmente adotassem esse tipo de milho. E, mesmo quando os fazendeiros começaram a usar a nova semente, levaram quase uma década para usar para toda a colheita.

Rogers ficou fascinado. Decidiu fazer um estudo similar sobre pulverização de ervas daninhas.

Enquanto estudava a literatura de apoio, deparou-se com pesquisas de outras disciplinas que tinham começado a observar questões semelhantes: quais eram os impactos da propagação de programas educativos ou o sucesso de um novo medicamento.

Rogers viu semelhanças entre essas diversas áreas e começou a formular um modelo de "difusão" geral. Uma teoria que não tratava somente de inovações agrícolas e fazendeiros, mas também o que faria com que uma invenção, tecnologia ou ideia fosse difundida para qualquer população, seja essa população formada por consumidores, funcionários, professores, qualquer um.

Quando apresentou seu modelo para a banca de dissertação, no entanto, eles foram céticos. Como os mesmos motivos poderiam conduzir ao êxito em diferentes inovações, pessoas, lugares ou culturas? A noção propriamente dita parecia ridícula.

Quando Rogers deixou o prédio mais tarde naquele dia, esbarrou em um dos membros da sua banca. O professor estava entretido lendo um livro, mas ergueu os olhos rapidamente quando Rogers passou. "A banca examinadora tem muitas perguntas a respeito da generalização de seu modelo de difusão", disse o professor, "mas talvez possa se tornar um livro interessante".

Décadas mais tarde, o livro de Rogers *Diffusion of Innovations* [Difusão das Inovações, em tradução livre] se tornou um clássico moderno. É o segundo livro de Ciências Sociais mais citado, mencionado quase 100 mil vezes em várias áreas, de marketing e gestão a engenharia, economia e política energética.

No livro, Rogers argumenta que até 87% da variância na rapidez em que as coisas são adotadas pode ser explicada por apenas cinco características. Abordadas coisas tão diversas de milho híbrido e matemática moderna a geladeiras e, nas edições mais recentes, o advento da internet, Rogers sugeriu que umas poucas características explicariam por que algumas coisas se tornavam grandes acertos e outras demoravam a ganhar força.

E, considerando os principais fatores identificados por Rogers, o mais importante, aquele que explicava melhor a variância nos estudos que revisou, era o conceito que ele chamou de "testabilidade".

Simplificando, testabilidade é a facilidade de testar alguma coisa. A facilidade como uma coisa pode ser testada ou experimentada de maneira limitada.

Alguns produtos, serviços ou ideias são fáceis de experimentar. Se alguém fala sobre um novo blog, por exemplo, e envia o link, você pode verificar quase sem esforço. Com um clique entra no site e tem uma ideia do que se trata, como é, e se é algo que lhe interessa.

Isso também acontece para uma nova marca de papel-toalha. São baratos, fáceis de encontrar e não requerem qualquer aprendizado adicional para utilizar.

Compare isso com um novo tipo de software de prática de gestão para consultores financeiros. Se um consultor tiver que comprar o software, gastar horas inserindo informações e depois fazer com que todos os clientes se cadastrem e façam a mesma coisa — tudo isso antes de saber se o software realmente economizaria tempo ou dinheiro —, não é muito fácil de experimentar.

Quanto mais fácil for testar algo, mais pessoas vão usar e mais fácil será popular.[7] Programas de tratamento medicamentoso que participaram de um ensaio clínico tiveram cinco vezes mais chance de adotar o medicamento ao final. Se professores universitários adotaram novas tecnologias de ensino, isso dependeu exclusivamente da possibilidade de experimentá-las antes. E dezenas de outros estudos, que analisaram tudo, desde internet banking e computação na nuvem às inovações agrícolas e jogos de computador, descobriram que a testabilidade é um fator de adoção importante e significativo.

A testabilidade funciona porque tornar as coisas mais fáceis de experimentar reduz a incerteza. Facilita para as pessoas experimentarem e avaliarem as coisas novas.

No entanto, a testabilidade não precisa ser fixa. É verdade que certos produtos, serviços, iniciativas e ideias tendem a ser mais fáceis de experimentar que outros, contudo, até mesmo para uma *mesma* coisa, existem formas de aumentar a testabilidade. Maneiras de mudar a opinião, de sair do modo de pausa, de apoiar, fazer, comprar ou experimentar algo novo.

A pergunta, portanto, é como reduzir a incerteza diminuindo a barreira ao teste. Quatro maneiras de fazer isso são: (1) aproveitar o freemium, (2) reduzir os custos iniciais, (3) conduzir a descoberta, e (4) tornar reversível.[8]

Aproveite o Freemium

Assim como a Uber e o Airbnb, o Dropbox geralmente aparece na lista de "unicórnios", ou startups privadas avaliadas em mais de um bilhão de dólares. Em menos de uma década, a empresa de hospedagem de arquivos reuniu mais de 500 milhões de usuários registrados. Mais de 200 mil empresas e organizações já se inscreveram, e a empresa está avaliada em mais de US$10 bilhões.

Mas nem sempre foi assim.

No começo, o Dropbox lutou para que clientes se registrassem. A tecnologia era inovadora, mas estava tentando resolver um problema que a maioria das pessoas não se dava conta que tinha. Todo mundo estava acostumado a armazenar arquivos e fotos e outros conteúdos em seus PCs, e mudar para um serviço baseado na nuvem parecia um pouco assustador. Após investir horas em um documento perfeito, a última coisa que você quer é se preocupar se ele vai desaparecer. Isso também para aquelas estimadas fotos de família. Ver uma coisa em seu desktop dava uma sensação de segurança, mas a nuvem era muito nebulosa e difícil de entender. Com certeza, o Dropbox oferecia mais espaço e acesso mais fácil, mas, e se os servidores caíssem?

O CEO do Dropbox cogitou contratar uma pessoa de marketing ou comprar alguns anúncios de pesquisa, mas a empresa não tinha muito dinheiro para gastar, e o retorno sobre o investimento parecia baixo. Então, em vez de tentar convencer as pessoas como o serviço era maravilhoso, o Dropbox fez outra coisa.

Disponibilizou o serviço de graça.

A princípio, poderia parecer um retrocesso. Entregar seu produto de graça? Isso parecia violar as leis básicas de um negócio de sucesso. Mesmo uma pessoa de 80 anos com um carrinho de pipoca sabe como ganhar dinheiro, você tem que cobrar. Por que uma empresa que quer ser rentável entrega seu produto ou serviço sem cobrar nada?

Mas funcionou.

Em apenas dois meses, o número de usuários mais do que dobrou. Em menos de um ano, o número tinha aumentado dez vezes. E logo o Dropbox estava fazendo bilhões de dólares de receita.

O Dropbox cresceu se aproveitando de um modelo de negócio chamado freemium. Registre-se e pode começar a usar o serviço de graça. Armazenar arquivos, carregar fotos e experimentar uma série de outros recursos, sem ter que pagar nem um centavo para a empresa.

É óbvio por que os consumidores adoram freemium. Quem não gosta de coisas grátis?

O freemium, porém, pode ser muito valioso para a própria empresa, porque tornar o serviço gratuito incentivou mais pessoas a testá-lo.

Alguém pode ter ouvido sobre o Dropbox e até pensado em usá-lo, mas se tiver que pagar US$20, US$10, ou até mesmo US$5 para ter esse privilégio, pode dizer não e agradecer. Afinal, aprender algo novo já exige esforço. Acrescente a isso uma taxa mensal, e, a não ser que as pessoas não estejam satisfeitas com a solução atual, os custos da mudança se tornam muito pesados para arcar.

Ao tornar o Dropbox gratuito para teste, no entanto, esses custos diminuem um pouco. Certamente as pessoas ainda têm que fazer o upload de todos os seus arquivos e aprender um novo sistema, mas o fato de o serviço ser inicialmente gratuito incentiva ainda mais que elas se registrem e deem uma olhada.

Se isso fosse tudo o que o freemium fizesse, contudo, não seria suficiente. Obter novos clientes é ótimo, mas em algum momento a empresa precisa ganhar dinheiro.

E é aí que entra a segunda parte.

"Freemium" é uma palavra composta, uma mistura linguística de duas palavras: "free" ("gratuito", em português) e "premium" ("qualidade", em português). A versão inicial, ou básica, é gratuita, mas a experiência é projetada para que usuários satisfeitos, em algum momento, paguem para atualizar para uma versão melhorada ou premium.

O Dropbox fornece uma quantidade razoável de armazenamento gratuito. Suficiente para compartilhar documentos grandes, transferir apresentações em PowerPoint e começar a salvar fotos e vídeos.

E, assim que as pessoas começam a usá-lo, torna-se um hábito. Embora antes tenham usado uma pilha de pen drives ou um HD externo, o espaço gratuito é suficiente para fazer com que troquem para o Dropbox. Passa a ser o modo para compartilharem arquivos, hospedarem projetos de grupo ou salvarem memórias valiosas.

Porém, construir esse hábito ocupa espaço. E, no final, as pessoas que armazenam muitas coisas acabam ficando sem espaço gratuito. Então, para obter mais espaço ou ganhar acesso a recursos adicionais, atualizam para a versão paga.[ii]

O freemium dá aos usuários o tempo e o espaço para explorar o que o serviço tem a oferecer. Com certeza, alguém fará o upload de um arquivo e terminará por aí, mas, se o serviço for útil, volta uma segunda vez, e uma terceira. E, ao fazer assim, percebe o valor do serviço fornecido.

Em vez de tentar convencer as pessoas como o Dropbox é maravilhoso, os próprios usuários se convencem disso, porque já o estão usando e adoram.

O Dropbox não está sozinho. Centenas de empresas usam o freemium para conduzir o sucesso. Jogar Candy Crush é grátis, mas desbloquear alguns níveis ou recursos exige o pagamento de uma taxa nominal. Ler o *New York Times* online é inicialmente de graça, mas, depois de ler dez artigos em um certo mês, você tem que pagar para ler mais. Pandora, Skype, LinkedIn, Evite, Spotify, SurveyMonkey, WordPress e Evernote são apenas algumas das empresas que prosperaram usando essa abordagem.[9]

[ii] O freemium geralmente se aproveita dos chamados custos de mudança. Considerando o tempo e a energia gastos para começar a usar o Dropbox, depois de carregar muitos dos seus arquivos, menor é a probabilidade de mudar para o concorrente. Mesmo se o concorrente oferecer o dobro de espaço gratuito. Dessa maneira, o freemium é similar ao modelo de precificação "barbeador e lâminas" (embora nesse caso o período inicial não seja grátis). As empresas geralmente distribuem os barbeadores, ou os vendem muito barato, na esperança de prender os consumidores ao seu sistema ou plataforma proprietária. Os barbeadores de diferentes empresas aceitam somente as lâminas daquela empresa, portanto, quando alguém escolhe um sistema, geralmente fica preso a ele, permitindo a empresa cobrar um prêmio pelos barbeadores. Como disse uma vez King Camp Gillette, fundador da empresa de mesmo nome: "Dê a eles o aparelho; venda as lâminas". Os pares hardware-software quase sempre funcionam do mesmo modo. Um novo sistema de videogame será vendido ao preço de custo, ou até com prejuízo, porque a empresa sabe que pode recuperar o investimento lucrando depois ou por meio da venda de jogos que só funcionam no sistema deles.

É importante observar que freemium não é sobre enganar pessoas. O Dropbox não diz no início que o serviço é gratuito apenas para depois surpreender com uma taxa mensal. Não há propaganda enganosa.

As pessoas só pagam se, e quando, decidem que querem uma atualização. Quando querem mais armazenamento, recursos adicionais ou funcionalidade adicional, elas escolhem.

Quando o modelo freemium funciona, incentiva a atualização sem exigi-la. Ideia semelhante que permite a autonomia que discutimos no capítulo sobre reatância, é deixar as pessoas escolherem se, e quando, querem mudar da versão gratuita para a paga.

Se o Dropbox pedisse logo para pagar pelo armazenamento, ou empresas como Pandora pedissem para pagar por uma versão sem anúncio, a maioria dos potenciais usuários provavelmente diria não. Não estariam certos de que valeria a pena pagar por isso. Porém, como a versão freemium ajuda a descobrir o valor do serviço — e, no caso da Pandora, o incômodo de anúncios —, as pessoas ficam muito felizes em entregar algum dinheiro.[iii]

Nem todo mundo paga pela atualização, mas quanto mais gente experimentando o serviço inicialmente, maior é a chance de mais pessoas se tornarem usuárias pagantes depois. Experimentar antes as torna mais suscetíveis à compra.

Veja o apêndice Aplicando o Freemium para mais detalhes em como aplicar o modelo de negócios freemium.

[iii] O freemium funciona melhor quando o cliente entende por que a versão paga tem que custar dinheiro. Armazenagem é fácil de entender. Embora "na nuvem" pareça que os arquivos estão suspensos no ar, a maioria das pessoas reconhece que eles estão sendo hospedados em algum servidor, em algum lugar que alguém tem que pagar por isso. Assim como custa dinheiro manter um monte de caixas em um guarda-móveis, armazenar arquivos tem um custo. Quando os recursos adicionais não exigem claramente um custo extra, articular o valor que vem dos serviços pagos se torna ainda mais importante.

Reduza os Custos Iniciais

O freemium é particularmente útil para produtos e serviços digitais, situações em que a oferta pode ser facilmente alterada, sem problemas ao atualizar os usuários da versão básica para uma paga.

Contudo, as mesmas ideias podem ser aplicadas amplamente. E, para demonstrar como, examinaremos como Nick Swinmurn resolveu os desafios do Shoesite.com.

Após ter sido rejeitado por outro investidor, o fundador do Shoesite.com, Nick Swinmurn, encontrou-se com o executivo Fred Mossler para pensarem juntos os próximos passos. Tinham que encontrar uma forma de estimular as vendas — e rápido; caso contrário, o Shoesite.com logo encerraria suas atividades.

Uma ideia que discutiram foi a adoção de descontos. Cortar preços para incentivar clientes a comprar. Algumas das maiores empresas de comércio eletrônico, como o eBay e a Amazon, tinham a reputação de reduzir os preços para motivar o novo cliente e o crescimento da receita.

No entanto, Nick e Fred estavam preocupados em não serem malvistos pelos parceiros. As empresas de calçados são implacáveis na proteção do valor da marca. Os consumidores estão dispostos a pagar mais por Nikes porque acham a Nike uma marca descolada, premium. Os descontos poderiam prejudicar aquele valor. Então, marcas de calçados evitavam os parceiros que abaixavam o preço.

E, ainda, embora descontos possam atrair alguns clientes no curto prazo, não mudariam a questão fundamental: as pessoas eram cautelosas com a compra online. O desconto seria somente um curativo, e, nesse caso, ineficaz.

Então, Nick e sua equipe resolveram adotar uma abordagem diferente. Ninguém que eles conheciam estava fazendo algo parecido, e não estava claro se fazia sentido sob a ótica dos negócios, mas certamente era uma novidade: frete grátis.

Naquela altura, o frete grátis era algo muito arriscado. Nick e Fred não tinham a menor ideia se funcionaria ou quanto sua implementação custaria.

A maioria das empresas de e-commerce via o frete como uma fonte de lucro. Um lugar para inflar as margens e ganhar algum dinheiro com "custos de frete e manuseio".

Frete grátis significava que, em vez de fazer dinheiro com o frete, o Shoesite.com o perderia. Toda vez que um cliente fazia um pedido, o Shoesite.com teria que pagar para enviá-lo. Some todos os clientes, e logo isso se tornaria um custo significativo. E mais, o Shoesite.com teria que gerir excessos de estoque e lidar com as mercadorias devolvidas pelos clientes.

Entretanto, a empresa não tinha mais opções. Estava rapidamente ficando sem dinheiro e não tinha tempo para testar ou explorar.

Então Nick e Fred resolveram tentar. Em novembro de 1999, anunciaram frete grátis no topo de sua página na internet.

Não aconteceu nada. Pelo menos, não imediatamente.

Contudo, logo as vendas começaram a crescer. Em 2001, o Shoesite.com tinha alguns milhões de dólares de receita, e apenas três anos depois estava ganhando vinte vezes mais. Pule mais alguns anos, e a empresa estava vendendo mais de um bilhão de dólares em mercadorias por ano.

Hoje, os depósitos deles ostentam mais de 3,2 milhões de itens de quase mil marcas. Sapatos, é claro, mas também diversas roupas, joias, acessórios e até mesmo bagagens. Na realidade, mesmo se não tiver comprado nada deles, provavelmente conhece alguém que já comprou.

Nunca ouviu falar do Shoesite.com?

Talvez você conheça o nome que a empresa adotou alguns meses depois de seu lançamento. Uma adaptação de *zapatos*, a palavra em espanhol para sapatos. Ou, como você deve conhecer a empresa agora, Zappos.

Quando lançou o frete grátis, a Zappos sofreu com muita resistência. Ninguém imaginou que daria certo, e era uma manobra cara. Mas funcionou, porque removeu a principal barreira da compra. Reduziu a incerteza.

Nick e Fred sabiam que os consumidores não estavam confortáveis com a compra online porque queriam experimentar os sapatos. Diferentemente do varejista tradicional, onde os clientes podem tocar e sentir antes de comprar, a compra online significava pagar antecipado. Gastar dinheiro antes de experimentar o produto, sabendo que funcionava ou, no caso dos sapatos, que serviam. E, se não podiam experimentar antes de comprar, é difícil terem certeza de que gostarão daquilo com que ficaram.

Essa incerteza estava impedindo a compra online. E as pessoas não queriam ter que pagar uma taxa de envio para reduzir isso.

"Se pudéssemos tirar essa taxa", disse Fred, "poderíamos criar a imagem mental de levar o sapato até a sua casa. Peça quantos quiser, experimente todos, e devolva os que não quiser".

E foi isso que os clientes fizeram (e fazem hoje). Pedem dois, três, ou até dez pares de sapatos, experimentam, ficam com os vencedores e devolvem os rejeitados. Os representantes de atendimento ao cliente são até orientados a encorajar o cliente a pedir dois tamanhos do sapato para ter certeza de que ficará com o par que servir.

Todos esses pedidos de sapato extra custam dinheiro para a Zappos? Certamente.

No entanto, com o decorrer do tempo, o que se verificou foi um aumento do pedido médio. Não somente de clientes que compram mais e devolvem, mas de clientes que ficam com mais pares, assim como fariam se comprassem em uma loja comum. Estavam se sentindo confortáveis em comprar porque poderiam devolver de graça.

Além da Zappos, no entanto, o frete grátis foi o catalisador que tornou o e-commerce o gigante que é hoje: pense apenas na Amazon Prime.[10] O sucesso não veio de preços baixos, ou da invenção de um slogan inteligente, mas da remoção de um bloqueio que era o entrave da troca.

Ao permitir que os consumidores vivenciassem as coisas como fariam em uma loja física, sem ter que pagar pela oportunidade, o frete grátis superou a taxa de incerteza e mudou para sempre como compramos.

Levando em consideração exemplos como freemium e Zappos, fica fácil pensar que o denominador comum é uma palavra: "grátis". Parece que reduzir a barreira ao teste tem a ver com dinheiro. Em como tornar as coisas mais baratas, melhor ainda, grátis.

Entretanto, o dinheiro não é a única nem a maior barreira à mudança. Uma oferta de envio gratuito que economiza US$5,99, por exemplo, é mais atraente para muitos clientes do que um desconto que diminui o preço do item em US$10.[11]

Porque a verdadeira barreira não é o dinheiro; é a incerteza: Será que vou gostar do sapato? Será que vai servir?

Reduzir o preço em US$10 ajuda o lado financeiro, mas não reduz a incerteza. O produto é mais barato, mas não fornece uma ideia melhor se vou gostar do sapato ou se vai servir.

E ter que pagar pela oportunidade de solucionar uma incerteza somente faz com que as pessoas queiram agir menos. Podem até acionar a pausa e não fazer nada.

Imagine se você não pudesse fazer um test drive de um carro antes de comprá-lo. Pagar dezenas de milhares de dólares antes de saber se vai gostar de dirigi-lo ou se o assento da frente faria com que provavelmente não quisesse trocar seu carro atual e comprar qualquer coisa nova.

Test drives, em uma concessionária de automóveis ou na loja da Apple para um dispositivo novo, dão a sensação de como uma coisa é antes de se comprometer. Não torna o carro nem um pouco mais barato se acabarmos comprando-o, mas reduz, em primeiro lugar, a incerteza se comprar é uma boa ideia.

É por isso que revendedores "somente online" como Casper Sleep (colchões) e Warby Parker (óculos de grau) resolveram abrir lojas físicas. Casper construiu um negócio evitando o varejo tradicional e vendendo somente online. Ajudou a cortar custos e manter preços baixos.

Entretanto, alguns clientes potenciais ainda queriam sentar no colchão antes de encomendá-lo. Então, a Casper construiu a "soneca móvel" que rodou pelo país, abriu lojas temporárias, e finalmente desenvolveu locais permanentes onde as pessoas poderiam testar as camas.[iv]

Os programas-piloto são uma forma de baixo custo para que executivos da televisão tenham uma ideia do desempenho do programa. O aluguel é uma forma de baixo custo para que potenciais compradores conheçam a vizinhança e potenciais esquiadores tenham a chance de testar o esporte antes de comprar todo

---

[iv] Dividir coisas grandes em pedaços menores também é útil. Ter que assinar um contrato de um ano pode assustar algumas pessoas, então as academias de ginástica permitem a entrada mês a mês. Grandes multinacionais queriam vender seus produtos para a Índia rural, mas a maioria dos consumidores não podia pagar os preços normais. Então, as empresas começaram a ofertar tamanhos menores. Em vez de 700 mililitros do xampu Head & Shoulders, os consumidores podiam comprar 10 mililitros por somente 5 rúpias (cerca de 7 centavos de dólar). Essa revolução do sachê, como foi chamada, permitiu que consumidores testassem uma série de produtos, e agora quase todos os bens de consumo de alta rotatividade são oferecidos dessa maneira.

o equipamento. O item ainda custa a mesma coisa se as pessoas comprarem, mas o aluguel facilita o teste antes da compra.[12]

A empresa de produtos aquáticos Guy Cotten usou esse conceito para fazer com que as pessoas comprassem coletes salva-vidas.

Todo mundo sabe que deve usá-los ao andar de barco, mas muitos ainda não o fazem. Então, para ajudar as pessoas a verem que coletes salva-vidas eram essenciais, a empresa reduziu o custo inicial. Não podia enviar amostras, e ficaria caro enviar coletes de graça pelo correio, então, criou o Sortie en Mer, um simulador individual de afogamento online.

Filmado em primeira pessoa, o simulador mostra um lindo dia em um barco à vela. Você está se divertindo na água, conversando com um amigo — mas não está vestindo um colete salva-vidas. De repente, um mastro em movimento derruba você dentro d'água. O seu amigo tenta posicionar o barco para pegar você, mas o vento aumenta e o barco é arrastado para longe, deixando você nadando sem sair do lugar.

E a única forma de se manter boiando, de evitar o afogamento, é rolar o mouse sem parar.

Rolar o mouse não parece nada de mais, é até engraçado por alguns segundos, mas logo fica cansativo. Então, as pessoas desistem. E, ao parar de rolar, veem-se afundando em direção ao fundo do oceano.

A experiência é aterrorizante, para ser sincero, mas isso é exatamente o ponto. Você acha que rolar por alguns minutos é difícil? Imagine como seria tentar se manter com a cabeça fora d'água por horas. Vale a pena usar um colete salva-vidas.

Esses e outros exemplos semelhantes funcionam porque reduzem o custo inicial.[13] Reduzem o tempo, o dinheiro ou o esforço exigidos no começo para experimentar alguma coisa. Frete grátis evita cobrar dos consumidores pelo privilégio de experimentar os sapatos. Test drives e aluguel dão chance de experimentar algo antes de se comprometer. Um simulador de afogamento ajuda a vivenciar como é difícil sobreviver sem um colete salva-vidas. Reduzem a incerteza e fazem com que as pessoas estejam mais propensas a agir.[14]

Pense na última vez que foi fazer compras no supermercado. Que tipo de frutas comprou? Qual sabor de sorvete?

Se você é como a maioria, provavelmente comprou as mesmas coisas de sempre. O mesmo tipo de maçã ou o mesmo sabor de sorvete. Chocolate, baunilha, ou, se estava se sentindo realmente corajoso, talvez menta com pedaços de chocolate. A inércia ataca de novo.

Compare isso com a última vez que foi à sorveteria. Talvez não tenha optado por um sabor totalmente diferente, mas aposto que escolheu algo menos comum. Algo mais arriscado. Pistache, cookies & cream, ou, talvez, chocolate ao leite e avelã.

As pessoas ficam mais interessantes quando comem fora? Mais ousadas, dispostas a mudar ou fazer algo novo?

Na verdade, não. É que na maioria das sorveterias você pode provar.

Quer fazer com que as pessoas mudem? Mudar o comportamento, a escolha ou a atitude?

Seja um catalisador e reduza a barreira à experimentação. Seja uma sorveteria, não um supermercado.

Conduza a descoberta

O freemium e a redução de custos iniciais funcionam se alguém está interessado em tentar algo novo. Mas, e se as pessoas nem sabem que você existe? Ou sabem que você existe, mas não acreditam que vão gostar do que você tem a oferecer?

Em 2007, o fabricante de carros Acura teve um problema. Não era o produto. Os carros eram bastante bons. O MDX ganhou o prêmio de veículo utilitário esportivo do ano segundo a *Motor Trend's*, e o TSX e o RSX foram indicados várias vezes para a lista dos dez melhores da revista *Car and Driver*.

O problema era a percepção do consumidor. A Acura fabricava carros de alta qualidade que duravam muito, mas os consumidores nem consideravam a marca. Já estava nos Estados Unidos vários anos antes da Lexus, mas mesmo décadas depois a Lexus tinha maior fatia do mercado. Quando as pessoas pensavam em comprar um carro de luxo japonês, Lexus era a marca que vinha à mente. Acura nem aparecia nas opções.

A marca acreditava que poderia ganhar se conseguisse que as pessoas experimentassem o carro. Os clientes atuais a adoravam. Elogiavam muito o motor e, quando o carro antigo morria, voltavam para comprar um novo.

Infelizmente esses clientes não eram suficientes. Parecia que Acura era um restaurante maravilhoso que metade das mesas ficavam vazias porque ninguém o conhecia.

A empresa já oferecia test drives, mas não era o bastante. Test drives ajudavam a fazer com que clientes interessados experimentassem o carro, mas não estava resolvendo os problemas de conscientização e percepção.

Quem faz um test drive? Somente quem já conhece a marca e acha que pode gostar dela. Se as pessoas não pensam na Acura ou não acham que gostariam de dirigir um carro dela, não irão até a concessionária para um test drive.

Ao se depararem com um desafio como esse, as empresas quase sempre apelam para a abordagem padrão: propaganda.

Por exemplo, a Buick. Eles se viam como uma marca premium, mas o público discordava. Viam o Buick como um carro maçante, antiquado, que os avós dirigiam. Então a empresa fez o que as grandes companhias fazem quando estão emperradas: comprou um anúncio no Super Bowl.

A Buick gastou milhões em mensagens tradicionais de convencimento, em um esforço de mudar a opinião dos consumidores. Fez campanhas mostrando vovós de cabelo grisalho dizendo "Certamente não se parece com um Buick" e pagou Shaquille O'Neal e outras celebridades para aparecer nos anúncios dizendo como o Buick era maravilhoso.

Isso deu tão errado que alguns anos depois a Buick tirou o nome da marca de todos os seus carros. Decidiu que o único jeito que conseguiria vender os carros era se os consumidores não fossem lembrados que Buick era a marca que estavam comprando.

A Acura sabia que a propaganda tradicional não resolveria o problema. Além de custar caro, não removeria a principal barreira. Colocar traseiros nos assentos. Fazer com que as pessoas experimentassem os carros.

Então, em vez de persuadir, levou o carro até elas.

Fez uma parceria com a rede de hotéis de alto nível W, para oferecer um serviço exclusivo de transporte. Apresentado como uma extensão do serviço W de concierge Whatever/Whenever, em português Qualquer coisa/A qualquer hora, qualquer pessoa que se hospedasse em um dos hotéis W poderia ir a qualquer lugar da cidade em um Acura MDX. Os hóspedes só precisavam agendar o serviço e seriam levados de graça.

Você poderia não ter gostado do Acura. Poderia ter pensado que era monótono ou caríssimo, ou até nem saber que a marca existia. No entanto, se estava hospedado em um W e precisasse ir a algum lugar, por que não ir de graça? E, no caminho, aprenderia que a marca era muito melhor do que imaginava.

Isso foi exatamente o que mais de um milhão de pessoas fizeram.

Todos que experimentaram o Acura compraram um? Não, claro que não. Mas, dezenas de milhares o fizeram. E aproximadamente 80% trocaram suas marcas de luxo.

Quem você acha que teve o melhor retorno sobre o investimento? Gastar milhões tentando convencer as pessoas de que o Buick era melhor do que elas pensavam ou emprestar alguns carros para o Hotel W local e dar aos hóspedes a chance de ver como o Acura realmente é bom?

A experiência Acura mudou opiniões ao conduzir a descoberta. Porque, se as pessoas não sabem que algo existe, ou pensam que não vão gostar, provavelmente não tentarão experimentar.

A Acura poderia ter feito test drives nos Hotéis W, mas isso não teria resolvido o problema. Quem achava que não gostava do Acura não faria o test drive.

Pelo contrário, a empresa tirou o "testar" do experimento. Entregou a experiência de uma maneira diferente, uma que não demandava nada dos clientes potenciais. E, ao fazer isso, incentivou maior número de pessoas a considerar a marca.

Os supermercados distribuem amostras grátis de salsicha defumada espetadas em palitos. Além de reduzir a barreira a experimentar para amantes de salsicha, também aumenta, antes de tudo, o número de quem pensa em comprar salsicha.

Amostras de pastas de dente nos kits de higiene da primeira classe das companhias aéreas ou amostras de creme de barbear nos banheiros de hotéis servem ao mesmo propósito. Mesmo se não pretende trocar de pasta de dente, alguém que esqueceu a sua em casa experimentará a amostra, aumentando a chance de trocar de marca no futuro.[15]

Clientes atuais também podem ser uma oportunidade valiosa para experimentos sociais.

Alguns anos atrás, eu estava ajudando uma construtora de grandes edifícios de apartamentos a fazer crescer a sua marca. Estávamos tentando descobrir como aumentar a consciência e fazer com que potenciais clientes viessem conhecer os imóveis, quando nos deparamos com uma solução simples: por que não incentivar os moradores a receber convidados com maior frequência?

Distribuindo artigo de festas ou fornecendo bufê de graça para grandes eventos era um jeito fácil de ajudar potenciais moradores a visitar as unidades por dentro. Acompanhar um vendedor por um apartamento modelo é bom, mas quem melhor para compartilhar como é morar lá do que um morador?

Kiwi Crate, um programa de assinatura de caixa de brinquedos educacionais para crianças, fez algo similar. Geralmente, envia aos assinantes um brinquedo por mês, mas, para incentivar o crescimento, começou um programa de caixa de aniversário. Os pais que estavam dando uma festa para seus filhos poderiam encomendar uma caixa especial com brinquedos e atividades para todas as crianças se divertirem.

Além de manter as crianças ocupadas, esse programa ajudou dezenas de novas pessoas a descobrirem a marca e a levar para casa lembranças do quanto se divertiram, aumentando a possibilidade de se tornarem novos clientes no futuro.

Torne Reversível

O último jeito de reduzir a incerteza é tornar as coisas reversíveis.

Há alguns anos, eu estava pensando em ter um cachorro. Minha família sempre teve cachorros quando eu era pequeno e eu adorava ficar com eles. Via-me como uma pessoa que gostava de cachorros, aproveitava a oportunidade de brincar com os cachorros dos outros e até era voluntário em um abrigo de animais de vez em quando para brincar com eles com mais frequência.

Não era de surpreender que ter um cachorro estava na minha cabeça já fazia um tempo.

Entretanto, toda vez que pensava sobre isso, as mesmas questões apareciam: *Como saber que cachorro escolher? Será que fico em casa tempo suficiente para cuidar dele? E se eu viajar?*

As barreiras eram sempre muito altas, então eu acabava chegando à conclusão de que não estava pronto para ter um cachorro.

Um final de semana, no entanto, no caminho para o carro depois do jantar, minha namorada e eu passamos por um abrigo de animais. O abrigo Philadelphia's Street Tails Animal Rescue [Resgate de Animais de Rua da Filadélfia] tinha uma filhote de oito semanas na vitrine e, como tínhamos alguns minutos, entramos para dar uma olhada. Era uma vira-lata pit bull linda com um manto preto que rodeava o corpo e, quando a peguei, ficou satisfeita, mordiscando meus dedos.

Contudo, enquanto pensava em adotá-la, as mesmas velhas perguntas surgiam: *Fico em casa tempo suficiente? E se ela crescer muito?* Etc. etc. etc. Eu não estava convicto.

Coloquei a filhote no chão e comecei a sair da loja quando uma gentil voluntária me parou. "Parece que você gostou daquele filhote", disse ela.

"Sim", respondi, "mas não tenho certeza se eu posso dar a ela um bom lar".

"Sem problema", ela disse, "mas, caso ajude, temos um período de experiência de duas semanas".

Duas semanas de experiência?

O abrigo queria ter certeza de que os potenciais adotantes estavam preparados para serem pais de estimação, que os cachorros encontraram os lares certos. Portanto, se por alguma razão durante as duas primeiras semanas as pessoas achassem que a casa delas não era adequada, poderiam trazer o cachorro de volta.

De repente, as barreiras à adoção não pareciam tão assustadoras.

A minha namorada e eu preenchemos a papelada, compramos algumas latas de comida e um caixote, e deixamos o abrigo com a filhote.

Anos mais tarde, aquela namorada se tornou minha esposa, e Zoë é parte integrante de nossa família. E só foi preciso um teste de duas semanas.

Aquele teste não fez com que a Zoë custasse menos. Ainda tivemos que pagar pela comida, pelas vacinas, pelo caixote e por todas as outras coisas de que um filhote precisa.

E não reduziu os custos iniciais. Tivemos que comprar todos aqueles suprimentos antes de poder trazê-la para casa.

Contudo, reduziu minha incerteza, porque *tornou a decisão reversível*. Fez com que eu pensasse que, no pior caso, se a Zoë não estivesse feliz, poderíamos devolvê-la sem problema. Então, eu me senti mais confortável em trazê-la para casa.

Devoluções são um grande problema para os varejistas. Consumidores devolvem mais de um quarto de um trilhão de dólares em mercadorias anualmente, e menos da metade daquelas mercadorias podem ser vendidas pelo preço cheio. Além de criar problemas para a gestão de estoque, os varejistas tinham que descobrir como recolocar as mercadorias vendáveis no estoque e fazer a triagem das danificadas para uma série de liquidantes e atacadistas.

Não é surpresa, então, que diversos varejistas tenham endurecido suas políticas. REI e L.L.Bean substituíram suas famosas garantias vitalícias por limites mais rigorosos. A maioria das empresas dá aos consumidores trinta dias para devolver suas aquisições, na expectativa de que políticas com devolução mais curta reduziriam os custos e aumentariam os lucros.

Intuitivamente, isso faz sentido. Quanto maior é o período de devolução, mais difícil fica vender os produtos. Roupas saem de moda, e tecnologias ficam ultrapassadas. Então, períodos mais curtos de devolução deveriam levar a menos devolução, e as mercadorias que são devolvidas deveriam estar em melhores condições e serem mais fáceis para a revenda.

Porém, uma pesquisa sugere que isso pode ser uma visão míope. Dois pesquisadores fizeram um experimento no qual grupos diferentes de consumidores receberam aleatoriamente políticas de devolução diferentes.[16] Para o grupo com uma política mais rigorosa, somente produtos defeituosos ou remessas incorretas poderiam ser devolvidos. Para o grupo com uma política mais leniente, qualquer produto poderia ser devolvido a qualquer momento, por qualquer razão.

Contrariando a intuição, a política menos restritiva de fato aumentou os lucros. Não somente um pouco, mas em 20%. A política leniente não só aumentou os lucros como também aumentou as vendas e o boca a boca. E esses crescimentos foram mais do que suficientes para compensar o custo extra da mercadoria devolvida. Se aplicada a toda base de clientes, a política leniente teria aumentado os lucros em mais de US$10 milhões por ano.[17]

Assim como reduzir os custos iniciais, diminuir o atrito de saída incentiva a ação. Como frete grátis e testes gratuitos, políticas lenientes de devolução ajudam a mudar opiniões porque reduzem a hesitação das pessoas em testar algo novo. Saber que pode devolver alguma coisa a qualquer momento ajuda a tirar o risco do processo e faz com que fiquemos mais à vontade para tomar uma atitude.

A Zappos não ofereceu somente frete grátis, combinou isso com devolução grátis. Se as pessoas não gostaram do que pediram, não ficaram piores do que quando começaram.

Garantia de devolução do dinheiro ou contratos baseados em desempenho funcionam de maneira similar. "Não gostou? Nós consertamos." Alguns advogados anunciam que não recebem se o cliente não ganhar. Até mesmo as passagens aéreas são cobertas por uma política de devolução de 24 horas. Tudo isso diminui a incerteza e reduz a inércia, incentivando os clientes a mudarem de opinião do não para o sim.[18]

Aproveite-se da Inércia

Por todas as formas em que reduzir a barreira à experimentação permite que os catalisadores superem a incerteza, vale a pena mencionar mais um aspecto.

O estudo da caneca que falamos no capítulo sobre dotação mostrou que vendedores valorizavam mais as coisas que os compradores. Assim que as pessoas têm alguma coisa se apegam e ficam reticentes em desistir dela.

Nesse sentido, testar tira proveito do efeito da dotação ao mudar a opinião das pessoas da aquisição para a retenção. Antes de testar um produto, a decisão que estavam considerando era a aquisição, se o custo ou o esforço de comprar alguma coisa valia a pena.

Entretanto, depois de testar o produto, veem-se diante de uma questão diferente. Não é se pagariam US$5 para ler uma revista, mas se pagariam US$5 para *continuar a ler*, para não terem que desistir de usar. E, enquanto algumas podem não estar dispostas a pagar o preço de mercado para adquirir algo, muitas outras estão dispostas a pagar aquele preço para evitar a perda.

Desse modo, o teste muda as pessoas de potenciais compradoras de caneca para potenciais vendedoras de caneca.

Contemplando-as com o item. Encorajando-as a mudar de quanto pagariam por uma coisa para quanto precisariam ser indenizadas para desistir dela. E, dado que o último é maior, a maioria paga para ficar.

Na verdade, dar mais tempo para as pessoas devolverem coisas pode na realidade fazer com que a devolução seja *menos* provável.[19] Isso é, dar noventa dias para a devolução de um item em vez de trinta pode diminuir a probabilidade de devolução desse item. As pessoas se apegam ao item, sentem-se mais donas dele, e fica mais difícil abrir mão.

Ações que incentivam o teste também potencializam de forma inteligente a tendência à inércia. Antes de um consumidor encomendar um par de sapatos, a inércia significa ficar com os sapatos que já tem. E, dado o número de opções existentes, é fácil sentir o peso da escolha e simplesmente não fazer nada.

Contudo, se algo como frete ou devolução grátis ajuda a vencer a inércia e fazer com que alguém encomende um par em particular, o impacto da inércia muda. Agora a questão não é mais se o esforço vale a pena, mas se vale a pena o esforço para se livrar do par que acabou de ser encomendado.

Uma vez que os sapatos já estão lá, é preciso um esforço para colocá-los na caixa, imprimir a etiqueta de devolução e enviá-los ao varejista. E precisará de mais esforço ainda para procurar entre incontáveis outras escolhas que existem para encontrar um outro par. Os sapatos, propriamente ditos, são os mesmos, mas a alternativa ficou mais complicada. A inércia ainda dita as regras, mas, nesse caso, significa que os novos sapatos ficam parados.[v]

Mais Fácil de Testar, Mais Provável de Comprar

Neofobia é o medo ou a aversão a qualquer coisa nova. Em relação aos animais, o termo é usado para descrever a tendência a evitar objetos ou situações desconhecidas, e, em relação a crianças, geralmente é usado como parte da neofobia alimentar, ou a aversão a novos alimentos.

Mesmo que a maioria das pessoas não sofra da versão clínica da neofobia, somos todos neofóbicos em certo grau. Se comparadas com as coisas antigas que já fazemos, temos tendência a não gostar ou desvalorizar as novas. E parte do motivo para isso é a incerteza.

---

[v] Testar também muda sutilmente as decisões entre comparações e a avaliação individual. Ao considerar qual produto comprar ou serviço usar, geralmente estamos em uma mentalidade comparativa. Qual das diversas ofertas é a melhor? Comparam diversas opções, levam em consideração as vantagens e as desvantagens de cada uma delas, e escolhe uma ganhadora. Maximizam ou buscam o melhor da opção escolhida. Assim que testarem alguma coisa, no entanto, aquele processo comparativo é quase sempre colocado em modo de espera. Em vez de procurar ativamente pelo melhor, focam uma opção e se essa é boa o suficiente. Estão ficando suficientemente satisfeitas, testando se aquela opção está acima do limite. Enquanto estão considerando aquela opção, normalmente abandonam a busca por alternativas. Em vez de continuar a procurar em outros sites, por exemplo, assim que alguém pede um sapato para experimentar, tende a esperar para ver se vai caber. Não escaneia o horizonte por algo melhor, está focado na coisa à sua frente, tornando-se mais provável de que fique com ela.

Pense sobre ser solteiro e namorar uma pessoa de forma exclusiva. Quando se é solteiro, busca-se o melhor parceiro. Sai com pessoas diferentes, faz uma comparação e considera os méritos relativos de cada uma. Você busca por um conjunto de características desejáveis e, quanto maior a procura, maior a lista. Isso torna pouco provável que alguém esteja à altura da lista crescente, e é mais provável que nunca se resolva. Quando está saindo exclusivamente com uma pessoa, no entanto, as perguntas consideradas são diferentes e as decisões tomadas também. Em vez de estar sempre procurando por outras opções ou se perguntando se poderia ser melhor, você se concentra na pessoa com quem está saindo. Enquanto for suficientemente boa, você continua saindo com ela.

Em consequência, incentivar o teste é uma maneira poderosa de catalisar a mudança. E qual estratégia usar para fazer isso depende de quais opiniões precisam ser mudadas ou em que estágio do processo decisório as pessoas estão emperradas.

Se as pessoas estão interessadas, mas não têm certeza, focar na entrada é quase sempre mais útil. Em vez de cobrar, comece com uma versão gratuita e, como o Dropbox, incentive-as a atualizar para a oferta premium paga. Como a Zappos e os revendedores de automóveis, reduza os custos iniciais por meio de frete grátis, test drives ou abordagens semelhantes.

Ou foque a saída, como o Street Tails Animal Rescue, tornando as coisas reversíveis. Usando a devolução gratuita e períodos de teste para deixar as pessoas mais confortáveis em concordar com a mudança porque sabem que, no pior dos casos, podem mudar depois.

Nos casos em que não sabem que existe alguma coisa, no entanto, ou não acreditam que seja adequada para elas, conduzir a descoberta ajuda. Como a Acura ou a Kiwi Crate, leve as coisas diretamente às pessoas ou use os laços sociais para incentivar o teste.

Tudo isso ajuda a sairmos do modo de pausa e a tomarmos uma atitude ao experimentar algo que, de outro modo, não estaríamos dispostos a tentar.

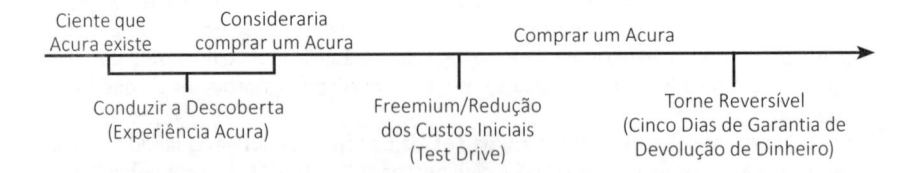

Enquanto muitos exemplos enfatizam como fazer com que as pessoas mudem os produtos que compram, ou os serviços que usam, os mesmos princípios podem ser aplicados a mudar coisas, como ideias e estilos de vida.

Por exemplo, o vegetarianismo. Não comer carne é uma grande mudança. Particularmente, se gosta de bacon, ou de um filé saboroso, a abstinência é muito difícil.

No entanto, coisas do tipo Segunda Sem Carne é um jeito de baixo custo de testar. Em vez de largar a carne, deixe de comer um dia por semana, e veja como se sente. E talvez aprenda que não é tão difícil como parece.

Quer fazer com que um consumidor ou cliente potencial compre um novo produto ou serviço? Como tornar o teste mais fácil para eles? Ter a sensação inicial do que seria não ter que investir todo dinheiro, tempo ou energia antecipadamente? Ter um gostinho do que os resultados ou benefícios poderiam ser?

Deixe as pessoas experimentarem algo em pequenas doses e, se gostarem, voltarão por mais.

COMO MUDAR A
OPINIÃO DO CHEFE

Para ver o abrandamento da incerteza em ação, o que ajuda é visitar o lugar onde até mesmo as melhores ideias quase sempre são bloqueadas pelas barreiras à mudança. Esse lugar é o escritório.

O novo projeto parecia condenado. Quando Jacek Nowak saiu da reunião, as vozes de seus colegas continuavam a zumbir nos ouvidos. "Qual é a importância disso?", um disse. "Isso é uma perda de tempo", berrou outro. Mesmo se eles fizerem todo o trabalho para implementar o programa, não havia garantia de que os clientes se importariam, de que os clientes agradeceriam o esforço que fizeram. Em geral, as coisas iam bem, então por que mudar?

Jacek trabalha no setor bancário há mais de uma década. Começou no atendimento ao cliente, no suporte aos processos administrativos na filial de um banco, e cresceu a partir daí. Realizou workshops, coordenou programas de treinamento e ajudou a delinear processos de recrutamento. Por fim, em vez de ele próprio treinar os novos contratados, ficou responsável por uma equipe de instrutores. Como gerente de agências do Banco Santander, foi responsável pelo atendimento ao cliente de diversas agências. Gerenciou o treinamento e o desenvolvimento para que os funcionários fornecessem a melhor experiência possível.

Entretanto, uma pesquisa recente de um comprador misterioso mostrou resultados decepcionantes. As coisas eram satisfatórias — boas, até —, mas estava faltando algo. Muitos funcionários trabalhavam para a empresa por um tempo, conheciam os produtos e procedimentos de trás para a frente. Mas, depois de repetir as mesmas atividades várias vezes, ano após ano, a implementação tornou-se algo mecânico. A equipe sorria para os clientes, como era sugerido pelo manual, mas era por obrigação e não por simpatia verdadeira. Os funcionários levantavam quando os clientes entravam, como deveriam fazer, mas de maneira rápida e sem convicção.

Os critérios estavam tecnicamente sendo cumpridos ou até mesmo excedidos, mas um olhar mais de perto revelou padrões problemáticos. Os Indicadores-chave de desempenho, como vendas de grandes empréstimos, seguros ou empréstimos de longo prazo, estavam abaixo do que deveriam estar. Muitas pessoas estavam fechando suas contas e mudando para o concorrente. Em geral, os clientes estavam satisfeitos, mas não confiavam o suficiente nos funcionários para contar suas reais necessidades.

Jacek sabia que uma mudança era necessária. Queria melhorar a experiência do cliente. Aprofundar os relacionamentos. Incentivar os clientes a verem os funcionários como consultores ou ajudantes, em vez de vendedores.

Analisou as melhores práticas de diferentes indústrias e descobriu que várias melhorias na experiência do cliente envolviam algum tipo de surpresa e contentamento. Surpreender pessoas com pequenos presentes e ações faz com que se sintam reconhecidas e valorizadas. Em um hotel de alto padrão, por exemplo, os hóspedes são cumprimentados pelo nome quando entram e a bebida preferida deles os está aguardando no quarto.

Jacek pensou que fazendo algo similar poderia ajudar o banco. Enviar aos clientes, no dia do aniversário ou em datas comemorativas pessoais, cartões felicitando-os pelo nome. Uma iniciativa de atendimento ao cliente que fortalecesse a conexão emocional com os clientes e melhorasse a moral dos funcionários.

Porém, quando apresentou sua ideia ao chefe e a outros membros seniores da diretoria, a maioria se opôs. Considerando os ramos de atividade, o setor bancário é extremamente tradicional, com funcionários formalmente vestidos, sentados atrás de grandes mesas de madeira, como faziam há vinte anos. O foco estava em taxas de juros e verificação de contas, em vez de experiência do cliente ou envolvimento do funcionário.

Enviar cartões de aniversário manuscritos para os clientes? A liderança do banco era cética. Isso não vai funcionar de jeito nenhum, eles protestavam. Os funcionários das agências estavam acostumados a interagir com os clientes de uma forma particular e não estavam entusiasmados com a mudança. As coisas já estavam indo bem, e a diretoria sênior não via a necessidade de misturar as coisas. Qualquer mudança era vista como uma ameaça.

Jacek tentou fornecer mais informações. Compartilhou a pesquisa sobre sentimentos e preferências dos clientes, e ofereceu dados sugerindo que o preço não era a coisa mais importante quando as pessoas tomavam decisões. Trouxe até um consultor externo especializado em experiência do cliente para falar sobre ferramentas e abordagens mais recentes.

Contudo, ainda houve oposição. As coisas são diferentes no setor bancário, o chefe dele comentou. Os clientes se interessavam por um serviço rápido ou eficiente e não em construir relacionamentos. Vendas são vendas. Isso pode funcionar em alguns setores, mas não aqui. Não conosco.

Essa resposta é algo que as pessoas geralmente ouvem de seus chefes. Não, obrigado. Talvez mais tarde. Isso é ótimo para uma organização diferente, mas não funcionaria aqui.

É quase como se os chefes fossem pré-programados a dizerem não. Não pelo fato de serem ocupados, mas normalmente têm uma agenda estabelecida diante deles e da qual não estão interessados em desviar. Eles veem o caminho para a promoção ao continuar a fazer as coisas como sempre fizeram, portanto, tudo que diverge disso é visto como um risco desnecessário.

Jacek precisava de uma forma para fazer com que as pessoas se convencessem. Uma maneira de convencer a gerência, e os funcionários, de que essa iniciativa realmente funcionaria. Um jeito de diminuir a incerteza deles em relação à nova iniciativa que estava propondo.

Contudo, quanto mais tentava persuadir, mais reações obtinha. Cada vez mais se opunham ao projeto.

Frustrado e desmotivado, tentou uma última abordagem. Trabalhando com uma equipe pequena, conseguiu conhecer mais sobre cada funcionário da agência e sua vida, até mesmo sobre o próprio chefe e outros membros da equipe sênior de gestão. Aniversários e aniversários de casamento, mas também coisas menos comuns, como as férias dos sonhos e quando começaram a trabalhar na empresa. Coisas positivas, como as comidas favoritas, mas também coisas mais desafiadoras, como as doenças familiares e outras coisas com as quais estavam lidando.

Portanto, usando essa informação, criou uma experiência única para surpreender e emocionar. Para o aniversário do gerente da agência, organizaram uma caça ao tesouro pela cidade, criando diversas atividades em diferentes locais e atrações turísticas. Duas pessoas que viajariam para fazer caminhadas difíceis receberam gorros. Uma líder sênior recebeu um bilhete escrito à mão parabenizando-a pelos dez anos de serviço na empresa que dizia "Você está aqui conosco por 3.650 dias, o que dá, no mínimo, 5.256.000 de seus sorrisos geniais, sem os quais nosso trabalho não seria nem metade agradável. Obrigado".

Outros receberam presentes especiais, dispositivos ou expressões afetuosas de apoio. Sempre pessoais, sempre personalizados e geralmente altamente emocionais.

O filho de um funcionário sofreu um acidente de carro, então, a equipe de Jacek fez um grupo no Facebook e começou uma arrecadação para o tratamento. Em poucas horas tinha milhares de membros, e rapidamente conseguiram a soma necessária para pagar a conta do hospital.

Qualquer um ficaria feliz com uma televisão grande. Isso seria fácil. Mas escrever umas poucas palavras, pessoalmente e com exatidão, foi o que gerou a maior emoção.

Os destinatários ficaram impressionados. Todos ficaram surpresos, e muitos bastante emocionados, tocados que alguém tinha tido tempo para se importar.

Algumas semanas depois, Jacek começou a usual reunião sênior de liderança com uma pergunta: "Como você se sentiu quando recebeu aquela expressão de carinho atenciosa e solidária?".

A resposta era clara. Os gestos tiveram um grande impacto em todos.

Agora a equipe de Jacek podia falar sobre a importância da emoção, delinear a nova iniciativa e discutir o valor da experiência do cliente. Tudo sem ter medo de que alguém diga que não vai funcionar, porque já funcionou para todo mundo na sala.

Anos mais tarde, a iniciativa sobrevive. Os funcionários além de celebrarem os aniversários e os aniversários de casamento dos clientes, também abordam às interações dos clientes com simpatia. Estão comprometidos em descobrir as necessidades únicas, exclusivas, de cada cliente e ávidos em procurar soluções diferenciadas.

As coisas deram tão certo que a diretoria do banco criou uma nova equipe de gestão de experiência do cliente e nomeou Jacek seu gerente.

O mais importante, no entanto, Jacek pegou um projeto à beira do fracasso e virou a mesa. Além de conseguir que seu chefe acreditasse em algo que inicialmente não acreditava, fez com que abraçasse a ideia com tudo.

Em vez de tentar convencer a gerência sênior da importância da experiência do cliente, Jacek amenizou a incerteza. Sem pressionar ou apresentar mais fatos e números, mas sendo um catalisador e fazendo com que a própria diretoria vivenciasse a experiência. Ao reduzir a barreira ao teste e ajudar a gerência sênior a experimentar o que estava sendo sugerido.

E, por meio desses esforços, Jacek fez algo que normalmente pareceria impossível. Ele mudou a opinião do chefe.

Até aqui, discutimos como reduzir a reatância, amenizar a dotação, diminuir a distância e aliviar a incerteza. A seguir, examinaremos a última barreira enfrentada pelos catalisadores: as situações nas quais não há evidência suficiente.

5. EVIDÊNCIA CORROBORATIVA

Quando era criança, Phil nunca imaginou que fundaria uma empresa de aconselhamento para dependentes de drogas e álcool. Também nunca pensou que seria um viciado em heroína.

Parecia levar uma vida boa. Formado em Finanças, começou a carreira em uma renomada empresa de telecomunicações do Meio-Oeste, incluída no ranking da revista *Fortune 500*. Destacou-se e foi trabalhar em uma das cinco melhores empresas de contabilidade, tornando-se o que poderia ser chamado de funcionário modelo.

No fundo, entretanto, Phil era um exemplo de um viciado funcional. Quando tinha 19 anos, um amigo lhe deu alguns comprimidos de *Vicodin*. Gostou do jeito como ficou e passou a tomar mais comprimidos. Pegava alguns com os amigos, preenchia receitas falsas e até vasculhava o armário de remédios na casa das pessoas em busca das pílulas.

Achava que conseguiria parar. E fez um trato com ele mesmo: se entrasse para a faculdade para estudar finanças, pararia.

Entrou e largou o vício, simples assim. Parou de consumir, provando para si próprio que não existia problema algum. Ele estava no controle.

Continuou tudo bem até alguns anos mais tarde, quando alguém deu a ele algumas pílulas como presente de formatura e ele escolheu tomá-las.

No princípio, tomava somente de vez em quando. Mas logo o hábito se agravou, atingindo níveis perigosos. Phil estava usando todo dia e fazendo de tudo para esconder. Tinha voltado a falsificar receitas enquanto continuava a dizer que estava tudo bem.

A família dele sabia, porém não o via como um viciado. Para eles, um viciado era alguém que não tinha um emprego e roubava para sustentar o vício. Enquanto tivesse um emprego, a família acreditava que ele acabaria deixando o vício. Se ao menos conhecesse a garota certa para tomar conta dele, ele largaria.

Ao contrário, foi preso pelo crime de falsificação de receituário médico. Perdeu o emprego e voltou a morar com os pais. E, depois, se formou em heroína.

Quando isso aconteceu, sua vida saiu do controle rapidamente. Foi preso várias vezes e passou noventa dias na cadeia. Começou a roubar para pagar pelo vício. Tirava dinheiro de amigos e familiares, ou roubava coisas e as empenhava na loja de penhores.

A família tentou fazer com que ele mudasse. O pai gritou com ele, a mãe chorou. Pediram, imploraram e ameaçaram expulsá-lo de casa. Mandaram-no para um programa de tratamento e depois para outro. Vários programas financiados pelo governo. Dezenove no total. E nenhum funcionou.

Phil sempre arrumava um jeito de convencer a família a levá-lo de volta para casa. Fazia-os acreditar que daquela vez seria diferente. Até convenceu os pais a deixá-lo assinar um contrato, prometendo que daria a volta por cima. Porém, tudo o que o contrato fez foi ensiná-lo a se tornar um mentiroso melhor.

A família dele fez tudo o que pôde imaginar. Até esperou que ele atingisse o fundo do poço. No entanto, independentemente do que tentassem, Phil não parou de usar. Ele ainda achava que estava no controle.

Pedras e Rochedos

Para entender como os conselheiros contra abuso de substâncias conseguem que os viciados mudem, precisamos começar fora do campo das drogas e do álcool, para entender a distinção feita pelos cientistas comportamentais entre atitudes fracas e fortes.

O quanto você gosta da palavra "juvalamu"? E "chakaka"?

Você pode gostar mais de "juvalamu" (a maioria gosta) ou preferir "chakaka", mas o mais importante é que provavelmente não liga para nenhuma das duas.

As opiniões em relação a essas palavras sem sentido são exemplos do que chamamos de atitudes fracas. Preferências ou opiniões que as pessoas não acham muito importantes, sobre as quais não pensaram muito ou que são relativamente fáceis de mudar.

Se eu dissesse que Juvalamu era o nome de um ditador que matou seus inimigos políticos, provavelmente você não gostaria mais da palavra. Essa única informação seria suficiente para mudar sua visão.

O que você acha de pinheiros? De números primos? Fontes com ou sem serifa? Para a maioria, esses são exemplos de atitudes tidas como fracas. Você tem uma opinião, mas não é tão importante para você e pode ser mudada facilmente.

Compare isso com o que pensa sobre os diferentes partidos políticos ou seu time favorito. Qual a sua opinião sobre a sua marca preferida de cerveja? Ou sobre o aborto?

Esses são exemplos de atitudes fortes. Questões, tópicos ou preferências de alto envolvimento, em que você pensa muito a respeito ou tem uma grande convicção moral. Coisas que acredita não serem somente uma questão de opinião, mas que têm uma resposta certa ou errada.

Não é de admirar que atitudes fortes sejam mais resistentes à mudança.

Imagine que um artigo insinue que sua celebridade favorita disse algo racista. Qual a sua primeira reação? Provavelmente descrença ou negação. É impossível que essa pessoa seja racista.

Diferentemente de ouvir que Juvalamu era um ditador, nosso radar antipersuasão se apressa em proteger as crenças fortes. Em vez de desistir ou de mudar de opinião, desconsideramos a informação contrária a nossa visão atual, destruindo-a em vez de revisar nossa perspectiva.

Assim como uma dor de cabeça muito ruim precisa de um remédio mais forte, algumas questões, produtos e comportamentos precisam de algo mais antes de as pessoas mudarem. Mais provas ou evidências se fazem necessárias.

Se um amigo recomenda um novo site, provavelmente o endosso dele é suficiente para encorajar você a dar uma olhada. Você confia na dele, e não exige muito esforço para verificar, portanto, a recomendação dele estimula a ação.

Contudo, digamos que ele instalou painéis solares em casa ou que aderiu a um movimento contra a desigualdade de renda, testou um procedimento médico arriscado ou começou a pedir toda sua comida online. Isso seria suficiente para que você fizesse a mesma coisa?

Provavelmente não.

Isso também serve para organizações que consideram um programa de treinamento de funcionários ou líderes tendo em vista a adoção de uma nova estratégia de gerenciamento. Ouvir que outra organização está fazendo a mesma coisa pode ajudar, mas provavelmente não é suficiente para estimular a ação.

Para atitudes fortes, há um limite maior para a mudança de opiniões. Necessita-se de mais. Mais informações, mais estrutura, ou mais certeza. Mais provas antes de as pessoas mudarem.

Mudar opiniões, então, é um pouco como tentar levantar algo do outro lado da gangorra.

Quanto peso, ou prova, precisamos depende de quão pesada é a coisa que estamos tentando mover. Se estivermos tentando levantar uma pedra, não precisaremos de muito. Acrescente uma pequena evidência, e ela se move rapidamente. A mudança acontece.

Entretanto, se estivermos tentando mover um rochedo, será necessário um esforço muito maior. Mais provas são exigidas antes de as pessoas mudarem.

O Problema da Tradução

Ao se deparar com um rochedo, a resposta mais comum é aumentar a força, esforçar-se para convencer que uma determinada linha de ação é a correta a ser seguida. Como diz o provérbio: Se não der certo de primeira, continue tentando.

O marido não está querendo o pacote de viagem mais caro? Tente um apelo diferente. O cliente ainda está em dúvida quanto a fazer o pedido? Ligue novamente daqui a uma semana.

E, de fato, o acompanhamento funciona. Às vezes.

A pesquisa de mercado constata que múltiplas exposições podem incentivar a ação.[1] Consumidores podem não prestar atenção de primeira, então, ver um anúncio uma segunda, terceira ou até uma quarta vez dá mais oportunidades para obterem informações e levarem em consideração os diferentes aspectos de uma questão ou proposta.

Porém, como qualquer pessoa que saiu da sala quando o anúncio da TV apareceu pela décima vez pode atestar, existem desvantagens à exposição múltipla. Ouvir o mesmo argumento repetidamente é maçante, entediante e irritante. Os ouvintes sabem o que vai acontecer, então param de ouvir ou desligam.

Em geral, os pretensos persuasivos tentam resolver esse problema por meio da variação. Um comercial apresenta uma característica, e outro comercial diferente apresenta outra. Os vendedores focam um benefício na primeira ligação e mencionam outro na segunda.

Infelizmente, na maioria das vezes, isso não funciona. Os vendedores acreditam que estão fornecendo "mais contexto" ou "adoçando o negócio", mas para quem escuta é só mais do mesmo, uma outra tentativa de persuasão para ter que reagir. Se não foram convencidos na primeira vez, agora provavelmente não vão nem querer ouvir.

Entretanto, existe um outro motivo pelo qual tentar de novo não funciona. Um bem mais sutil. E este é o problema da tradução.

Imagine que um colega chega no escritório na segunda-feira de manhã e conta que assistiu a um seriado fantástico no final de semana. Diálogos inteligentes, enredo cativante e atuações maravilhosas. Ele adorou e acha que você também vai gostar.

Ele só acrescentou um pouco de peso na outra ponta da gangorra. E, dependendo do seu limite à mudança ou o quanto você gosta de seriados de televisão, essa quantidade de evidência será ou não suficiente para encorajar a ação. Se suas preferências estão mais para pedra, uma pequena prova é suficiente e as coisas mudam. Você assiste ao seriado. Se suas preferências estão mais para um rochedo, você levará em consideração a recomendação, mas não será o suficiente para assistir. Nada muda.

Agora chega a quinta-feira, e ele assiste outro episódio e continua entusiasmado. "O segundo episódio é tão bom quanto o outro!", exclama ele. "Não posso esperar para ver o que vai acontecer depois!"

O entusiasmo não é em vão. Afinal de contas, o segundo episódio deve ter "bombado". Produtores normalmente usam o primeiro episódio para vender o seriado, portanto quase sempre é o melhor trabalho deles. Programas-piloto nem sempre se traduzem em seriados de sucesso, então, saber que seu colega gostou de outro episódio é certamente encorajador.

Dito isso, saber que ele gostou do segundo episódio não acrescenta muita informação extra. Então, o fato de ele ter gostado do segundo episódio também não é uma surpresa. Se o primeiro aval dele não levou à ação, o segundo provavelmente também não levará.

Porque quando alguém endossa ou recomenda alguma coisa, há sempre um problema de tradução. Um quebra-cabeça.

Quando um colega diz que o seriado é ótimo, isso pode significar que é real e verdadeiramente maravilhoso. Mas pode também refletir somente o fato de que ele adora seriados, ou que gosta de todos os seriados de comédia ou de qualquer coisa que tenha uma protagonista feminina forte.

Quando alguém ouve uma recomendação, tenta entender o sentido. Tenta descobrir o que ela significa. Será que diz respeito à *coisa* que está sendo recomendada, ou simplesmente diz algo sobre *quem* está recomendando?

Mesmo se quem está recomendando não indica muitos seriados, outra questão surge: Certamente *ele* gostou do seriado, mas será que *eu* vou gostar também?

Isso, porque o impacto não depende somente da credibilidade. Há também a questão da adequação. Sim, alguém pode ser especialista em um assunto, mas preferências são heterogêneas. Algumas pessoas gostam de seriados de comédia e outras os detestam. Algumas gostam de comédias românticas e outras não as suportam.

Portanto, sempre que alguém recebe uma recomendação, ou vê outra pessoa fazendo algo ou gostando de algo, tenta descobrir — traduzir — o que isso significa para ela. Quão elucidativa é a opinião daquela pessoa? O que diz sobre a provável reação dela?

Se o colega que recomendou o seriado fosse igual a você, o problema seria bem menor. Não um gêmeo idêntico, mas literalmente Outro Você. Alguém que tem as mesmas preferências, gostos e aversões. Alguém com as mesmas necessidades, preocupações e valores.

O Outro Você gostou do seriado? Provavelmente você gostará também. O Outro Você instalou painéis solares em casa e está satisfeito com a escolha? Provavelmente você ficaria também. Porque, se o Outro Você gostou do seriado ou achou que valeu a pena instalar os painéis solares, é quase certo que você sentirá a mesma coisa.

No entanto, na ausência desse dublê perfeito, as pessoas fazem inferências. Quanto o fato de alguém gostar de alguma coisa indica o quanto eu vou gostar da mesma coisa? Como prever se algo que deu certo para uma organização dará para a minha também?

Esse problema de tradução não acontece para todas as coisas. Alguém lhe diz o placar final de um jogo ou quem ganhou a eleição? Não há necessidade de tradução. Se alguém compartilhar essas informações, quem é ou o que essa pessoa gosta é irrelevante. O placar final de um jogo é um placar final de um jogo. O vencedor da eleição é o vencedor da eleição. É um fato. É algo objetivo.

Todavia, quando o assunto é mudar opiniões, a tradução entra na jogada. Nem todo mundo gosta das mesmas coisas ou acredita nelas. E o que funciona para uma pessoa, ou organização, não necessariamente funciona para a outra. As coisas são subjetivas e não objetivas.

Então, como resolver esse problema de tradução?

A Luta contra o Abuso de Substâncias

Manhã do Memorial Day de 2005. Phil acordou, levantou da cama e saiu de casa para se drogar.

Por volta de meio-dia quando voltou para casa, coberto pelo brilho da heroína, a mãe, o pai e toda sua família estavam sentados na sala. O irmão, as irmãs e até mesmo alguns vizinhos estavam lá. Todo mundo que era próximo dele. Doze pessoas ao todo.

E com eles havia dois estranhos que Phil não reconhecia. Um deles era o conselheiro de intervenção.

Phil ficou com raiva e se sentiu traído. Até considerou sair enfurecido da casa.

Foi quando sua família começou a falar. Embora suas ações estivessem machucando todo mundo, eles tinham escrito cartas dizendo o quanto o amavam e se preocupavam com ele.

E, à medida que liam as cartas, era difícil não ouvir. Cada uma era sincera e poderosa. Falavam como amavam Phil. Como estavam tristes. Como sentiam falta dele e o queriam de volta.

A família era tudo para Phil. E ele via que a estava dilacerando. A mãe e o pai estavam em conflito, e o irmão não queria nem ir para casa quando Phil estivesse lá.

Se você quer ser um viciado em drogas ou um alcoólatra, não podemos impedi-lo, eles disseram. Mas, se quiser ficar doidão, não vai fazer isso aqui. Não mais.

Phil era um cara forte. Os pais dele ficaram preocupados que ele fosse agredir todo mundo. Não havia possibilidade de ele voltar para a reabilitação, disse a mãe dele. Ele é a pessoa mais teimosa que você conheceu. O intervencionista ouviu mais desculpas da mãe de Phil do que de cinquenta viciados em um mês.

Phil não tinha que buscar tratamento. Poderia continuar a se drogar, roubar e fazer todas aquelas coisas horríveis que acompanhavam o vício. Não precisava ir para a reabilitação.

Contudo, ver todas aquelas pessoas juntas causou um impacto. Ouvir como todos se sentiam da mesma forma mudou alguma coisa. Forçou Phil a tomar nota. Perceber como seu comportamento impactou todos a sua volta. Perceber como magoou sua família. Perceber que era um viciado.

A mãe tentou centenas de vezes fazer com que ele mudasse, mas desta vez era diferente. Phil desmoronou e aceitou ajuda.

Intervencionistas, geralmente, são a última linha de defesa. Ficam somente com os casos mais difíceis. Quando um viciado chega a eles, todas as outras opções já foram esgotadas. Porque, se fosse fácil mudar a opinião daquelas pessoas, eles não estariam ali. Alguém já teria feito ele largar. O fato de aquela pessoa estar conversando com um intervencionista indica que outros tentaram e falharam. Que as pessoas pediram, imploraram, gritaram, berraram e ameaçaram. Sem sucesso.

Intervencionistas não são um santo remédio. Para fazer com que viciados mudem, todo o ecossistema deles deve mudar. Sem se darem conta, talvez os amigos e os membros da família estejam causando o problema sem querer. Então, para mudar o que está emperrado, o sistema todo tem que mudar também.[2]

Mas, nas circunstâncias certas, como parte de uma solução maior, intervenções podem ser um primeiro passo útil na jornada para o bem-estar. Porque resolvem o problema de tradução. Ajudam a abordar um ponto de atrito: as pessoas não acreditam que têm um problema.

Quase metade dos norte-americanos tem um amigo próximo ou um membro da família que é viciado em drogas. E a maioria dos viciados negam. Não acreditam que precisam mudar.

Parte do desafio é que um alcoólatra ou um viciado em drogas pode não lembrar. Se alguém diz "Dave, você tem um problema. Na noite passada, você gritou comigo ou você bateu com o carro no poste", Dave pode dizer que não sabe. Não porque está tentando ser malicioso, mas porque ele teve um apagão. Não se lembra do que fez.

Contudo, é mais do que isso.

Mesmo se Dave se lembrar do que acontece, há o desafio da crença. Dr. Vernon E. Johnson, um dos antepassados das intervenções, observa que "racionalização e projeção trabalham juntas para bloquear a consciência da doença pelos dependentes químicos. Ao manter o alcoólatra, ou o viciado nas drogas, fora da realidade, fica impossível para ele ou ela compreender que existe um problema".[3]

Em outras palavras, a maioria dos viciados não acha que tem um problema, caso contrário, já teria feito algo a respeito. E, se um viciado não acredita que tem um problema, será que uma pessoa vai realmente conseguir que ele mude de ideia?

É fácil desconsiderar a perspectiva de uma pessoa. Faça com que ela seja a louca. Claro, você pode pensar que eu tenho um problema com bebida, mas você é somente uma pessoa, então deve ser somente a sua opinião. E se tem um de você e um de mim, em quem eu vou confiar? É fácil. Em mim.

Contudo, é mais difícil desconsiderar um coro. Se várias pessoas estão dizendo a mesma coisa ao mesmo tempo, é mais difícil ignorar.

Um grupo tem a dimensão necessária para romper a barreira. Se um bando de amigos e membros da família está sentado ali, dizendo que existe um problema, é mais difícil pensar que são todos tendenciosos e que estão enganados. Embora o viciado possa discordar, o fato de que todos são consistentes torna mais difícil, pelo menos, não considerar o que estão falando.

E mais difícil ainda não buscar um tratamento como resultado.[4]

A Força dos Números

De abuso de drogas e distúrbios alimentares a vícios em jogos de azar e alcoolismo, as intervenções ajudam as pessoas a enfrentar o fato de que elas têm um problema. Ajudam a romper a rede de negação e fazem com que viciados considerem que seu comportamento tem gerado consequências negativas.

Mesmo além do abuso de substâncias, no entanto, os números têm força. Conselhos corporativos esperam para adotar novas práticas até que elas tenham sido adotadas por diversas instituições semelhantes. Médicos esperam para adotar novos medicamentos até verem que vários colegas estão usando-os. E as empresas esperam para adotar tecnologias aplicadas à cadeia de suprimentos e estratégias de gerenciamento até que tenham sido testadas por diversas outras empresas.[5]

Múltiplas fontes dizendo, ou fazendo, a mesma coisa solucionam o problema da tradução. Se apenas uma fonte sugere ou faz algo, é difícil traduzir. Difícil saber se a opinião dela é diagnóstica. Difícil saber o que a reação dela significa para você.

Mas, se diversas fontes dizem ou fazem algo, fica difícil não escutar. Porque agora existe a evidência corroborativa. Reforço. Múltiplas fontes concordam, têm a mesma visão, resposta ou preferência. E essa consistência significa que é mais provável que você se sinta da mesma maneira.

Um outro médico prescreveu um tratamento novo? Talvez um representante farmacêutico tenha passado ou tenha um certo tipo de paciente. Mas vários colegas prescrevendo a mesma coisa? Talvez valha a pena dar uma olhada melhor.

Se diversas pessoas estão fazendo a mesma coisa, é difícil argumentar que estejam erradas. É difícil argumentar que a coisa que estão sugerindo não é nada boa.

Múltiplas fontes também acrescentam credibilidade e legitimidade. Aumentando a expectativa de que os outros aprovarão e reduzindo o risco de vergonha ou sanção.

Uma pessoa pode ter gostos excêntricos, mas duas? Cinco? Dez? Quanto mais fontes concordam, mais evidência corroborativa fornecem. Menos provável será que digam algo sobre as fontes propriamente ditas, ao contrário da qualidade do que estão fazendo ou recomendando. E mais provável que você goste também.[6]

Como diz um antigo provérbio: "Se uma pessoa diz que você tem um rabo, você ri e acha que ela é maluca. Mas, se três pessoas dizem a mesma coisa, você vira para trás para olhar".

Mais fontes fazendo ou dizendo a mesma coisa podem fornecer mais provas. Mas, quem essas fontes são e quando compartilham suas perspectivas desempenham um papel importante.

Em particular, ao se deparar com uma evidência corroborativa, é importante levar em consideração quem, quando e como: (1) *quem* mais envolver (ou quais fontes são mais impactantes), (2) *quando* separar a evidência corroborativa ao longo do tempo, e (3) *como* utilizar os recursos escassos da melhor forma ao tentar mudar opiniões em larga escala.

Quais Fontes São Mais Impactantes?

Evidência corroborativa ajuda a mudar opiniões porque fornece reforço social. Mas quem é mais útil neste processo? Todas as fontes têm o mesmo peso, ou algumas fornecem mais prova?

No final de 2001, estudantes da Universidade La Trobe, em Melbourne, Austrália, foram recrutados para estudar sobre como as pessoas reagem às apresentações de áudio.[7] Os alunos foram instruídos a comparecer ao laboratório e, quando chegavam, sentavam em uma mesa e colocavam fones de ouvido. Disseram a eles que ouviriam uma série de fitas cassete e que deveriam fazer críticas sobre elas.

Os experimentos por trás do estudo estavam interessados no que fazia as pessoas rirem. E, em particular, como o riso é moldado pela influência social.

Os participantes ouviram o que parecia uma gravação ao vivo de um comediante de stand-up, e para alguns ouvintes a fita incluía risadas gravadas. O que acham engraçado pode parecer totalmente subjetivo, mas ouvir uma animação pré-gravada ajuda a injetar alegria. (De fato, os seriados de comédia tradicionais como *Seinfeld* e *Friends* geralmente usam as chamadas claques para engajar a plateia ao vivo e os telespectadores em casa.)

Como esperado, a claque ajudou. Os cientistas observaram discretamente os participantes através de um espelho de duas faces, e descobriram que os ouvintes estavam mais propensos a rir das piadas do comediante quando ouviam outras pessoas rindo.

Além da mera presença do riso, os cientistas também manipularam *quem* os ouvintes pensavam que estava rindo.

Foi dito a um grupo de ouvintes que escutaram os risos de pessoas como eles, ou seja, estudantes da Universidade La Trobe.

Disseram ao outro grupo que os risos que escutavam eram diferentes: membros de um partido político com o qual os estudantes não se identificavam.

Apesar de o riso parecer o mesmo, a reação foi moldada de acordo com quem os estudantes achavam que estavam ouvindo. Quando achavam que os risos não eram de pessoas como eles, o fato de eles estarem rindo não fazia diferença. Não mudou o comportamento. Os ouvintes riam da mesma maneira quando não havia uma claque.

No entanto, quando achavam que o riso era de pessoas como eles, o comportamento mudava. Riam quatro vezes mais.

Um grande número de pesquisas descobre que a semelhança é importante.[8] Alguém como eu acha uma piada engraçada? Provavelmente vou achar também. Mas, se alguém que não é como eu acha engraçado, isso não fornece muita informação a respeito da minha provável reação. Porque quanto mais similar for a fonte, mais indicativo será de que as experiências, as preferências e as opiniões dela serviram de fonte de informação.

Procurando hotéis no TripAdvisor? Você não quer somente saber se o hotel tem uma avaliação alta; você quer saber se a avaliação do hotel é alta entre pessoas *como você*. Se você é uma família viajando com duas crianças, provavelmente vai querer um lugar que outras famílias recomendaram. O fato de jovens descolados de 22 anos gostarem do hotel não é útil.

De fato, se um jovem descolado de 22 anos parece gostar do hotel, você pode até querer evitar completamente esse lugar. E se você é o jovem descolado provavelmente sente a mesma coisa em relação às famílias.

Em outras palavras, o problema da tradução tem um peso menor quando a necessidade de tradução for menor. Na ausência de um Outro Você, fontes similares são a coisa mais próxima. Fontes que estão lidando com os mesmos problemas e desafios. Outros com as mesmas necessidades. Outras empresas na mesma vertical. Quanto mais similares forem, mais prova ou evidência corroborativa fornecem, maior é o impacto delas.

Se você é Ashton, um universitário recém-formado que lida com o abuso de álcool, é fácil pensar que não é um alcoólatra. Porque, na sua cabeça, um "alcoólatra" não se parece em nada com você. Um "alcoólatra" é alguém que perdeu tudo por causa da bebida.

Um "alcoólatra" é um sem-teto, não consegue ficar no emprego e não tem amigos.

E sua vida pode não se parecer com nada disso. Você pode ter uma família carinhosa, vários grandes amigos e um futuro promissor. Você não é o que pensa de um alcoólatra — mesmo que recentemente tenha recebido uma multa por dirigir embriagado, tenha desmaiado com frequência ou ficado irritado quando não está bebendo. Quem nunca?

Portanto, você acha que grupos de recuperação como os Alcoólicos Anônimos serão uma perda de tempo porque não se aplicam a você. Porque as pessoas que imagina que vão estar lá não se parecem em nada com você.

E, se por acaso você for a alguma reunião só para agradar seus pais, a primeira impressão pode ser a de que estava certo. Um cara parece um sem-teto, e aquela pessoa está tremendo. *Eles não se parecem em nada comigo*, você pensa. *Eu não tenho o problema que eles têm.*

Mas espere: aquele ali é um médico? O que ele está fazendo aqui? Aquele é um juiz? Que droga! Você começa a ver pessoas "bem-sucedidas", com educação de alto nível e com empregos que pagam muito bem, que estão na posição que você gostaria de estar, que são semelhantes a você.

E quando vê pessoas como você — ou que aspira ser —, que têm problemas com álcool, fica mais difícil não ouvir o que elas estão dizendo. E ainda mais difícil não mudar como resultado disso.

Além da semelhança, contudo, outro fator está em jogo.

Recentemente, um pesquisador da Holanda investigou como os laços sociais influenciam as doações políticas.[9] As doações são parte vital do processo político. Os candidatos precisam de dinheiro para realizar campanhas publicitárias, para pagar a equipe e até mesmo para organizar o transporte de um local para outro.

Contudo, conseguir essas doações pode ser complicado. As pessoas são ocupadas e desconfiadas no que refere a apoiar um candidato que pode acabar perdendo no final. O que as motivaria mais a doar?

Olhando para mais de 50 mil potenciais doadores, o pesquisador holandês examinou o quanto a probabilidade de uma pessoa doar dependia de suas conexões sociais terem doado. Se alguém estaria mais disposto a dar dinheiro para um candidato presidencial se seus amigos, familiares ou colegas tivessem dado também.

Sem surpresa, as doações foram moldadas pela influência social. As pessoas estavam mais propensas a doar se conheciam alguém que já tivesse doado.

E, ainda, consistente com o valor da evidência corroborativa, o número daquelas conexões também importava. Quanto mais doadores anteriores alguém conhecia, maior a probabilidade de doar. Conhecer dois doadores, em vez de um, aumentou a propensão a doar, e doadores adicionais aumentavam ainda mais a doação.

No entanto, muito além do *número* de doadores, o tipo de conexão entre esses doadores também era importante.

Imagine que você está pensando em fazer uma doação e descobre que dois dos seus amigos já fizeram. O que aumentaria a sua propensão em doar: se aqueles amigos se conheciam e faziam parte do mesmo grupo social ou se não se conheciam e eram totalmente independentes?

A semelhança importa quando se trata de mudar opiniões, como sabemos, mas a diversidade também é importante. Havia mais propensão a doar quando doadores anteriores conhecidos pertenciam a grupos independentes. Se um dos doadores era um membro da família e o outro um colega de trabalho, a probabilidade da pessoa doar era duas vezes maior. Mas, se eram dois membros da família ou dois colegas de trabalho, fontes diversas não tinham o mesmo impacto.[10]

Isso, porque não se trata somente da *quantidade* de pessoas que estão fazendo algo; mas se elas estão fornecendo *informação adicional*.

Mais fontes fazendo ou apoiando alguma coisa podem fornecer evidência corroborativa, mas sinais repetidos do mesmo grupo podem ser redundantes. Se duas pessoas que gostam de comédia dizem que um seriado é bom, ainda assim é fácil admitir como tendo atingido somente um certo grupo. A mesma coisa acontece com duas pessoas que são muito amigas. Você supõe que uma pessoa contou para a outra, portanto, a segunda recomendação não acrescenta muito.

Entretanto, se tiverem gostos diferentes, ou vierem de áreas distintas da sua vida, a segunda fonte fornece mais provas.

Na realidade, se múltiplas fontes são muito redundantes, geralmente são agrupadas e tratadas como uma única fonte. Se duas pessoas da contabilidade recomendam o mesmo fornecedor, por exemplo, podem ser agregadas em um único grupo "Recomendação da contabilidade", em vez de serem tratadas como provas separadas.

Quanto mais independentes forem as fontes, mais evidência corroborativa fornecem.

À primeira vista, semelhança e diversidade parecem contraditórias. Afinal, em algumas formas, os dois aspectos parecem ser opostos. Se múltiplas fontes são semelhantes a um indivíduo ou organização alvo, parece que os dois seriam menos diferentes.

Mas, não é necessariamente o caso.

Considere seus amigos. Cada um provavelmente é similar a você em algumas dimensões, mas essas dimensões não são necessariamente as mesmas. Um amigo pode compartilhar o mesmo gosto musical, enquanto outro tem a mesma inclinação política. Os dois são semelhantes a você, mas de maneiras diferentes.

Isso também vale para as organizações. Alguns concorrentes podem ser do mesmo tamanho, ao passo que outros podem ser do mesmo ramo. Os dois são semelhantes, mas por motivos diferentes.

Portanto, semelhança e diversidade podem atuar em conjunto.

Em vez de tentar forçar perspectivas, empresas inteligentes geralmente deixam seus clientes falarem. Recepcionam eventos, como jantares, onde, além de ouvirem líderes de pensamento ou assistir a demonstrações, potenciais clientes podem interagir com os clientes atuais para obter uma perspectiva externa. Uma visão imparcial de como a empresa realmente é.

Entretanto, ao pensar onde sentar os interessados ou qual a melhor forma de mudar a opinião deles, é importante mesclar semelhança e diversidade. Sente-os entre um cliente atual do mesmo ramo e outro de ramo diferente, mas que seja do mesmo tamanho. Incentive-os a falar com um cliente atual com as mesmas necessidades técnicas e com outro situado na mesma região.

Fontes suficientemente semelhantes em relação ao alvo, mas diferentes umas das outras, oferecem uma combinação perfeita. A semelhança faz com que o feedback pareça ser diagnóstico e relevante. A independência aumenta a chance de que cada um acrescente um valor adicional, em vez de ser visto como redundante.

A Ciência do Quando

A mistura correta das fontes pode fornecer mais provas, mas também é importante para entender *quando* a exposição a essas fontes terá o maior impacto.

Intervenções são uma ferramenta poderosa para ajudar os viciados a mudar. A buscar tratamento e ficarem limpos. Porém, o valor delas levanta uma questão interessante.

Na maioria dos casos, não é a primeira vez que as pessoas na sala conversaram com o viciado sobre o vício. Em diferentes momentos, amigos e familiares mostraram sua preocupação, pediram ou exigiram ação. Podem dizer algo novo na intervenção, mas não é como se o viciado não soubesse o ponto de vista deles.

Então, se o viciado já foi exposto a essas múltiplas fontes, por que não mudou ainda? Em outras palavras, o que é diferente a respeito da intervenção que a torna mais eficiente?

Uma possibilidade é o intervencionista. Conselheiros de intervenção são treinados para estruturar as intervenções para maximizar a eficiência. São especialistas em criar planos, formar a equipe certa e moldar as declarações que os amigos e famílias escrevem.

Outra possibilidade é como os sentimentos são expressos. Enquanto interações passadas podem ter sido abstratas, raivosas e confrontantes, os intervencionistas incentivam os participantes a apresentar a realidade de uma maneira receptiva. Em vez de gritar ou tentar punir o viciado, falar sem julgar, com amor e compaixão, mostrar a ele o quanto gostam dele.

Essas duas características são, sem dúvida, importantes. Mas há ainda um terceiro aspecto que também merece ser observado. Em vez de pingar nas conversas por meses, ou até anos, a intervenção compacta tudo. Ela concentra as múltiplas fontes ao mesmo tempo. Todas na mesma hora, em vez de se estender ao longo de um período.

Alguns anos atrás, meu colega Raghu Iyengar e eu analisamos o crescimento do número de usuários de um novo site.[11] Como muitos sites, esse não tinha muito dinheiro para gastar com publicidade, então recorreram aos usuários atuais para ajudarem a divulgar. Cada usuário poderia enviar convites pelo Facebook, e analisamos como esses convites influenciaram a quantidade de novos potenciais usuários a aderir ao site.

Consistentes com o valor da evidência corroborativa, as pessoas que receberam mais convites estavam mais propensas a entrar. Se comparado com alguém que recebeu um só convite, por exemplo, os potenciais usuários que receberam um segundo convite tinham quase duas vezes mais chances de se registrarem.

Entretanto, além de *quantos* convites receberam, *quando* receberam também era importante. Quanto mais próximos os convites tinham sido recebidos, maior era seu impacto coletivo.

Para entender o motivo, é útil voltarmos ao colega que recomendou o seriado. Se ele disse a você o quanto tinha gostado do seriado, e o outro colega diz algo similar no dia seguinte, é difícil não levar isso em consideração, e pelo menos, pensar em assistir ao seriado. É um assunto atual, várias pessoas estão falando a respeito, então você deduz que o seriado deve ser muito bom.

Porém, disperse essas conversas um pouco mais, e o efeito delas é silenciado.

Se um colega de trabalho fala algo hoje, e outro menciona o seriado daqui a três semanas, provavelmente não levará à ação. Já faz um tempo que você ouviu sobre o seriado, então está menos propenso a deduzir que é muito popular. Nesse período, provavelmente ouviu sobre muitos outros seriados. E, se passar tempo suficiente, nem se lembrará de ter ouvido sobre o seriado em primeiro lugar.

Pesquisadores sobre vícios observam que, quando vários amigos e familiares tentam fazer com que um viciado mude, geralmente seus esforços se dispersam. Após observar um comportamento estranho, um amigo pode fazer um comentário despreocupado. Dois meses depois, um amigo diferente pode dizer outra coisa. E uma conversa mais direta só acontece depois de acontecer uma coisa séria, um acidente ou uma prisão, por exemplo.

Entretanto, a separação entre essas expressões enfraquece seu impacto coletivo. Se duas pessoas dizem coisas diferentes em momentos diferentes, é mais fácil desprezá-las como incidentes não relacionados, ou inventar atribuições alternativas. Esquecer que aconteceram, ou desconsiderar a última interação na hora que a próxima ocorrer.

Nossa análise do crescimento de usuários encontrou algo similar. Cada convite forneceu alguma evidência de que o site era bom ou que valia a pena se registrar. Ao longo do tempo, no entanto, era como se parte daquela prova tivesse desaparecido ou evaporado. Como água que evapora de uma superfície quente, quanto maior for o tempo entre o primeiro e o segundo convite, menos provas terá deixado o primeiro. Após um mês, o convite forneceu apenas 20% do impacto que tinha inicialmente. Dois meses depois, quase não causou impacto, era como se as pessoas nem o tivessem recebido.

Porém, a concentração mitigou o declínio. Assim como ouvir a mesma coisa de vários membros da família, ao mesmo tempo, incentiva a ação, descobrimos que receber diversos convites de sites em um curto período catalisa a mudança.

Considere, por exemplo, que uma pessoa recebeu dois convites sucessivamente em um curto período e outra os recebeu em um intervalo de um ou dois meses. Para quem recebeu os dois convites um logo depois do outro, a inscrição no site era 50% mais provável.

Na tentativa de mudar opiniões, portanto, nem toda prova é igual. Concentrar prova aumenta sua eficácia.

Tentando aumentar a atenção para um novo serviço ou para uma causa social importante? Certifique-se de que diferentes hits aconteçam na mídia, um após o outro, para que potenciais apoiadores ouçam diversas vezes sobre ele em um curto período.

De fato, outro estudo que fizemos descobriu que expor pessoas a múltiplos artigos sobre uma questão social urgente, como abuso sexual, em uma rápida sucessão, aumentou a ação. Levou a mais assinaturas de uma petição para ajudar os sobreviventes de abuso sexual e aumentou as doações para a causa. Em vez de espaçar assinaturas de uma petição para ajudar os sobreviventes de abuso sexual e aumentou as doações para a causa. Em vez de espaçar os artigos ao longo do tempo, concentrá-los em um dado período aumentou o apoio.

Está tentando mudar a opinião do chefe? Após passar em seu escritório, os catalisadores incentivam os colegas a fazerem logo uma sugestão similar. A concentração aumenta o impacto.[12]

Quando Concentrar ou Dispersar Recursos Escassos

A concentração é útil quando se tenta mudar a opinião de uma pessoa, mas isso também gera consequências em uma mudança de larga escala, como tentar transformar uma organização, ativar um movimento social ou fazer com que um produto, serviço ou ideia se torne popular.

Por exemplo, uma nova startup de produtos para o lar que está tentando ganhar força. Os recursos, seja tempo, dinheiro ou pessoal, geralmente são limitados, então há uma troca entre amplitude e profundidade. Há somente uma quantidade limitada de dólares para publicidade, portanto, escolhas devem ser feitas.

Devem pulverizar os recursos e anunciar em dez mercados diferentes, buscando um pequeno número de potenciais clientes em cada um? Ou concentrar os recursos e buscar um número maior de clientes potenciais em um mercado, usando-o como base para expandir para os mercados adjacentes?

Isso também vale para fazer com que um movimento social decole. Em geral, não há recursos suficientes para manter manifestações ou eventos em todas as cidades imediatamente, então as perdas e os ganhos devem ser avaliados. Concentrar-se em uma cidade e fazer diversos eventos lá, ou pulverizar os esforços entre cidades diferentes, fazendo somente um evento em cada?

As duas abordagens podem ser descritas como estratégia sprinkler e mangueira contra incêndio.

Sprinklers dispersam água. Borrifam um pouco aqui e um pouco ali, fornecendo uma cobertura ampla, relativamente rápida. Essa cobertura não é concentrada em um local, mas diversos locais recebem atenção. Toda a grama naquela extensão fica um pouco molhada.

Mangueiras contra incêndio são mais concentradas. Em vez de borrifar a água, saturam uma área. Como consequência, atingir várias áreas é feito de maneira sequencial e não simultânea. Encharca uma área primeiro e depois passa para a outra.

A sabedoria convencional diz que a estratégia do sprinkler é melhor. Amplia a consciência, diversifica o risco e aumenta a chance da vantagem do pioneiro.

Se a startup de produtos para o lar quiser construir uma base de clientes em dez mercados, parece que é melhor espalhar os recursos. Afinal, concentrar somente na cidade de Nova York para começar significa que vai demorar um pouco para se estender para Boston ou Washington, e mais ainda para chegar a Los Angeles. Amigos e laços sociais tendem a ser locais, então mesmo se o boca a boca ajudar a enviar a mensagem, vai demorar um tempo para pular de um mercado para o próximo.

Mas, será que a sabedoria convencional está correta? A estratégia do sprinkler é sempre mais eficiente?

Depende. Depende se você está querendo mudar uma atitude fraca ou forte. Uma pedra ou um rochedo.

Considere como exemplo duas cidades diferentes, Nova York e Los Angeles, e, para simplificar, imagine que cada uma tenha só quatro pessoas. Nova York tem as pessoas A, B, C, D, e Los Angeles, as pessoas E, F, G, H. Na vida real, as pessoas tendem a ser mais conectadas àquelas que estão geograficamente mais

perto, então suponha algo semelhante aqui. São densamente conectadas dentro das cidades, mas não entre elas. Compartilham
coisas com seus amigos, então, se uma pessoa sabe de uma coisa,
conta para os outros.

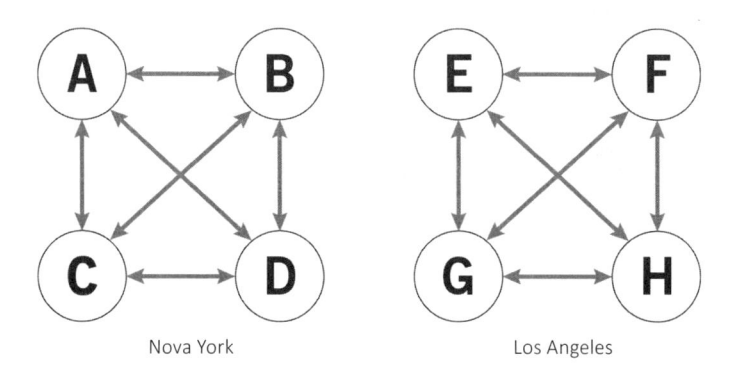

Nova York   Los Angeles

Se houver recursos suficientes para selecionar duas pessoas,
quais seriam as melhores? Espalhar tudo e selecionar uma pessoa
em cada mercado? Ou concentrar os recursos e ir atrás de duas
pessoas no mesmo lugar?

Para atitudes fracas, pedras — ou casos nos quais somente uma
pequena prova é necessária para gerar a mudança —, a estratégia
do sprinkler funciona melhor. As pessoas espalham a notícia aos
amigos, então, selecionar uma pessoa em cada mercado significa
que, por fim, alcançará todas. Alcance a pessoa A em Nova York,
por exemplo, e ela falará para as pessoas B, C e D. Alcance a pessoa
E em Los Angeles, e ela fará a mesma coisa.

E se só uma pequena prova for suficiente para mudar opiniões,
ouvir somente da pessoa A será suficiente para fazer com que mudem. Faz sentido espalhar e escolher uma pessoa em cada mercado.

De fato, a concentração desperdiçaria recursos. As pessoas ouviriam sobre uma coisa mais vezes do que precisariam para a mudança
ocorrer, e os recursos poderiam ser mais bem gastos de outra maneira.

Por fim, a mangueira encharca as coisas por completo, e não há
necessidade de mais água, e a água simplesmente escoa.

**Eficácia da Abordagem do Sprinkler
para Atitudes Fracas ("Pedras")**

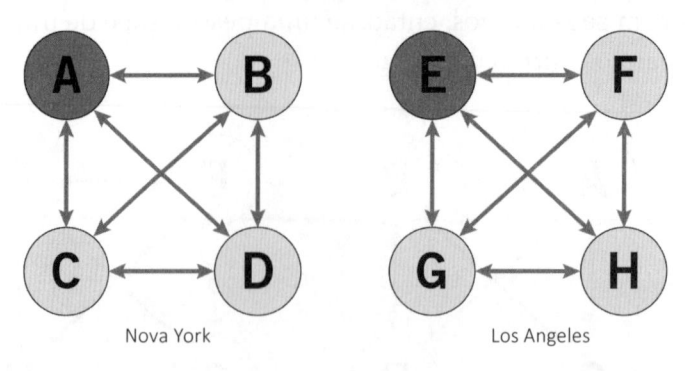

Nova York   Los Angeles

Total de adotantes = 8

No entanto, e se as pessoas precisarem de evidência corroborativa? E se precisarem ouvir de várias fontes antes de mudarem?

Para atitudes fortes, "rochedos", ou casos em que mais provas se fazem necessárias, a estratégia do sprinkler não vai conseguir tanta adesão. Selecione a pessoa A em Nova York, e ela ainda vai contar para B, C e D. Mas, como as pessoas precisam ouvir de diversas fontes antes de mudarem, ouvir somente da pessoa A não será suficiente. Selecione somente uma pessoa em cada mercado, e ela contará para todo mundo que conhece, mas ninguém mudará.

**Eficácia da Abordagem do Sprinkler
para Atitudes Fortes ("Rochedos")**

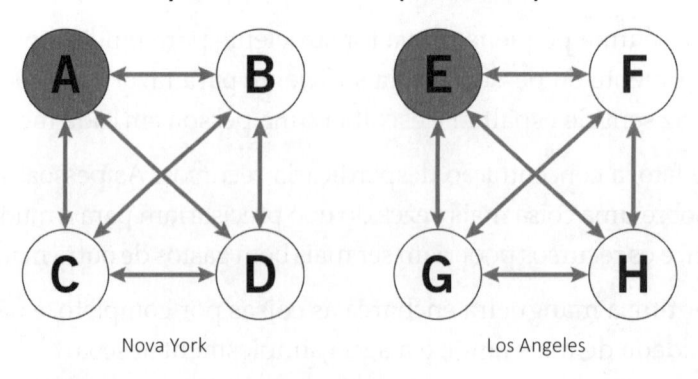

Nova York   Los Angeles

Total de adotantes = 2

Portanto, quando a evidência corroborativa for mais necessária, usar a mangueira de incêndio é mais eficiente. Em vez de selecionar uma pessoa em dois mercados (por exemplo, pessoa A e pessoa E), concentre todos os esforços em um lugar (i.e., pessoa A e pessoa B). Os dois receptores contarão aos amigos e, como cada pessoa ouviu de outras duas, mudarão também. Levará mais tempo para finalmente atingir o segundo mercado, mas a mangueira fornecerá prova suficiente para a mudança.

Eficácia da Abordagem da Mangueira contra Incêndio para Atitudes Fortes ("Rochedos")

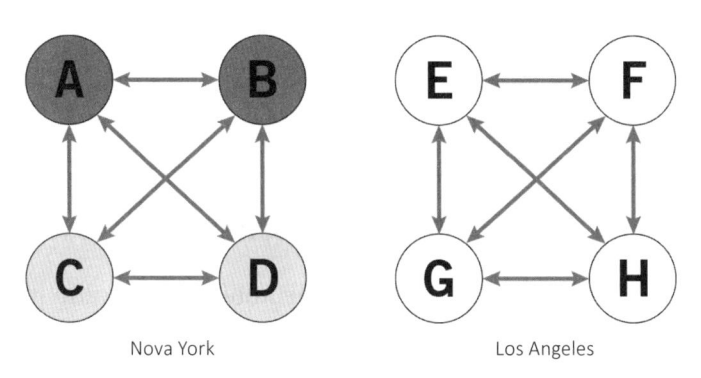

Nova York   Los Angeles

Total de adotantes = 4

A mesma ideia se aplica dentro das regiões.

Os indivíduos e as organizações podem ser classificados em segmentos diferentes: grupos ou tipos de pessoas e negócios.

E como as regiões geográficas, os laços sociais tendem a ser mais fortes dentro dos grupos do que entre eles. Adolescentes tendem a ser amigos de outros adolescentes, e mães tendem a sair com outras mães.

O pessoal do departamento de contabilidade fala mais entre si do que com o da equipe de marketing, e os representantes dos recursos humanos passam mais tempo entre eles do que com o pessoal de TI.

Se é melhor concentrar recursos em um grupo ou espalhá-los entre dois ou mais grupos dependerá do limite para mudança.

Se uma pequena prova é suficiente para impulsionar a ação, então a estratégia do sprinkler é ideal. Busque cada grupo simultaneamente sem muita intensidade.

Contudo, quando a evidência corroborativa é necessária, a concentração de recursos passa a ser mais importante. Foque primeiro nos adolescentes e depois vá atrás das mães. Inicialmente, selecione o grupo da contabilidade, então passe para o marketing. Crie incubadoras sociais em que as pessoas não possam evitar ouvir de múltiplas fontes, aumentando a probabilidade de mudarem também.

Pedra ou Rochedo

Ao tentar mudar opiniões, é importante ser capaz de julgar a diferença entre pedras e rochedos. Entre atitudes e opiniões, produtos e serviços, comportamentos, ideias e iniciativas que precisam somente de uma pequena prova contra uma que precisa de mais.

Visões políticas, por exemplo, são mais difíceis de mudar do que as preferências pelas fontes utilizadas em um arquivo (pelo menos, para a maioria das pessoas). O tipo de software que uma empresa usa é mais difícil de mudar do que o tipo de papel que compra. Mesmo entre preferências de marcas, o quão fixas são, depende da categoria. As preferências por refrigerantes são mais fortes do que por detergentes. Atitudes em relação às marcas de automóveis são mais fortes do que em relação às toalhas de papel.

Para ter uma noção se algo é mais parecido com uma pedra ou com um rochedo, pense se é fácil mudar. Quanto mais cara, demorada, arriscada ou controversa for uma coisa, menos provável que seja uma pedra e mais provável que seja um rochedo. Algo que precisa de mais prova.

Por exemplo, os custos monetários. Comprar um grampeador de US$9 não é muito difícil. A recomendação de um colega, ou um post em um blog, provavelmente é suficiente. Mas, e uma transformação digital de US$9 milhões? Muitas provas mais são necessárias.

Isso também vale para o risco. Incentivar alguém a experimentar o Lasik, um procedimento a laser de correção visual que já foi realizado milhões de vezes, exige algum trabalho. O risco não é inexistente, mas é um procedimento comprovado. Quer fazer com que a mesma pessoa tente um novo procedimento, menos testado? Será necessário muito mais evidência para que se sinta confortável o suficiente para experimentar.

Quanto mais estiver em jogo, maior é o custo financeiro, e mais alto é o risco de reputação, mais provas ou evidências serão necessárias.

Movimentar rochedos é difícil, mas não impossível. Como os intervencionistas, precisamos resolver o problema da tradução encontrando evidências corroborativas. Quanto mais provas forem necessárias, mais importantes passam a ser as múltiplas fontes. Temos que encontrar outras pessoas semelhantes, mas diferentes, que forneçam perspectivas consistentes e concentrem aquelas fontes no tempo para que seus benefícios não evaporem. E, quando tentarmos alcançar uma mudança em larga escala, precisamos pensar em concentrarmos ou espalharmos os recursos esparsos. Quanto maior o rochedo, melhor será usarmos a mangueira em vez do sprinkler.

Desde que está limpo, Phil tem dedicado sua vida a servir os outros. Tornou-se um conselheiro de intervenção, ajudando centenas de pessoas a recuperar suas vidas do abuso de drogas e álcool.

Porque parar o abuso de substâncias não é algo que se consiga fazer sozinho. É preciso reforço. Como observado por Phil:

> *Várias pessoas com as quais você lida têm nível superior, são resolvidas, são pessoas ótimas. Quer dizer, viciados e alcoólatras são extremamente amorosos, carinhosos, brilhantes. E as famílias pensam que, como eles fizeram tanto e se saíram tão bem em outras áreas da vida, por que não conseguem vencer isso?*
>
> *Pelo mesmo motivo que não conseguem vencer a diabetes ou o câncer. É um vício, é uma doença, é algo que você não consegue superar sozinho.*

Isso também pode ser dito sobre mudar opiniões.

COMO MUDAR O COMPORTAMENTO
DO CONSUMIDOR

Para ver como a remoção de todas as cinco barreiras pode funcionar em conjunto, voltaremos para uma das mais extraordinárias campanhas de marketing da história norte-americana. É difícil imaginar um produto menos atrativo: vísceras. Entretanto, em 1943, o governo dos Estados Unidos teve que convencer a população carnívora a deixar de lado o bife e começar a grelhar cérebros e rins — e se orgulhar de estar fazendo isso.

Em janeiro de 1943, logo depois que os Estados Unidos entraram na Segunda Guerra Mundial, o ex-presidente Herbert Hoover usou as páginas de uma revista de alimentos e nutrição para enviar um aviso austero sobre uma ameaça única: o suprimento de carne norte-americano. "Carnes e gorduras são munições nesta guerra tanto quanto os tanques e os aviões (...)", ele escreveu. "(...) Nossas fazendas estão com escassez de mão de obra para cuidar do gado, e, além disso, precisamos fornecer suprimentos aos britânicos e aos russos."[13]

Comida não era só sustento, era uma questão de segurança nacional. Tendo liderado a U.S. Food Administration, agência reguladora de alimento dos Estados Unidos, durante a Primeira Guerra Mundial, Hoover compreendeu que guerras são travadas muito longe do campo de batalha. Para ter a chance de vencer, os Aliados precisavam que seus soldados estivessem bem alimentados. E, considerando que a guerra havia destruído grande parte do abastecimento de alimentos da Europa, os Estados Unidos precisavam ajudar a abastecer mais do que a sua própria força de combate.

Contudo, alimentar todos aqueles soldados significava corte no front doméstico. À medida que mais carne bovina e suína eram enviadas para o exterior, logo a carne se juntou ao queijo e à manteiga na lista de alimentos racionados.

Isso foi um forte golpe nos hábitos alimentares dos norte-americanos. A carne vermelha era a principal fonte de energia e, particularmente, entre a classe trabalhadora, a presença dela no prato ajudava a definir o que era visto como uma refeição adequada.

Alguém tinha que mudar a opinião deles a respeito de quais tipos de carne consumir, mudando de filés, assados e costeletas de porco para cortes menos apreciados que os soldados não comeriam. Molejas, coração, fígado, língua e outras vísceras subutilizadas.

Ajudada pela florescente indústria da publicidade, a máquina de propaganda do governo partiu para a ação. Palestras exaltavam o baixo custo e o alto valor nutricional das vísceras. Cartazes e panfletos coloridos apelavam ao patriotismo. "Americanos! Compartilhem a carne como uma necessidade de guerra" e "Faça com menos para eles terem o suficiente", exortavam. Ao fazer com que os produtos alimentícios rendessem, os norte-americanos comuns poderiam ajudar a vencer a guerra.

Os apelos eram tão inspiradores quanto bonitos. Imagens de esposas sorridentes carregando travessas de bolo de fígado para os maridos e filhos adorados. Cartazes vermelhos, brancos e azuis perguntavam aos consumidores se eles estavam fazendo tudo que podiam.

Porém, para a maior parte, esses esforços falharam.

Não é que o público não se importasse com os homens no exterior. Ou que não compreendiam que vísceras eram nutritivas.

Eles se importavam e compreendiam, mas simplesmente não mudaram de comportamento. Culpe a inércia ou o melindre. O consumo de fígado, língua e molejas praticamente não se alterou.

Como o governo faria com que os norte-americanos mudassem de opinião a respeito das vísceras?

Como parte do esforço de mudar o consumo de carne, o Departamento de Defesa organizou o lançamento do Comitê sobre Hábitos Alimentares. E, como parte desse comitê, recrutaram o psicólogo Kurt Lewin.[14]

Lewin, reconhecido como fundador da psicologia social, estudou na Alemanha e se mudou para os Estados Unidos em 1933 para fugir da ascensão nazista ao poder. Ele era um mago que transformava problemas do dia a dia em inteligentes experimentos psicológicos e enxergava como o poder do insight psicológico poderia melhorar o mundo.[15]

Antes de 1942, os esforços para mudar a opinião pública tendiam a se apoiar em educação e emoção. "Apresente os fatos de forma clara e correta, o público *deve* se tornar mais interessado, impressionado e persuadido".[16] Diga às pessoas o que devem fazer, faça uma ligação com algo de que gostem, como o patriotismo, e elas vão partir para a ação.

Lewin pesquisou sobre a situação e adotou uma tática diferente. Incentivos, como alimentação saudável e ser patriota, eram bons, mas não pareciam ser eficazes para mudar o comportamento. Em vez de tentar persuadir ou perguntar "O que convencerá os norte-americanos a comer vísceras?", Lewin fez uma pergunta diferente. Uma que era semelhante ao tipo de pergunta que estamos fazendo ao longo deste livro: Antes de tudo, por que as pessoas não comiam vísceras? O que as estava impedindo?

Após repassar entrevistas, observações e outros dados, alguns obstáculos ou barreiras chave ao consumo de vísceras surgiram.

Primeiro, era o formato. Esforços anteriores na sua maioria tinham dito o que fazer. Pedir aos norte-americanos que "compartilhem a carne como uma necessidade dos tempos de guerra" apelava à obrigação patriótica, mas não fazia com que as pessoas sentissem que tinham alguma escolha no assunto. Não fizeram com que elas corressem para mudar o comportamento.

Segundo, os norte-americanos claramente estavam apegados ao que já faziam. Adoravam filés e costeletas de porco, e todas as outras coisas que estavam acostumados a comer, ou com as quais tinham sido dotados, e não queriam abrir mão.

Terceiro, era o tamanho da pergunta. A maioria dos programas anteriores eram tudo ou nada. Normalmente o foco era um tipo de víscera, e as pessoas eram incentivadas a comê-la várias vezes por semana. Uma mudança dramática que as maiorias das famílias se recusava a fazer.

Quarto, havia muita incerteza. As vísceras eram simplesmente desconhecidas. As donas de casa não sabiam o gosto de cérebros ou como preparar rins, e sem essa familiaridade não arriscariam cozinhá-los para suas famílias.

Finalmente, a maioria achava que vísceras não era algo que pessoas como elas comiam. Alguns consideravam esses cortes sobras inúteis que deveriam ser descartadas. Outros pensavam que eram adequadas às famílias rurais ou aos grupos socioeconômicos mais baixos.

Armados com esses insights, o comitê de Lewin parou de forçar usando aquelas velhas campanhas. Em vez disso, focou remover os obstáculos.

Para reduzir a incerteza, tentaram aumentar a oferta de vísceras, fornecendo receitas e dicas de culinária nos locais de venda. Sugeriam misturá-las a uma receita maior com alimentos familiares que pudessem ser preparados da mesma forma que a carne comum. "Todo marido vai ficar feliz com torta de carne e rim", sugeria um artigo de 1943. Fígado poderia ser disfarçado no bolo de carne para que as crianças devorassem.

Para diminuir a distância entre onde as pessoas estavam e onde o governo queria que estivessem, o time de Lewin pediu menos. Em vez de pedir que os norte-americanos comessem cérebro de boi todos os dias, pediram que experimentassem vísceras de vez em quando. Para variar, poderiam introduzi-las no recheio de carne moída e salsichas.

Para facilitar a dotação, o grupo de Lewin trouxe à tona os custos da inação: como ficar com filés e costeletas de porco estava ferindo as tropas.

E, para reduzir a reatância e fazer com que a mudança parecesse mais voluntária, Lewin tentou pequenos grupos de discussão em vez de palestras. Em vez de dizer a donas de casa o que *deveriam* fazer, ele as reuniu e pediu que compartilhassem suas opiniões. Como "donas de casa como você" superam os obstáculos que aparecem no caminho.

Essas discussões forneciam evidência corroborativa. Permitiam que donas de casa vissem e ouvissem como as outras estavam resolvendo os mesmos desafios: como mães e esposas como elas conseguiram superar suas próprias incertezas para ajudar o esforço de guerra.

Ao final das discussões, os líderes de grupo fizeram uma pequena pesquisa. Pediram que as mulheres levantassem a mão se pretendiam experimentar uma dessas novas carnes antes da reunião de acompanhamento.

E todas levantaram as mãos.

Os resultados foram impressionantes. Os grupos de discussão de Lewin fizeram com que mais de um terço das mulheres concordassem em servir vísceras.[17] Contudo, era mais que isso. O consumo nacional de vísceras aumentou em um terço. Fígado virou um presente especial.

O comitê de Lewin não só mudou o comportamento do consumidor, mas o fez em uma situação que parecia quase impossível. Mostraram que era possível pegar, talvez, um dos produtos menos convidativos e transformá-lo em uma iguaria em lares ao redor do país. E o fizeram usando as mesmas ferramentas das quais estamos falando ao longo deste livro.

EPÍLOGO

O conflito Israel-Palestina é uma das questões mais intratáveis de nosso tempo. Décadas de negociações sem sucesso e escaladas de violência levaram a uma profunda desconfiança e ódio. Homens-bomba, ataques de foguete e outros confrontos brutais deixaram os cidadãos com medo da própria vida. Movimentação restrita, invasão por colonizadores e sanções econômicas esmagadoras deixaram muitos na pobreza, sentindo-se que tinham poucos direitos ou recursos.

É desnecessário dizer que a animosidade corria solta. As pessoas viam o outro lado como o inimigo. Um adversário que deve ser vencido usando quaisquer meios necessários. A confiança entre esses rivais parecia impossível, que dirá amizade.

Em uma promissora manhã de 1993, em Washington, entretanto, havia esperança. O presidente Bill Clinton falava para um distinto grupo de espectadores no gramado da Casa Branca, marcando o início da assinatura pública dos Acordos de Oslo. Um acordo entre o primeiro-ministro de Israel Yitzhak Rabin e o presidente da Organização para a Libertação da Palestina (OLP), Yasser Arafat.

Era um dia histórico para o Oriente Médio. O primeiro acordo frente a frente entre o governo de Israel e a OLP. No acordo, a OLP reconhecia o direito de existir de Israel e renunciava à violência. Israel, por sua vez, concordava em retirar o exército de partes da Faixa de Gaza e da Cisjordânia, e reafirmava o direito dos palestinos à autonomia de governo. Além de Rabin e Arafat, que, por fim, ganharam o Prêmio Nobel da Paz por seus esforços, ex-presidentes norte-americanos, ministros e VIPs estavam lá para demonstrar apoio.

Porém, em seu discurso, Clinton destacou um grupo de espectadores em particular. "Em toda esta plateia", afirmou o presidente, "ninguém é mais importante".

O grupo não era formado por dignitários ou líderes mundiais, ex-presidentes ou membros da imprensa. Na verdade, vestindo camisetas verdes e calças jeans, aqueles indivíduos se destacavam de forma incompatível entre uma fila de celebridades.

Eles eram um grupo de jovens de um acampamento de verão.

Seeds of Peace (Sementes da Paz, em português), como o acampamento é conhecido, recebe jovens egípcios, israelenses e palestinos, para que passem algumas semanas de verão juntos em um refúgio na beira de um lago no sul do Maine.

Além de ficarem em dormitórios, comer em refeitórios e participar de todas as atividades de um acampamento de verão, os jovens participam de sessões de diálogo, na tentativa de conversar a respeito de suas diferenças.

Antes do Sementes da Paz, os participantes não tiveram nenhum relacionamento positivo com o outro lado. Eram escolhidos por seus respectivos governos para melhor representar seus grupos. Alguns jovens eram de assentamentos, outros, ortodoxos na forma de pensar, se não em suas visões religiosas. Muitos eram verdadeiros adeptos militantes, com opiniões inabaláveis.

"Entrei no acampamento com muito ódio", disse Habeeba, uma jovem egípcia que passou pelo programa. "Eu queria provar meu ponto de vista e ir embora. Não pretendia ouvir ou aprender."[i] Como árabe, ela pensou que era a coisa patriótica a ser feita. Mostrar aos israelenses que o governo deles era ruim, que eles estavam vivendo na terra de outrem.

Para muitos, o acampamento era uma experiência difícil. Sentiam-se traidores, traindo seus países por estarem lá. Os árabes têm medo de dormir no mesmo chalé que os israelenses, preocupados com o que pode acontecer quando fecharem os olhos. Os israelenses não conseguem se imaginar jantando na mesma mesa que os palestinos.

Em algumas atividades, como na aula de artes, os jovens podem interagir com quem quiserem. Mas, em outras, como escalada, não têm como evitar as pessoas com quem se discordava. "Obviamente, eu tive que segurar a mão dele, se eu quisesse subir", explicou um deles. "Não significava que a animosidade tinha desaparecido; estava lidando com ela. Foi difícil, não gostei."

Não obstante, ao longo das três semanas que esses inimigos declarados passaram às margens do Lago Pleasant, algo fascinante aconteceu.

Eles mudaram.

Além de escalada e aulas de artes, os jovens também participavam do que chamavam "Desafios de Grupo". Criavam formas com cordas compridas ou faziam outras atividades de grupo.

Transformar uma corda em um círculo, ou em uma estrela, parece fácil, mas até isso é difícil para um grupo que passou as últimas horas discutindo direitos de terra ou representação política. Eles não querem trabalhar com o outro lado. Muitos são líderes barulhentos, determinados de que não estão interessados em colaborar com a oposição.

---

[i] Os israelenses expressaram o mesmo sentimento.

Um dos Desafios de Grupo é um percurso com cordas nas alturas. Os jovens são separados em duplas, e um tem que subir em um poste alto de telefone e seguir as cordas guias a uma altura de dez metros do chão. Para ficar ainda mais desafiador, eles usam uma venda nos olhos e todos têm que confiar nas instruções do parceiro.

Eles não conseguem concluir o desafio se não trabalharem juntos. Às vezes, os dois estão vendados, e têm que encontrar o caminho pelas cordas, juntos. Dão as mãos e falam com o outro sobre o que estão tocando, mas não podem ver.

Habeeba lembra de ter feito dupla com um israelense intransigente. No grupo de diálogo, ele foi tão sincero e firme que ela não conseguiu estabelecer nenhum ponto de interesse comum. Ela não confiava nele e, agora, vendada, dependia completamente dele para manter o equilíbrio, a dez metros de altura.

Ela tinha uma escolha. Depender de alguém que não tinha certeza de que podia confiar ou arriscar cair.

Entretanto, à medida que seu parceiro a guiava pelo percurso, ajudando-a a cada passo, ela sentiu que algo tinha mudado. Descobriu que se importava de um jeito que jamais tinha pensado que fosse possível. "Ele é somente um ser humano como eu", se deu conta. "Lá em cima, nas cordas, não importava que ele fosse israelense e que eu discordava dele; só me importava que não caíssemos."

Esse momento levou a uma percepção maior. "Em algum momento nas últimas duas semanas, parei de julgar as pessoas do acampamento pela nacionalidade e passei a julgá-las individualmente, como seres humanos."

Habeeba não estava sozinha. Os pesquisadores da Universidade de Chicago monitoraram esses jovens ao longo do tempo.[1] Eles mediram o relacionamento entre israelenses e palestinos, e as atitudes de um com o outro.

Eles descobriram que o acampamento mudava opiniões. No final, as atitudes dos jovens em relação ao outro grupo melhoraram. Eles gostavam e confiavam mais no outro lado e viam aqueles que antes eram inimigos como mais semelhantes a eles. Também se sentiam mais otimistas com a probabilidade de paz e mais comprometidos em trabalhar para ela.

Poderíamos pensar que essas mudanças seriam breves. Talvez quando retornassem para sua terra natal, assolada por conflitos, os adolescentes voltassem a ser como antes.

Mas isso não aconteceu. Mesmo depois de um ano do fim do acampamento, os adolescentes ainda tinham um sentimento mais positivo em relação ao outro grupo do que tinham antes do acampamento.

E esses encontros levaram a mais do que uma mudança de atitude. Para muitos daqueles jovens, marcaram o início de um ativismo mais amplo. A pesquisa de seguimento[2] revelou que, como adultos, uma porção significativa dos ex-alunos do Sementes da Paz atuou na construção da paz e nos esforços para mudança social até dez anos ou mais depois da participação inicial no acampamento.

O presidente Clinton estava certo. Aqueles jovens que frequentaram o acampamento de verão eram o futuro do processo de paz.

Assim como em muitos conflitos, a mídia geralmente usa uma abordagem geral para descrever cada lado. Alguns meios retratam os judeus como monstros manipuladores que roubam as casas dos árabes e tomam suas terras. Outros rotulam os palestinos como homens-bomba que seguem cegamente sua fé e não são confiáveis. Com tantos estereótipos e tanta xenofobia, é fácil ver o "inimigo" como algo além de seres humanos. Como pessoas distantes, sem rosto.

O acampamento, entretanto, mudou isso. Ajudou os jovens a perceber que na realidade tinham muito em comum com o outro lado. Que todos tinham quatorze anos, paixonites e frequentavam a escola.

"Pude ver que a garota israelense da minha mesa adorava laranjas, mas não sabe como descascá-las", disse Habeeba. "Vou ajudá-la a descascar as laranjas. Você observa essas coisas quando mora com alguém. Você vê qual o tipo de xampu usam. Essas são características muito humanas."

O Sementes da Paz é uma organização incrível. Eles são um poderoso catalisador para mudança de opiniões sobre o conflito entre israelenses e palestinos e em diversas outras situações de litígio. Entretanto, o que é mais poderoso é que a abordagem deles pode ser aplicada amplamente.

É fácil ler sobre um grupo como esse e pensar que a situação deles é completamente excepcional. Afinal, não são muitos os líderes que podem pegar toda sua organização e levar para um acampamento de três semanas. E poucos vendedores conseguem convencer seus potenciais clientes a participar de um circuito de arvorismo como forma de realizar uma venda.

Embora o programa em si seja incomum, as razões subjacentes *pelas quais* funciona são muitas das mesmas que temos falado ao longo deste livro.

O Sementes da Paz não força palestinos a serem amigos de israelenses ou enumera mais razões pelas quais um lado deveria confiar no outro. Não obriga os jovens assistirem a palestras intermináveis ou implora que eles façam o que é "certo". Em vez disso, identifica as principais barreiras que impedem a mudança e tentam mitigá-las.

Em vez de tentar persuadir, reduz a **reatância** ao encorajar as pessoas a se convencerem. O Sementes da Paz tem uma meta desejada em mente, mas, ao contrário de forçar os jovens para obtê-la, permite a ação. Organiza uma série de exercícios e experiências que permitem aos jovens escolher seus próprios caminhos até o resultado.

Em vez de fazer um grande pedido imediatamente, trabalha para encurtar a **distância**. O acampamento não espera que lados opostos fiquem amigos no primeiro dia, começa pedindo menos. Durma no mesmo chalé. Coma na mesma mesa. Participe das mesmas atividades e comece um diálogo. Essas atividades ajudam a mudar o campo e a encontrar um ponto de descolamento.

Dessa maneira, também reduz a **incerteza**. Diminui não somente o custo inicial ao permitir que pessoas, que normalmente teriam medo umas das outras, interajam em um ambiente seguro, neutro, como também leva à descoberta. Não ficam sentados esperando que os dois lados interajam; criam situações em que as interações acontecem naturalmente. E o fato de o acampamento durar só algumas poucas semanas torna as coisas reversíveis. No pior dos casos, os jovens voltam para suas vidas normais logo.

Finalmente, ao proporcionar aos jovens diversas interações com diferentes membros fora do grupo, fornecem **evidência corroborativa**. Mesmo se Habeeba e a menina israelense ficarem amigas, é fácil para Habeeba ver a menina israelense como singular. Com certeza, aquela garota é israelense, mas não é como aqueles *outros* israelenses. Ela é diferente. E, desse modo, a confiança de Habeeba nos israelenses em geral na verdade não muda. No entanto, quando ela vivencia interações positivas com diversos israelenses, é difícil não mudar de atitude em relação a eles como um grupo. Significa que está muito mais propensa a confiar em outros israelenses que encontrar no futuro.

Encontre a Raiz

O cientista comportamental Kurt Lewin observou: "Se você realmente quer compreender uma coisa, tente mudá-la". Mas o contrário também é verdadeiro. Para mudar realmente uma coisa, é preciso compreendê-la.

Frequentemente, como potenciais agentes de mudança, focamos em nós mesmos. Centramos no resultado que buscamos ou na mudança que esperamos que aconteça. Estamos tão cegos pela crença de que estamos certos que presumimos que só fornecendo mais informações, fatos ou motivos, as pessoas se renderão.

Contudo, na maioria dos casos, as coisas não se movem. E se o foco estiver somente em nós e naquilo que queremos, esquecemos a parte mais importante da mudança: entender nossa plateia.

Não apenas quem eles são e como as necessidades deles podem ser diferentes das nossas, mas — como conversamos ao longo do livro — por que não mudaram ainda. Que barreira ou bloqueios os estão impedindo? Que freios estão surgindo no caminho?

Quanto mais aprendemos sobre o que impede uma pessoa de mudar, mais fácil fica ajudar e perceber que as coisas não são um jogo de soma zero como podem parecer.

As pessoas acreditam que, ao mudar opiniões, alguém tem que perder. Ou eles mudam ou eu fico pior. Que as coisas são pretas ou brancas e que existem somente dois caminhos a seguir.

No entanto, a verdade é muito mais complexa.

Dois cozinheiros de um restaurante estão brigando pela última laranja da cozinha. Já era tarde para o serviço do jantar, os dois precisavam da laranja para um prato importante que estavam preparando e ficaram discutindo quem deveria ter o direito de usá-la.

Por fim, o tempo para servir os pratos estava se esgotando, então pegaram uma faca grande e cortaram a laranja ao meio, deixando os dois com metade do que precisavam.

Todavia, os dois estariam melhor se tivessem compreendido a motivação do outro. *Por qual* motivo precisavam da laranja. Um precisava do suco para um molho e o outro da casca para um bolo.

Seja para preparar um prato, semear um jardim ou tentar que israelenses e palestinos se encontrem frente a frente, encontrar a raiz ajuda a alcançar um resultado melhor.

Encontre aquelas barreiras, aqueles freios de estacionamento, e o resto virá.

Para obter uma abordagem útil de como identificar barreiras, veja o apêndice Análise do Campo de Força.

O Poder dos Catalisadores

A história do Sementes da Paz destaca diversos pontos importantes.

Primeiro, a opinião de qualquer pessoa pode ser mudada. Seja para comprar (experiência Acura), votar (sondagem abrangente) ou parar de fumar. Para fazendeiros adotarem inovações (milho híbrido), clientes usarem novos serviços (Dropbox) ou crianças comerem legumes e verduras. Até mesmo nas situações menos prováveis. Fazer com que viciados aceitem ir para a reabilitação, ladrões de banco saiam com as mãos para cima ou conservadores apoiem os direitos dos transgêneros. Fazer com que israelenses e árabes confiem um no outro, adeptos de carne virem vegetarianos ou empresas mudem suas culturas.

Isso não quer dizer que é fácil catalisar a mudança, ou que se pode mudar uma opinião de um dia para o outro. Observe as grandes mudanças e verá que, raramente, são tão abruptas.

O Grand Canyon é um dos mais espetaculares desfiladeiros do mundo. É tão extenso como a distância de carro entre Washington e Raleigh, na Carolina do Norte, e tão profundo que precisa de mais de quatro horas de caminhada para ir do topo ao chão. É tão largo que poderia engolir o estado de Rhode Island, e tão imenso que poderia ter seu próprio padrão climático.

Como esse vasto vale se formou? Pode-se pensar que foi um terremoto gigantesco ou algum evento arrasador.

Mas não foi nada repentino ou algo que durou apenas um momento. Foi a água, lentamente desgastando a rocha, durante milhões de anos. Um pingo que virou um fluxo constante e que finalmente se tornou o rio Colorado.

Fale com alguém que mudou de partido político, e não foi em nenhum momento eureca que tudo se esclareceu. Aquele de grandes filmes ou da ficção, mas que raramente acontece na vida real.

Em vez disso, grandes mudanças tendem a se parecer mais com o Grand Canyon: uma mudança lenta e constante com muitas etapas pelo caminho. Conversar com um professor na faculdade ou ter uma grande discussão com um colega. Lidar com uma doença repentina, que mude a visão sobre o sistema de saúde, ou lutar para identificar um novo líder e a direção para a qual levaram o partido. São mudanças que acontecem ao longo de anos, não de horas.

Particularmente, como grandes viradas, mudanças levam semanas, meses ou até anos para ocorrerem. No entanto, ao entender por que as pessoas mudam e por que não mudam, os catalisadores tornam a mudança mais provável.

Segundo, quando se trata de mudar, existe uma forma melhor. Não é forçando mais, ou acrescentando mais energia, mas removendo as barreiras à mudança. Reduzindo bloqueios. Sendo um catalisador.

Nafeez Amin não tentou convencer os alunos a estudar mais; reduziu a reatância e fez com que eles se convencessem que esse era o melhor jeito de agir. Dave Fleischer não pressionou os eleitores a apoiarem os direitos dos transgêneros; ele diminuiu a distância e encorajou-os a chegar lá pelos próprios meios. Greg

Vecchi não disse aos criminosos "saiam com as mãos para cima ou atiramos"; ele começou por eles, entendeu suas necessidades e usou-as para fazer com que sentissem que sair era, antes de tudo, uma ideia deles.

Seja sobre mudar opiniões, comportamentos, ou incitar ação, catalisadores REDUZEM bloqueios.

REATÂNCIA	Ao serem forçadas, as pessoas se retraem. Então, em vez de dizer a elas o que fazer, ou tentar persuadi-las, os catalisadores promovem a ação e incentivam-nas a se convencerem.
DOTAÇÃO	As pessoas são apegadas ao seu status quo. Para facilitar a dotação, os catalisadores trazem à tona os custos da inação e ajudam a perceber que não fazer nada não é sem custo como parece.
DISTÂNCIA	Quando as coisas estão muito longe dos seus olhos, as pessoas tendem a desconsiderar. As perspectivas que estão muito longe caem na região da rejeição e são desconsideradas; então, catalisadores encurtam as distâncias, pedem menos e mudam o campo.
INCERTEZA	As sementes da dúvida retardam os ventos da mudança. Para fazer com que as pessoas saiam do modo de pausa, catalisadores aliviam a incerteza. Quanto mais fácil for experimentar, mais provável será comprar.
EVIDÊNCIA CORROBORATIVA	Algumas coisas precisam de mais provas. Catalisadores encontram evidências corroborativas, usando múltiplas fontes para ajudar a superar o problema da tradução.

Se você está tentando convencer um cliente, mudar uma organização ou interferir em como toda uma indústria faz negócio, pense quais bloqueios estão impedindo a mudança e como reduzi-los.

A seguir, há uma lista para ajudar a mitigar barreiras comuns.

REDUZA A REATÂNCIA	• Como permitir a ação? Como na campanha da verdade, incentivando as pessoas a mapear o caminho até o destino?
	• Você pode fornecer um cardápio? Como ao perguntar se as crianças querem brócolis ou galinha primeiro, você consegue usar escolhas guiadas?
	• Como no Smoking Kid, há uma lacuna entre as atitudes e o comportamento, e, caso afirmativo, como você pode enfatizá-la?
	• Em vez de ir direto para a influência, você tentou começar pelo entendimento? Encontrou a raiz? Como Greg Vecchi, construiu a confiança e a usou para guiar a mudança?
FACILITE A DOTAÇÃO	• Qual é o status quo e quais aspectos o fazem atrativo?
	• Existem custos ocultos de permanecer com algo que as pessoas podem não perceber?
	• Como a consultora financeira Gloria Barrett, como você pode trazer à tona os custos da inação?
	• Assim como Cortés, ou Sam Michaels da TI, como queimar os navios para deixar claro que voltar não é uma opção viável?
	• Como Dominic Cummings e o Brexit, você consegue reestruturar as coisas como recuperação de uma perda?

DIMINUA A DISTÂNCIA	<ul><li>Como você consegue evitar o viés da confirmação ficando fora da região de rejeição?</li><li>Consegue começar pedindo menos? Como a médica que fez com que o motorista de caminhão tomasse menos refrigerante, fatiando a mudança e depois pedindo mais?</li><li>Quem cai na média móvel e como podemos usá-los para ajudar a convencer os outros?</li><li>O que seria um bom ponto de descolamento e como você poderia utilizá-lo para mudar o campo? Como na sondagem abrangente, ao encontrar a dimensão em que há consenso para juntar as pessoas?</li></ul>
ALIVIE A INCERTEZA	<ul><li>Como reduzir a incerteza e fazer com que as pessoas saiam do modo de pausa? Consegue diminuir a barreira ao teste?</li><li>Assim como o Dropbox, consegue alavancar o freemium?</li><li>Assim como o Zappos, como conseguiria reduzir os custos iniciais usando test drives, aluguel, amostras ou outras abordagens para tornar mais fácil as pessoas experimentarem por si só?</li><li>Em vez de esperar que as pessoas venham até você, consegue guiar a descoberta? Como a experiência Acura, ao encorajar as pessoas que não sabiam que estavam interessadas em verificar?</li><li>Consegue reduzir a fricção na ponta final para tornar as coisas reversíveis? Como o abrigo Street Tails Animal Rescue fez com o período de teste de duas semanas, ou como outros fizeram com políticas flexíveis de troca?</li></ul>

ENCONTRE EVIDÊNCIA CORROBORATIVA	• Está lidando com uma pedra ou um rochedo? Quão cara, arriscada, demorada ou controversa é a mudança que você está pedindo que as pessoas façam?
	• Como fornecer mais provas? Assim como os intervencionistas, certificando-se de que as pessoas ouçam de múltiplas fontes coisas semelhantes?
	• Quais fontes semelhantes, mas independentes, consegue contar para ajudar a fornecer mais evidência?
	• Como você pode concentrar as evidências no tempo? Garantindo que as pessoas escutem de múltiplas fontes em um curto período?
	• Para uma mudança de larga escala, você usaria uma mangueira contra incêndio ou um sprinkler? Concentraria ou dispersaria recursos escassos?

Contudo, o último ponto é o mais importante. E é que qualquer pessoa pode ser um catalisador.

Você não precisa ser um orador cheio de lábia ou ter a melhor apresentação de PowerPoint. Não precisa ter o maior orçamento de publicidade ou trabalhar para uma grande organização. Ter vinte anos de experiência, saber falar com as mãos ou ser a pessoa mais carismática da sala.

Jacek Nowak estava com dificuldades para obter o apoio da diretoria sênior. Ele trabalhava em um setor, o bancário, que é conhecido pela reticência à mudança. E estava tentando que fizessem algo a respeito da experiência do consumidor, que em alguns sentidos era a antítese do que estavam acostumados. Contudo, ao reduzir a barreira ao teste e levar à descoberta, ajudou a administração a experimentar o valor do que ele estava sugerindo, e finalmente adotaram suas sugestões.

Chuck Wolfe estava concorrendo com umas das maiores indústrias do mundo, cujo orçamento era mais de dez vezes maior que o dele. E fazer com que adolescentes deixassem de fumar era algo que dezenas de organizações estavam tentando fazer por décadas, sem muito sucesso. No entanto, ao revelar a verdade, em vez de dizer aos jovens o que fazer, foi capaz de mudar a maré. Ao deixar que fossem participantes ativos em vez de espectadores passivos, Chuck fez com que sentissem que estavam no controle. Reduziu a reatância e fez com que os jovens se convencessem.

Nick Swinmurn precisava ajudar uma pequena startup a decolar do chão. O Shoesite.com estava ficando sem dinheiro, e eles precisavam mudar o comportamento do consumidor — e rápido. Mas, em vez de tentar convencer as pessoas ou gastar dinheiro que não tinham em anúncios atrativos, removeram os bloqueios. Usaram o frete grátis (e a devolução) para deixar que potenciais consumidores experimentassem a oferta em primeira mão. Ao reduzir a barreira ao teste, o Zappos reduziu o risco, aliviou a incerteza e construiu um negócio de um bilhão de dólares. E, no percurso, ajudou a conduzir o mundo para a compra online como todos estão tão acostumados nos dias de hoje.

São pessoais normais, em situações difíceis, que se tornaram catalisadores. Ao encontrar a raiz, e remover as barreiras, foram capazes de mudar opiniões.

Todo mundo tem alguma coisa que quer mudar. Políticos querem mudar o comportamento do voto, e comerciantes querem construir sua base de consumidores. Funcionários querem mudar as perspectivas de seus chefes, e líderes querem transformar organizações. Cônjuges querem mudar a opinião de seus parceiros, e pais querem mudar o comportamento dos filhos. As startups querem mudar a indústria, e as organizações sem fins lucrativos querem mudar o mundo.

Ao longo deste livro, examinamos a inovadora ciência da mudança. Observando como, quando e por que as pessoas mudam suas crenças, alteram suas ações e adotam novas e diferentes perspectivas.

Sendo um catalisador e trabalhando para REDUZIR bloqueios, você também pode mudar a opinião de qualquer um.

APÊNDICE:
ESCUTA ATIVA

Começar pelo entendimento é uma maneira útil de encontrar a raiz e compreender por que alguém ainda não mudou. E a escuta ativa facilita esse processo. Escutar é importante, mas é igualmente importante fazer as perguntas certas e mostrar às pessoas que você está ouvindo. Sinalizar que você está prestando atenção e acompanhando o que está sendo falado. A seguir estão algumas táticas importantes:

Use Poucos Incentivadores

Uma maneira para mostrar a alguém que você está escutando é demonstrar através da linguagem corporal e de respostas verbais que está focado no que está sendo dito. Isso pode incluir balançar a cabeça, curvar-se para a frente, olhar nos olhos das pessoas, e também frases do tipo "Sim", "Hã, hã" e "Ok, entendo". Embora essas palavras ou frases de consentimento pareçam inconsequentes, na verdade, são a cola que mantém a conversação. Quando os apresentadores não obtêm resposta ou feedback da plateia, eles não apenas passam a gostar menos de se apresentar, mas passam a fazer um péssimo trabalho.[1]

Faça Perguntas Abertas

Perguntas mantêm a discussão e constroem confiança. Ao olhar para uma série de situações, desde conversas para conhecer melhor uma pessoa até encontros rápidos, as pessoas que perguntam mais são aquelas de quem se gosta mais.[2] Perguntas também ajudam a coletar informações úteis para que as pessoas compreendam mais seus companheiros de conversa.

Contudo, nem todas as perguntas são igualmente boas. Perguntas usando "por que" ("Por que você não tirou o lixo?"), por exemplo, podem deixar as pessoas na defensiva ou com a sensação de que estão sendo interrogadas. Perguntas sim-não, ou aquelas que encorajam respostas de uma palavra ("Você possui uma arma?") também são menos eficientes, porque não conseguem fazer a conversa avançar.

Perguntas abertas ("Você pode me contar mais sobre aquilo?" ou "Uau, como isso aconteceu?"), além de mostrarem que você está escutando, geram também detalhes e informações que podem ser úteis mais tarde.

Aproveite Pausas Eficientes

Pausas aproveitam o poder do silêncio. O silêncio pode ser desconfortável, então as pessoas tendem a preenchê-lo com conversa. Os negociadores de reféns usam as pausas para que indivíduos deem sua opinião e forneçam informações adicionais, particularmente quando acreditam que fazer uma pergunta pode estragar tudo. Em vez de fazer uma pergunta adicional, podem ficar quietos e deixar o suspeito preencher o silêncio.

Pausas também ajudam a prender a atenção. Fazer uma pausa logo antes, ou depois, de dizer alguma coisa importante cultiva a expectativa e incentiva os ouvintes a focar no que o comunicador está falando. O presidente Obama era famoso por fazer isso. O slogan da campanha dele "Sim, nós podemos" geralmente era entregue com uma pausa no meio, como em "Sim... nós podemos". Na noite do discurso da eleição de 2008, a frase mais entusiasmada possuía dez dessas pausas: "Se existe alguém que... ainda duvida ... que a América é o local... onde tudo é possível..., que ainda se pergunta... se o sonho de nossos fundadores... ainda permanece vivo em nosso tempo,... que ainda questiona... o poder de nossa democracia,... hoje... terá uma resposta". A pausa estratégica ajuda a mostrar um ponto de vista e prende a atenção.

Reflita Sobre O Que Ouviu

O espelhamento implica repetir as últimas palavras que alguém disse para mostrar que estava ouvindo e engajado. Particularmente, se alguém está se sentindo emotivo, o espelhamento o incentiva a continuar falando e dá a ele oportunidade de desabafar. Se alguém diz: "Estou muito chateado que nosso fornecedor está sempre um ou dois dias atrasado", por exemplo, a reposta poderia ser: "Eles estão sempre um ou dois dias atrasados?". O espelhamento constrói a afeição e a afiliação enquanto mantém a conversa fluindo.

Em vez de repetir exatamente o que foi dito, parafrasear implica reafirmar o significado de alguém, usando suas próprias palavras. Além de mostrar que você está escutando, mostra que realmente compreendeu o que está sendo transmitido.

Rotule as Emoções

Mudar opiniões geralmente está mais ligado à emoção do que à informação. Fatos e números são ótimos, mas, se não entendermos as questões emocionais subjacentes, é difícil fazer com que as pessoas se mexam. A rotulagem emocional ajuda a identificar as questões e os sentimentos que estão orientando o comportamento de alguém. Declarações do tipo: "Você parece zangado" ou "Você parece frustrado" ajudam a mostrar que está escutando e tentando entender. Mesmo se a emoção é mal identificada, a resposta fornece contextualização que ajuda a identificar a raiz do problema.

APÊNDICE: APLICANDO O FREEMIUM

O freemium pode ser um poderoso modelo de negócio, tanto para atrair novos usuários como para os converter em usuários pagos. Porém, o sucesso do modelo depende de *quanto* é dado.

Digamos que o Dropbox disponibilize somente uma pequena quantidade de armazenamento antes da mensagem dizendo que você tem que pagar por mais espaço aparecer. A maioria das pessoas provavelmente achará isso bastante irritante. Acabaram de começar a usar o serviço e já aparece um pedido de pagamento. Não tendo usado o serviço por tempo suficiente, provavelmente não acharão a oferta tão valiosa para continuar pagando, e é bem possível que busquem outra alternativa.

Por outro lado, dar muito também pode ser perigoso. O site do jornal *The New York Times* fornecia gratuitamente vinte artigos por mês. Contudo, isso era tanto conteúdo gratuito que poucos usuários estavam migrando para a assinatura premium. Poucas pessoas liam essa quantidade de artigos por mês, então a maioria não tinha motivo para fazer a assinatura.

A chave, então, é disponibilizar o bastante para gerar uma experiência positiva, que valha a pena migrar para uma opção paga, mas não tanto que ninguém nunca precise de mais.

De fato, após analisar as taxas de uso, o *The Times* por fim baixou o número de artigos gratuitos para dez. Ainda assim era uma parcela significativa, mas suficiente para incentivar um alto volume de usuários a mudarem para a oferta premium.

Tudo se resume (1) a quantos usuários se inscrevem, e (2) à taxa de conversão, ou o percentual de usuários que migram para a opção paga. Se o crescimento de usuários estiver estagnado, a oferta não é suficientemente atrativa, então, mais coisas, ou coisas melhores, precisam ser incluídas na versão gratuita. Se há uma enchente de usuários, mas poucos estão fazendo o upgrade, o oposto pode ser verdade: a versão gratuita é muito generosa, ou a versão premium não está sendo apresentada de modo diferenciado para tornar a mudança atrativa.

Além da quantidade a ser dada, no entanto, outra questão importante é qual *dimensão* limitar.

O The New York Times e o Dropbox limitam a capacidade, fornecendo certo número de artigos gratuitos por mês, ou certa quantidade de armazenagem de graça. Academias de ginástica e escolas limitam o tempo, um teste de três dias de graça ou a primeira aula gratuita. E bate-papos por vídeo, Pandora, e jogos como o Candy Crush limitam recursos (por exemplo, quem pode apresentar, a presença de anúncios, ou que níveis os usuários podem acessar), tornando algumas, mas não todas as funcionalidades, disponíveis imediatamente.

Ao decidir quais dimensões limitar, a solução volta para a incerteza. Qual experiência fornecerá certeza suficiente para que valha a pena pagar pelo upgrade?

Se os usuários não descobrirem o valor de certos aspectos ou dimensões de imediato, limitar os recursos não faz sentido. Alternativamente, se os usuários obtêm a melhor experiência tendo acesso a todos os recursos imediatamente, então limitar o tempo ou a capacidade pode ser a melhor opção.

APÊNDICE:
ANALISE O CAMPO DE FORÇA

Freios de mão, ou barreiras, aparecem de diversas formas. No entanto, um dos maiores desafios ao remover os bloqueios é, antes de tudo, identificá-los.

Considere, por exemplo, um novo aplicativo de viagem que promete economizar tempo e dinheiro. Tipicamente o discurso focaria como o aplicativo é maravilhoso, como economiza tempo de planejamento ou 25% no preço de hotéis e voos.

Entretanto, há várias dificuldades que podem atrapalhar a adoção. Alguns consumidores podem não perceber que têm um problema. Outros podem não entender a solução (i.e, que o aplicativo economizará dinheiro) ou acreditar que é verdade (i.e, que o aplicativo realmente fará o que promete). Outros ainda podem se preocupar se terão opções limitadas ou dificuldade para utilizar.

Assim como um médico ao prescrever um remédio, se não entender o problema, é complicado sugerir a solução correta. Se as pessoas não entendem como o aplicativo economiza dinheiro, então apresentar aquele discurso pode ser útil. Contudo, se a barreira for que pensam que terão opções limitadas ou que será difícil de usar, é preciso uma abordagem diferente. Alegar que o aplicativo economiza dinheiro não abordará essas preocupações. É como prescrever uma tala de dedo para uma dor de dente.

É mais fácil bombardear os potenciais clientes com o mesmo e-mail? Certamente. É mais fácil usar o mesmo discurso ao tentar mudar departamentos diferentes de uma organização? Sem dúvida.

Embora aquelas abordagens que servem para tudo pareçam economizar dinheiro, são menos eficientes. O que significa voltar repetidamente com novos apelos.

Em vez disso, precisamos encontrar a raiz. Identificar a questão ou barreira principal que está impedindo a ação.

Uma técnica que os especialistas geralmente usam é chamada análise do campo de força. É uma estratégia para analisar os diversos fatores, ou forças, que atuam em uma dada situação e usar essa análise para facilitar a mudança.

O primeiro passo em qualquer análise do campo de força é definir a mudança. Identificar a meta, o estado desejado, ou coisa que está esperando que aconteça. O cliente assinar um contrato de longo prazo, a administração financiar a nova iniciativa, seu marido ou sua esposa parar de reclamar dos sogros.

Em seguida, é preciso identificar as forças propulsoras ou os fatores existentes que encorajam a mudança. Alguns podem ser internos, ou coisas no íntimo da pessoa ou da organização: o cliente gostou do nosso trabalho até agora ou o projeto se adéqua à visão ampla da administração. Outros podem ser externos, ou coisas externas às pessoas ou a organização: a empresa do cliente tende a preferir acordos de longo prazo, ou se o projeto vai bem, a experiência pode ser usada em toda a organização.

Finalmente, e mais importante, comece identificando os limitadores. As barreiras ou obstáculos que impedem que a mudança aconteça. Assim como com os condutores, as forças limitadoras podem ser internas ou externas. No caso de clientes, eles podem não

ter certeza de como os próprios negócios ficarão daqui a um ano ou dois. No caso de uma nova iniciativa, pode haver preocupações com a equipe.[ii]

Uma forma de identificar barreiras é pensar no passado e no presente, em vez de no futuro. Como discutimos, em vez de perguntar o que *deveria* incentivar a mudança, pergunte por que as coisas *ainda* não mudaram. Por que a mudança desejada ainda não aconteceu. O que a está impedindo? Quais fatores existentes impediram que isso acontecesse até agora?

Fazer perguntas do tipo "Quem é contra a mudança?", e identificar custos e riscos envolvidos também é útil. Qual o motivo da preocupação do cliente? Quais preocupações ou motivações podem impedir o apoio da administração a uma nova iniciativa?

Digamos que você está tentando fazer com que seu filho adolescente tenha uma alimentação mais saudável. Em vez de ficar insistindo ou lembrá-lo que ele deveria largar as batatas fritas e comer mais legumes e verduras, a análise do campo de força destaca algumas soluções mais eficientes.

[ii] Um passo adicional é atribuir pesos. Para cada força motora ou restritiva que identificar, pense o quanto é forte ou fraca. As coisas que têm maior influência devem receber números maiores, e as coisas com pouca influência, números menores.

A mudança desejada é clara: que ele tenha uma alimentação saudável. Além de seus constantes lembretes de que ele deveria comer mais legumes e verduras (externo), os condutores poderiam incluir coisas do tipo "ele está tentando emagrecer" (interno) e "quer ir mais rápido para entrar para o time de futebol" (interno).

Considerando todas aquelas forças positivas para a mudança, por que ele ainda não começou a comer de modo mais saudável? Talvez ele acredite que comida saudável tem gosto ruim (interno). Ou que ele sempre sai correndo da escola para suas atividades extraclasse, e é mais fácil pegar uma comida industrializada (externo). Ou que está tentando expressar sua independência, então tudo o que você pede ele faz o contrário.

Levando em consideração todas essas restrições, ou barreiras, à mudança, não é surpresa que insistir com seu filho não esteja funcionando. Ou que lembrá-lo de não comer batata frita teve o efeito contrário. Forçar não reduzirá essas barreiras ou fará com que desapareçam.

Apresentar a situação dessa maneira facilita catalisar a mudança, porque enfatiza caminhos alternativos para o mesmo objetivo. Sem ser mais convincente, mas removendo os bloqueios. Reduzindo a barreira da preferência ao fazer com que a couve-flor vire macarrão com queijo. Resolvendo a crise do tempo colocando na geladeira coisas fáceis de pegar e comer.

Reconhecer os limitadores ajuda a encontrar a raiz (ou raízes) e a identificar os freios, facilitando o caminho para a mudança.

NOTAS

Introdução

1. Ireland, Carol A.; Vecchi, Gregory M. (2009). "The Behavioral Influence Stairway Model (BISM): A Framework for Managing Terrorist Crisis Situations?". *Behavioral Sciences of Terrorism and Political Aggression*, v. 1, n° 3, p. 203–218. Vecchi, Gregory M.; Van Hasselt, Vincent B.; Romano, Stephen J. (2005). "Crisis (Hostage) Negotiation: Current Strategies and Issues in High-Risk Conflict Resolution", *Aggression and Violent Behavior*, v. 10, n° 5, p. 533–551. Noesner, Gary W.; Webster, Mike (1997). "Crisis Intervention: Using Active Listening Skills in Negotiations". *FBI Law Enforcement Bulletin*, v. 66, n° 13.

2. Para preservar o anonimato, pseudônimos foram usados para algumas das pessoas.

1. Reatância

1. Fellows, J. L.; Trosclair, A.; Adams, E. K.; Rivera, C. C. (2002). "Annual Smoking-Attributable Mortality, Years of Potential Life Lost, and Economic Cost—United States 1995–1999", Centers for Disease Control and Prevention (acesso em 17 de agosto de 2019), disponível em https://www.cdc.gov/mmwr/preview/mmWrhtml/mm5114a2.htm.

2. Centers for Disease Control and Prevention (9 de julho de 2010). "Cigarette Use Among High School Students—United States, 1991–2009". *Morbidity and Mortality Weekly Report*, v. 1, nº 26, p. 797–801.

3. Hanson, Glen; Venturelli, Peter; Fleckenstein, Annette (2011). *Drugs and Society* (Burlington, MA: Jones & Bartlett).

4. Vale a pena ressaltar que algumas pessoas que "participaram" do Desafio Tide Pod fizeram isso ironicamente. Youtubers fizeram pela quantidade de visualizações, ou debocharam do desafio sem realmente participar. Uma pizzaria no Brooklyn, por exemplo, criou uma pizza com queijo colorido para parecer um pod. Porém, alguns dos espectadores mais jovens podem não ter percebido que muitos estavam brincando e, de fato, acabaram no hospital.

5. Décadas de pesquisa sobre reatância resultaram na descoberta de que as pessoas buscam coisas, ou as evitam, para assegurar a liberdade ameaçada. Alguns exemplos incluem: Bensley, Lillian Southwick; Wu, Rui (1991). "The Role of Psychological Reactance in Drinking Following Alcohol Prevention Messages". *Journal of Applied Social Psychology*, v. 21, nº 13, p. 1111–1124. Wolf, Sharon; Montgomery, David A. (1977). "Effects of Inadmissible Evidence and Level of

Judicial Admonishment to Disregard on the Judgments of Mock Jurors". *Journal of Applied Social Psychology*, v. 7, nº 3, p. 205–219. Wong, Norman C. H.; Harrison, Kylie J.; Harvell-Bowman, Lindsey (2015). "When the Death Makes You Smoke: A Terror Management Perspective on the Effectiveness of Cigarette On-Pack Warnings". *Studies in Media and Communication* (acesso em 17 de agosto de 2019), disponível em https://www.researchgate.net/publication/282519431_Reactance_and_Public_Health_Messages_The_Unintended_Dangers_of_Anti-tobacco_PSAs.

6. Rodin, Judith; Langer, Ellen J. (1977). "Long-Term Effects of a Control-Relevant Intervention with the Institutionalized Aged". *Journal of Personality and Social Psychology*, v. 35, nº 12, p. 897. Langer, Ellen J.; Rodin, Judith. "The Effects of Choice and Enhanced Personal Responsibility for the Aged: A Field Experiment in an Institutional Setting". *Journal of Personality and Social Psychology*, v. 34, nº 2, p. 191. Enquanto o resultado da mortalidade usou uma amostra pequena e deve ser interpretado com cautela, os outros achados foram conceitualmente replicados em uma série de outros domínios.

7. Botti, Simona; Orfali, Kristina; Iyengar, Sheena S. (2009). "Tragic Choices: Autonomy and Emotional Responses to Medical Decisions". *Journal of Consumer Research*, v. 36, nº 3, p. 337–352.

8. Brehm (1966) apresenta alguns dos primeiros trabalhos sobre reatância. Worchel e Brehm (1970) demonstram a ideia do efeito bumerangue em resposta a certas mensagens persuasivas. Brehm, Jack W. (1966). *A Theory of Psychological Reactance* (Oxford, UK: Academic Press). Worchel, Stephen; Brehm, Jack W. (1970). "Effect of Threats

to Attitudinal Freedom as a Function of Agreement with the Communicator". *Journal of Personality and Social Psychology*, v. 14, nº 1, p. 18.

9. Dezenas de estudos mostram que a reatância torna as pessoas menos suscetíveis a cumprir o solicitado em uma série de domínios. As crianças que pensaram que o anúncio estava tentando persuadi-las confiaram menos no anúncio e gostaram menos do produto (Robertson e Rossiter, 1974). Quando os médicos falaram de maneira mais autoritária (por exemplo, dizendo aos pacientes que precisavam seguir as indicações ou as coisas piorariam), em vez de tratar a relação como uma sociedade (por exemplo, "Estamos juntos para ajudar você a melhorar"), os pacientes demoraram a comprar os remédios, pularam doses e ficaram mais dispostos a não tomar todo o medicamento (Fogarty e Youngs, 2000). E fazer recomendações (Fitzsimons e Lehmann, 2004) pode levar as pessoas a sentir o contrário. Robertson, Thomas S.; Rossiter, John R. (1974). "Children and Commercial Persuasion: An Attribution Theory Analysis", *Journal of Consumer Research*, v. 1, nº 1, p. 13–20. Fogarty, Jeanne S.; Youngs Jr., George A. (2000). "Psychological Reactance as a Factor in Patient Noncompliance with Medication Taking: A Field Experiment". *Journal of Applied Social Psychology*, v. 30, nº 11, p. 2365–2391. Fitzsimons, Gavan J.; Lehmann, Donald R. (2004). "Reactance to Recommendations: When Unsolicited Advice Yields Contrary Responses". *Marketing Science*, v. 23, nº 1, p. 82–94.

10. Fransen, Marieke L.; Smit, Edith G.; Verlegh, Peeter W. J. (2015). "Strategies and Motives for Resistance to Persuasion: An Integrative Framework". Frontiers in Psychology, v. 6, 1201.

11. Givel, Michael S.; Glantz, Stanton A. (1999). "Tobacco Industry Political Power and Influence in Florida from 1979 to 1999", artigo técnico, Universidade da Califórnia, São Francisco: Center for Tobacco Control Research and Education.

12. Outro motivo da eficiência da verdade foi que ela reestruturou de maneira inteligente a escolha de fumar. Enquanto fumar era visto como um ato de rebelião (por exemplo, *Quem liga para esses avisos de saúde? Eu sou forte*), a campanha da verdade reestruturou-o como um ato de conformidade, de ingenuamente se render aos desejos das poderosas empresas de tabaco. Em vez de tentar vencer a reatância, forçando mais, ou fingindo que não existe, a verdade aproveitou-se dela e mostrou uma outra direção. Quer reagir contra algo? É contra as *empresas de cigarro* que você deve reagir. São elas que estão verdadeiramente tentando influenciar seu comportamento. Ao expor a manipulação, a intriga e o poder das grandes empresas de tabaco, a verdade causou um curto-circuito nos anúncios favoráveis ao fumo e desarmaram seu poder.

13. Uma das aplicações favoritas de escolhas guiadas vem do livro infantil de Sandra Boynton, *Night-Night, Little Pookie.* A mãe de Pookie está tentando vesti-lo para dormir e pede para Pookie escolher entre dois conjuntos de pijamas: "Então, hoje você vai vestir o pijama de carrinhos? Ou prefere o pijama de estrelas?". Pookie, sempre um porquinho ardiloso, resolve vestir a blusa de estrelas e o short de carrinhos e responde: "Estrelas E carrinhos".

14. Observe que isso também ajuda a alcançar a chamada eficiência de Pareto: deixar que os potenciais contratados escolham

entre opções igualmente aceitáveis pelo chefe, ao mesmo tempo que permite que melhorem o próprio resultado.

15. Até mesmo reconhecer a resistência pode ser útil. Quando se pediu a pedestres aleatórios dinheiro para colocar no parquímetro, metade concordou. No entanto, quando o pedido foi acompanhado de um reconhecimento de que a pessoa poderia não querer dar ("Eu sei que você pode não querer, mas poderia me dar algum dinheiro para colocar no parquímetro?"), quase todos estavam dispostos a ajudar. Reconhecer que as pessoas podem não querer fazer algo valida a autonomia delas. Enfatiza que, em vez de serem forçadas a fazer alguma coisa, elas estão fazendo uma escolha livre. Reconhecer a resistência, e respeitá-la, faz com que as pessoas fiquem mais dispostas a mudar.

16. A consultora financeira tem um cliente difícil que não estava guardando dinheiro suficiente para a aposentadoria. Sempre dizia para ele economizar, mas ele não estava fazendo isso. Enviou artigos exaltando os benefícios dos juros compostos, e gráficos e mais gráficos demonstrando o valor de agir imediatamente, mas nada parecia persuadir o cliente a economizar mais. Finalmente, fez uma pergunta direta: "Você pretende se aposentar em algum momento?". "Claro", ele disse. "Com que idade você espera se aposentar?" "Por volta dos 65", ele respondeu. "Ok, e como você acha que vai ser quando estiver aposentado?" O cliente respondeu que esperava poder jogar golfe, viajar e relaxar um pouco. "Você sabe quanto precisa economizar até lá para viver desse jeito?", ela perguntou. Ele disse que não sabia, então começaram a trabalhar nos números. Concordaram que ele precisaria de US$1,5 milhão para se aposentar do

jeito que queria. Mas, em vez de parar por aí, a consultora deu um passo à frente. Pegou o cálculo da aposentadoria e começou a trabalhar de trás para a frente. Considerando a renda do cliente e o quanto podia economizar, ele precisava ter um milhão no banco até os 60 anos. Isso significava ter US$500 mil no banco até 44 anos. Ou seja, pelo menos, US$100 mil a mais do que ele realmente tinha com alguns anos de economia. Ele engoliu em seco, mas, depois daquela reunião, começou a mais do que dobrar o valor que vinha guardando todo mês. Ajudá-lo a enxergar claramente a diferença entre onde ele estava e onde queria chegar incentivou-o a agir.

17. Dickerson, Chris Ann; Thibodeau, Ruth; Aronson, Elliot; Miller, Dayna (1992). "Using Cognitive Dissonance to Encourage Water Conservation". *Journal of Applied Social Psychology*, v. 22, nº 11, p. 841–854.

18. Para saber mais a respeito dos Weissers e de sua história, ver Watterson, Kathryn (2012). *Not by the Sword: How a Cantor and His Family Transformed a Klansman* (Lincoln, NE: University of Nebraska Press).

2. DOTAÇÃO

1. Hartman, R. S.; Doane, M. J.; Woo, C.-K. (1991). "Consumer Rationality and the Status Quo", *Quarterly Journal of Economics*, v. 106, nº 1, p. 141–162.

2. Para o trabalho sobre o viés do status quo ver, Samuelson, W.; Zeckhauser, R. (1988). "Status Quo Bias in Decision Making". *Journal of Risk and Uncertainty*, v. 1, nº 1, p. 7–59. Kahneman, Daniel; Knetsch, Jack L.; Thaler, Richard H.

(1991). "Anomalies: The Endowment Effect, Loss Aversion, and Status Quo Bias". *Journal of Economic Perspectives*, v. 5, nº 1, p. 193–206.

3. Katzenbach, Jon R.; Steffen, Ilona; Kronley, Caroline (2012). "Cultural Change That Sticks". *Harvard Business Review*, Julho–Agosto.

4. Morewedge, Carey K.; Giblin, Colleen E. (2015). "Explanations of the Endowment Effect: An Integrative Review". *Trends in Cognitive Sciences*, v. 19, nº 6, p. 339–348.

5. Strahilevitz, Michal A.; Loewenstein, George (1998). "The Effect of Ownership History on the Valuation of Objects". *Journal of Consumer Research*, v. 25, nº 3, p. 276–289. Reb, Jochen; Connolly, Terry (2007). "Possession, Feelings of Ownership, and the Endowment Effect". *Judgment and Decision Making*, v. 2, nº 2, p. 107.

6. Somente mostrar que os vendedores valorizam alguma coisa mais do que os compradores não deixa claro se os vendedores supervalorizam o que têm ou se os compradores desvalorizam o que não têm. Porém, alguns estudos criativos desvincularam essas duas possibilidades. Em um estudo, por exemplo, além dos compradores e vendedores habituais de canecas, um terceiro grupo de pessoas recebeu uma caneca e lhes foi perguntado quanto estariam dispostos a pagar por uma segunda caneca, idêntica àquela. Se somente desvalorizavam aquilo que não tinham, esses proprietários-compradores deveriam valorizar a caneca como compradores habituais de caneca. Afinal, eles ainda não têm a segunda caneca; estão apenas dando um lance. Mas ao contrário, os pesquisadores descobriram que esses indivíduos valorizaram a caneca como vendedores habituais.

Isso indica que, além de desvalorizar as coisas que não têm, as pessoas também supervalorizam o que já possuem (ou coisas que são semelhantes).

7. Britton, Diana (2015). "The Loss Aversion Coefficient". WealthManagement.com, 10 de fevereiro, disponível em: http://www.wealthmanagement.com/equities/loss-aversion-coefficient. Diferentes publicações encontraram estimativas variadas do coeficiente de aversão ao risco. Novemsky e Kahneman (2005) sugerem um valor em torno de 2. Revisando trabalho anterior, Abdellaoui, Bleichrodt, e L'Haridon (2008) sugerem valores entre 1,43 e 4,99. Ver Gachter, Simon; Johnson, Eric J.; Herrmann, Andreas (2007), "Individual-Level Loss Aversion in Riskless and Risky Choices". IZA publicação 2961, para uma revisão.

8. Harvard Business School Case #2069, "Mountain Man Brewing Company: Bringing the Brand to Light."

9. Ao enfrentar uma decisão difícil (por exemplo, submeter-se ou não a uma cirurgia), a pesquisa ainda sugere que, paradoxalmente, as pessoas preferem, e se sentem melhores com, notícias objetivamente piores (por exemplo, "Você tem uma lesão grave", em vez de "Você tem uma lesão moderada"), porque isso as ajuda a saber o que têm que fazer. Se sabem que a lesão é grave, não há dúvida sobre se é preciso fazer algo a respeito.

10. Para uma boa discussão sobre isso, ver Gilbert, D. T.; Lieberman, M. D.; Morewedge, C. K.; Wilson, T. D. (2004). "The Peculiar Longevity of Things Not So Bad". *Psychological Science*, v. 15, p. 14–19.

11. Collins, J. C. (2001), *Good to Great: Why Some Companies Make the Leap ...and Others Don't* (Nova York: HarperBusiness).

12. Enquanto alguns pensam que ele queimou embarcações, outros argumentaram que ele mandou encalhá-las.

13. Alguns argumentaram que esse número é potencialmente enganador, porque não leva em consideração o desconto aplicado. Dito isso, o número revisado é ainda de 234 milhões de libras esterlinas por semana. O dinheiro é usado para subsídios agrícolas, pesquisa e concessões para regiões mais pobres, e algum dinheiro voltava para o Reino Unido. Mesmo quando essas devoluções são contabilizadas, o gasto ainda fica em torno de 160 milhões de libras esterlinas por semana.

3. Distância

1. Fleischer, David (2018). "How to fight prejudice through policy conversations". TEDxMidAtlantic, https://www.ted.com/talks/david_fleischer_how_to_fight_prejudice_through_policy_conversations.

2. Bail, Christopher; Argyle, Lisa; Brown, Taylor; Bumpus, John; Chen, Haohan; Hunzaker, M. B.; Lee, Jaemin; Mann, Marcus; Merhout, Friedolin; Volfovsky, Alexander (2018). "Exposure to Opposing Views on Social Media Can Increase Political Polarization". *Proceedings of the National Academy of Sciences*, v. 115, nº 37, p. 9216–9221.

3. Nyhan, Brendan; Reifler, Jason; Richey, Sean; Freed, Gary L. (2014). "Effective Messages in Vaccine Promotion: A Randomized Trial". *Pediatrics*, v. 133, nº 4 (Abril).

4. Em vez de esclarecer a mentira, a evidência de que o Iraque não tinha armas de destruição de massa fez com que as pessoas acreditassem que ele tinha. Dar evidências aos conservadores de que o corte fiscal não aumenta as receitas do governo fez com que acreditassem ainda mais naquilo. E, em vez de mandá-los embora, a informação negativa sobre o candidato político de quem as pessoas já gostavam fez com que o apoio delas aumentasse. Redlawsk, David P. (2002). "Hot Cognition or Cool Consideration? Testing the Effects of Motivated Reasoning on Political Decision Making". *Journal of Politics*, v. 64, n° 4, p. 1021–1044.

5. Hovland, Carl I.; Harvey, O. J.; Sherif, Muzafer (1957). "Assimilation and Contrast Effects in Reactions to Communication and Attitude Change". *Journal of Abnormal and Social Psychology*, v. 55, n° 2, p. 244–252.

6. Nas décadas que se seguiram, dezenas de estudos mostraram achados semelhantes. Alunos foram persuadidos por comunicados sobre fraternidades que caíam na margem de aceitação. Mas, se os apelos estavam fora da margem, os comunicados não funcionavam e mudavam as atitudes na direção oposta. Atkins, A. L.; Deaux, Kay K.; Bieri, James (1967). "Latitude of Acceptance and Attitude Change: Empirical Evidence for a Reformulation". *Journal of Personality and Social Psychology*, v. 6, n° 1 (Maio), p. 47–54. Apelos políticos que incentivavam as pessoas a apoiarem candidatos democratas ou republicanos funcionaram entre aquelas que tinham visões semelhantes, mas tiveram o efeito contrário entre aquelas que mantinham uma perspectiva contrária. Sherif, C. W.; Sherif, M.; Nebergall, R. E.

(1965). *Attitude and Attitude Change: The Social Judgment–Involvement Approach* (Filadélfia: W. B. Saunders).

7. Hastorf, Albert H.; Cantril, Hadley (1954). "They Saw a Game: A Case Study". *Journal of Abnormal and Social Psychology*, v. 49, n° 1, p. 129.

8. Em uma versão mais recente (Kahan, Hoffman, Braman, Peterman e Rachlinski [2012]. "'They Saw a Protest': Cognitive Illiberalism and the Speech-Conduct Distinction". Stanford Law Review, Vol. 64), professores de Direito mostraram um vídeo de um protesto e perguntaram às pessoas sobre a conduta da polícia e a dos manifestantes. Perguntaram se a polícia tinha violado os direitos dos manifestantes e se os manifestantes obstruíram a passagem dos pedestres. Grupos diferentes de espectadores receberam informações diferentes sobre o protesto. Para alguns, os manifestantes estavam protestando do lado de fora de uma clínica de aborto. Para outros, os manifestantes estavam protestando contra a política militar "Não pergunte, não fale" do lado de fora de um centro de recrutamento. Esse detalhe mudou completamente como os espectadores interpretaram tudo. Quando pensaram que estavam assistindo a um protesto antiaborto, os espectadores que eram contra o aborto acharam que os manifestantes agiram de maneira justa. No entanto, quando os defensores dos militares assistiram ao mesmo vídeo, acreditando que estavam vendo um protesto antimilitar, pensaram que os mesmos manifestantes estavam gritando na cara das pessoas e agindo de modo inapropriado.

9. Lord, Charles G.; Ross, Lee; Lepper, Mark R. (1979). "Biased Assimilation and Attitude Polarization: The Effects of Prior Theories on Subsequently Considered Evidence". *Journal of*

Personality and Social Psychology, v. 37, n⁰ 11 (Novembro), p. 2098–2109.

10. Nickerson, Raymond S. (1998). "Confirmation Bias: A Ubiquitous Phenomenon in Many Guises". *Review of General Psychology*, v. 2, n⁰ 2, p. 175. Ver também Brock, T. C.; Balloun, J. L. (1967). "Behavioral Receptivity to Dissonant Information". *Journal of Personality and Social Psychology*, v. 6, n⁰ 4, p. 413–428.

11. Sherif, Sherif e Nebergall (1965). *Attitude and Attitude Change: The Social Judgment-Involvement Approach.*

12. Kalla, Joshua L.; Broockman, David E. (2017). "The Minimal Persuasive Effects of Campaign Contact in General Elections: Evidence from 49 Field Experiments". *American Political Science Review* (28 de setembro). Embora esse trabalho não tenha encontrado um efeito geral da persuasão, observou o valor da publicidade e do contato de campanha para ajudar a aumentar o retorno, que também tem impacto na campanha.

13. Eagly, Alice H.; Telaak, Kathleen (1972). "Width of the Latitude of Acceptance as a Determinant of Attitude Change". *Journal of Personality and Social Psychology*, v. 23, n⁰ 3, p. 388.

14. Rogers, Todd; Nickerson, David (2013). "Can Inaccurate Beliefs About Incumbents Be Changed? And Can Reframing Change Votes?", artigo técnico, Universidade Harvard.

15. Freedman, Jonathan L.; Fraser, Scott C. (1966). "Compliance Without Pressure: The Foot-in-the-Door Technique". *Journal of Personality and Social Psychology*, v. 4, n⁰ 2, p. 195.

16. Nossa cadela tem a própria versão de "Pedir menos". Nunca permitimos que ela subisse no sofá, e, quando era um filhote e pulava no sofá, gentilmente a colocávamos no chão e dizíamos para não subir. Então, em vez de pular direto, ela começava a colocar a patinha da frente no sofá. Se ninguém corrigia, colocava a outra patinha e depois a patinha de trás, até que finalmente estava em cima do sofá.

17. Greene, Bob (2004). *Get with the Program* (Nova York: Simon & Schuster).

18. Broockman, David E.; Kalla, Joshua L. (2016). "Durably Reducing Transphobia: A Field Experiment on Door-to-door Canvassing". *Science*, v. 352, n° 6282 (Abril), p. 220–224.

19. Fleischer, David (2018). "How to fight prejudice through policy conversations". TEDxMidAtlantic, https://www.ted.com/talks/david_fleischer_how_to_fight_prejudice_through_policy_conversations.

20. A sondagem abrangente também incentiva o que os psicólogos chamam de "processamento ativo". Em vez de ser um ouvinte passivo, os eleitores são encorajados a falar mais. Além de perguntar a Gustavo qual era sua opinião, Virginia também pediu para ele explicar por que se sentia daquele jeito — não para julgar, mas como uma amiga entenderia de onde aquela pessoa vinha. Isso incentivou a análise reflexiva e a lidar com a natureza complexa das questões. Não simplesmente dizendo "Ok, já entendi, ter preconceito é ruim", mas se envolvendo de verdade com o tópico, meticulosamente.

21. Adotar uma perspectiva geralmente fracassa (i.e., fracassa em aumentar a precisão ao prever os pensamentos,

sentimentos ou atitudes de outra pessoa). Ver Eyal, T.; Steffel, M.; Epley, N. (2018). "Perspective mistaking: Accurately understanding the mind of another requires getting perspective, not taking perspective". *Journal of Personality and Social Psychology*, v. 114, p. 547–571.

4. INCERTEZA

1. Gneezy, Uri; List, John A.; Wu, George (2006). "The Uncertainty Effect: When a Risky Prospect Is Valued Less Than Its Worst Possible Outcome". *Quarterly Journal of Economics*, v. 121, n° 4, p. 1283–1309.

2. Embora os dois em geral sejam coloquialmente usados para significar coisas semelhantes, "risco" e "incerteza" têm significados técnicos um pouco diferentes. Os cientistas usam o termo "risco" para descrever situações nas quais o resultado propriamente dito é desconhecido, mas a probabilidade de resultados diferentes é conhecida. Jogue uma moeda, e a chance de dar cara ou coroa é de 50%. Você não sabe ao certo se vai sair cara ou coroa, mas você sabe que a chance é de 50%. Incerteza, por outro lado, é usada para descrever situações em que a probabilidade de diferentes resultados também é desconhecida. Qual a minha cor favorita? Você não sabe a resposta e nem sabe a chance de diferentes opções.

3. Enquanto esse exemplo está relacionado à discussão sobre a inércia da introdução, é diferente em algumas formas importantes. Em vez de comparar o valor esperado da perda com o valor esperado do ganho, por exemplo, aqui os dois vales-presente são ganhos; as pessoas estão inseguras apenas quanto ao ganho que obterão.

4. Embora diversas publicações tenham documentado o custo da incerteza (Andreoni e Sprenger [2011]; Gneezy *et al.* [2006]; Newman e Mochon [2012]; Simonsohn [2009]; Wang *et al.* [2013]; Yang *et al.* [2013]), alguns trabalhos recentes (Mislavsky e Simonsohn [2018]) sugerem que, pelo menos, uma parte do efeito pode ser resultado daqueles estudos confundindo incerteza e recursos de transações não explicadas. Dito isso, até mesmo esse trabalho encontra alguma evidência de que a incerteza pode diminuir a valoração, mesmo se o efeito não é tão grande quanto o observado em estudos anteriores. Andreoni, James; Sprenger, Charles (2011). "Uncertainty Equivalents: Testing the Limits of the Independence Axiom", artigo técnico, National Bureau of Economic Research, Nº w17342. Newman, George E.; Mochon, Daniel (2012), "Why Are Lotteries Valued Less? Multiple Tests of a Direct Risk-Aversion Mechanism", *Judgment and Decision Making* 7, no. 1, 19. Simonsohn, Uri (2009), "Direct Risk Aversion: Evidence from Risky Prospects Valued Below Their Worst Outcome". *Psychological Science*, v. 20, nº 6, p. 686–692. Wang, Y.; Feng, T.; Keller, L. R. (2013). "A Further Exploration of the Uncertainty Effect". *Journal of Risk and Uncertainty*, v. 47, nº 3, p. 291–310. Yang, Y.; Vosgerau, J.; Loewenstein G. (2013). "Framing Influences Willingness to Pay but Not Willingness to Accept". *Journal of Marketing Research*, v. 50, nº 6, p. 725–738. Mislavsky, Robert; Simonsohn, Uri (2017). "When Risk Is Weird: Unexplained Transaction Features Lower Valuations". *Management Science*, v. 64, nº 11.

5. Tversky, Amos; Shafir, Eldar (1992). "The Disjunction Effect in Choice Under Uncertainty". *Psychological Science*, v. 3, nº 5, p. 305–310.

6. É importante lembrar que a incerteza não é somente sobre probabilidades. Um novo produto pode ter uma chance de 50% de ser melhor que o antigo, mas, além da chance de realmente ser melhor, as pessoas podem se *sentir* mais ou menos certas. Por exemplo em uma eleição: as pessoas tendem a estar seguras de que o candidato delas ganhará, mesmo quando as reais probabilidades dizem o contrário. Por outro lado, mesmo se um novo produto ou serviço tem uma alta probabilidade de ser melhor, a taxa de incerteza ainda faz com que as pessoas se sintam inseguras sobre ir adiante. Então, as probabilidades reais não são suficientes para mudar. Com certeza, fazer um produto ou serviço que é melhor que o antigo ajuda, mas, para mudar opiniões, é preciso fazer com que se sintam confiantes ou certas, independentemente das probabilidades reais.

7. Ducharme, L. J.; Knudsen, H. K.; Roman, P. M.; Johnson, J. A. (2007). "Innovation Adoption in Substance Abuse Treatment: Exposure, Trialability, and the Clinical Trials Network". *Journal of Substance Abuse Treatment*, v. 32, nº 4, p. 321–329. Mohamad Hsbollah, H.; Idris, Kamil Md. Idris (2009). "E-Learning Adoption: The Role of Relative Advantages, Trialability and Academic Specialisation". *Campus-Wide Information Systems*, v. 26, nº 1, p. 54–70.

8. Enquanto a testabilidade foca em diminuir barreiras ao teste, reduzir barreiras à ação continuada também pode ser valioso. Pense em comprar papel-toalha no supermercado. Toda vez que o papel acaba, passa a ser um ponto de decisão separado. Será que quero comprar a mesma marca (mesmo se conseguir lembrar qual marca era) ou uma diferente? Compare com a Netflix, academias de ginástica ou

planos de celular que dependem de um modelo de assinatura. Em vez de ter que decidir todo mês se quer continuar a usar um desses serviços, eles estão configurados de modo que você será cobrado, a não ser que queira interrompê-los. Portanto, em vez de o padrão ser ficar de fora, ou o consumidor ter trabalho em cada ponto para comprar a mesma marca, o padrão para esses modelos de assinatura é de consentimento, ou continuar a usar até que o consumidor diga o contrário. Não é surpresa que modelos de consentimento reduzam a barreira à ação continuada e incentivem as pessoas a continuar fazendo a mesma coisa ao longo do tempo.

9. Observe que o modelo freemium só funciona se a oferta for realmente boa. Se for enganosa ou decepcionante, as pessoas vão testá-la, mas voltarão ao que estavam fazendo antes.

10. Algumas empresas também adotam uma versão condicional do frete grátis. Gaste mais que US$50, por exemplo, e o frete é gratuito. Não é surpresa que isso não é tão motivador como o frete grátis incondicional, mas encoraja a ação. Quase metade dos consumidores, por exemplo, relata que acrescenta itens ao carrinho para se qualificar para a oferta. United Parcel Service of America, Inc. (2017). *UPS Pulse of the Online Shopper: A Customer Experience Study.* Em muitos casos, o custo daqueles itens pode ser mais do que o frete grátis teria sido.

11. Alina Tugend (2008) "'Two for One'... 'Free Delivery'... Hooked Yet?" *New York Times* (5 de julho).

12. A redução do custo inicial pode ser aplicada a quase qualquer situação. Os canais pay-per-view geralmente oferecem um mês de teste gratuito. Embora seja um bom começo, dar os primeiros quinze minutos de um programa seria mais

eficiente. Uma vez que as pessoas começaram a assistir um filme, ou um jogo de futebol, a disposição delas em pagar para assistir o resto aumenta substancialmente. Quer que os hóspedes experimentem o restaurante do hotel? Dê a eles um crédito de US$25 para cada dia de estadia. Não só reduz o custo da refeição experimental, como também parece uma perda se os hóspedes não usarem o crédito, então provavelmente experimentarão.

13. A redução do custo inicial também ajuda a lidar com a lacuna de tempo do custo-benefício que falamos no capítulo sobre dotação. Além de, geralmente, os custos da mudança serem agora ou em breve, e os benefícios ficarem para depois, os benefícios são mais incertos. Os custos são certos. Novos softwares custam certo montante de dinheiro e, pelo menos, algum tempo de aprendizado em como usá-los. Contudo, os benefícios são bem incertos. Será que a coisa nova será melhor que a antiga? Não está claro, então por que mudar? No entanto, a redução dos custos iniciais ajuda a diminuir aquela lacuna. Ao adiantar a experiência e quase sempre retardar os custos, o teste aumenta a chance de as pessoas agirem agora.

14. Testar antes de comprar é particularmente útil para os chamados bens de experiência ou para os casos em que as pessoas precisam experimentar antes para saber se aquilo é bom para elas. Para os bens de pesquisa, como cartucho de impressoras ou livros, é mais fácil os consumidores perceberem a adequação nas especificações do produto ou ler as descrições ou revisões do produto. No entanto, para coisas como sapatos e colchões, a experiência — e portanto, o teste — é vital.

15. Empreendedores até aplicaram esse conceito a situações mais incomuns. Em vez de esperar que os clientes vão a uma barbearia, eles compram um RV (veículo recreativo) e dirigem por áreas comerciais da cidade, levando o corte de cabelo até os profissionais ocupados. Lava a jato móveis no Vale do Silício fazem a mesma coisa. As pessoas podem não ter tempo de levar os carros para lavar, mas está ali no estacionamento, então por que não? Ao diminuir os custos (e o tempo) de descoberta, esses negócios encorajaram os consumidores a dar uma chance e aumentaram as vendas. Empresas de contabilidade, consultores financeiros e representantes de outros serviços poderiam fazer algo semelhante.

16. Peterson, J. Andrew; Kumar, V. (2010). "Can Product Returns Make You Money?" *MIT Sloan Review* (Primavera).

17. Cobrar pelo envio também tem seus benefícios. Além de economizar os custos do frete, diminui a probabilidade de devoluções. Se uma pessoa tem que pagar US$6 para devolver o item, ela não estará tão disposta a enviá-lo de volta. Então, é um ganho em alguns aspectos. Porém, essas pequenas vitórias são amplamente ofuscadas por perdas maiores. Porque as pessoas são espertas. Sabem que se não gostarem de alguma coisa, o custo de frete extra fará com que fiquem reticentes em devolvê-la. Então o que é mais fácil? Não pedir nada. Esperar até que esteja totalmente certo de que aquilo é o que você quer, para não se preocupar com devoluções. Ou ainda mais fácil: comprar do concorrente que oferece frete grátis.

18. Vale a pena ressaltar que tornar as coisas reversíveis, algumas vezes, pode levar as pessoas a gostarem menos. Várias pesquisas mostram que sentir que você pode devolver ou trocar

algo mais tarde pode interromper a tendência natural de ficar feliz com o que tem. Se simplesmente posso devolver se eu não gostar, não há, antes de tudo, tanta necessidade de gostar. Consequentemente, se a incerteza tem a ver com a qualidade ou a eficiência de um produto ou serviço, tornar algo reversível é quase sempre benéfico. Deixa que as pessoas vejam que os sapatos cabem ou que o Dropbox é útil. Entretanto, se a incerteza recai sobre preferências individuais (por exemplo, sou o tipo de pessoa que gosta de um suéter verde-limão?), então pode ser mais provável que falhe.

19. Janakiraman, Narayan; Syrdal, Holly A.; Freling, Ryan (2016). "The Effect of Return Policy Leniency on Consumer Purchase and Return Decisions: A Meta-Analytic Review". *Journal of Retailing*, v. 92, n⁰ 2, p. 226–235.

5. Evidência Corroborativa

1. Pechmann, Cornelia; Stewart, David W. (1988). "Advertising Repetition: A Critical Review of Wearin and Wearout". *Current Issues and Research in Advertising*, v. 11, nᵒˢ 1–2, p. 285–329.

2. Os pais de Phil empacaram. Quando ele tentou abandonar o tratamento e voltar para casa, eles disseram não. Quando ligou alguns dias depois pedindo ajuda, o pai o levou de volta para o detox e disse: "Você está por sua conta". A equipe responsável pelo detox disse que o ajudaria levando para o centro de tratamento, mas que seria a última vez que poderia voltar para o centro (ele tinha estado lá seis vezes). Phil ficou maluco, estava zangado, mas finalmente ficou limpo.

3. Johnson, Vernon (1986). *Intervention: How to Help Someone Who Doesn't Want Help* (Center City, MN: Hazelden Foundation), p. 41.

4. Intervenções funcionam melhor quando, em vez de forçar os viciados, convencem que é a hora deles mudarem. Assim como bons negociadores não vão direto para a influência, os melhores intervencionistas não começam pedindo que os viciados obtenham ajuda. Eles simplesmente pedem que ouçam. Em vez de dizer o que eles devem fazer, o objetivo é ajudá-los a ver como sua vida realmente está — permitir que a realidade apareça. Encorajar viciados a mudar de ideia e internalizar o fato de que precisam mudar, permitindo que tracem o próprio caminho até o destino. Eles podem até recuar, ou não querer fazer o tratamento, mas, ao encorajá-los a começar a aceitar que existe um problema, é mais provável que cheguem a uma solução positiva no final.

5. Davis, Gerald F.; Greve, Henrich R. (1997). "Corporate Elite Networks and Governance Changes in the 1980s". *American Journal of Sociology*, v. 103, n° 1, p. 1–37. E também Venkatesh, Viswanath (2006). "Where to Go from Here? Thoughts on Future Directions for Research on Individual-Level Technology Adoption with a Focus on Decision Making". *Decision Sciences*, v. 37, n° 4, p. 497–518.

6. Esse efeito de múltiplas fontes até se estende para coisas como quem comunica a informação. Em um estudo, foi solicitado aos participantes ouvir cinco resenhas positivas sobre um livro em particular. Comparadas com pessoas que ouviram a mesma voz sintetizada ler as cinco resenhas, aquelas que ouviram cinco vozes sintetizadas diferentes acreditaram que o livro seria melhor e que estavam

mais dispostas a comprá-lo. Lee, Kwan Min (2004). "The Multiple Source Effect and Synthesized Speech". *Human Communication Research*, v. 30, nº 2 (1º de abril), p. 182–207.

7. Platow, Michael J.; Haslam, S. Alexander; Both, Amanda; Chew, Ivanne; Cuddon, Michelle; Goharpey, Nahal; Maurer, Jacqui; Rosini, Simone; Tsekouras, Anna; Grace, Diana M. (2005). "'It's Not Funny if They're Laughing': Self-Categorization, Social Influence, and Responses to Canned Laughter". *Journal of Experimental Social Psychology*, v. 41, nº 5, p. 542–550.

8. Pessoas diferentes de você podem ser valiosas em alguns casos. Ao escolher uma casa de repouso para um de seus pais que está envelhecendo, por exemplo, a perspectiva de um residente atual é bastante valiosa, mesmo que ele não seja como você.

9. Traag, Vincent A. (2016). "Complex Contagion of Campaign Donations", *PloS One*, v. 11, nº 4, e0153539.

10. Aral, Sinan; Nicolaides, Christos (2017). "Exercise Contagion in a Global Social Network". *Nature Communications,* v. 8 (artigo nº 14753).

11. Berger, Jonah; Iyengar, Raghu (2018) "How the Quantity and Timing of Social Influence Impact Behavior Change". Wharton Working Paper.

12. Dito isso, certamente há situações em que muita concentração pode ser algo negativo. Se as pessoas sentem que a concentração é manipulativa ou que precisam de tempo para pensar a respeito de uma proposta complexa, mais tempo entre as exposições pode ser útil.

13. https://www.theatlantic.com/health/archive/2014/09/the-world-war-ii-campaign-to-bring-organ-meats-to-the-dinner-table/380737/.

14. Wansink, Brian (2002). "Changing Eating Habits on the Home Front: Lost Lessons from World War II Research". *Journal of Public Policy & Marketing*, v. 21, nº 1, p. 90–99. Lewin, Kurt (1943). "Forces Behind Food Habits and Methods of Change". *Bulletin of the National Research Council*, v. 108, nº 1043, p. 35–65. Romm, Cari (2014). "The World War II Campaign to Bring Organ Meats to the Dinner Table". *Atlantic* (25 de setembro).

15. Lewin, Kurt (1951). *Field Theory in Social Science: Selected Theoretical Papers*, Dorwin Cartwright, ed. (Nova York: Harper & Brothers).

16. Wansink, Brian (2002). "Changing Eating Habits on the Home Front: Lost Lessons from World War II Research". *Journal of Public Policy and Marketing*, v. 21, nº 1, p. 90–99.

17. Lewin, Kurt (1947). "Group Decision and Social Change". *Readings in Social Psychology*, v. 3, nº 1, p. 197–211.

Epílogo

1. Schroeder, J.; Risen, J. L. (2016). "Befriending the Enemy: Outgroup Friendship Longitudinally Predicts Intergroup Attitudes in a Co-existence Program for Israelis and Palestinians". *Group Processes and Intergroup Relations*, v. 19, p. 72–93.

2. Ross, Karen; Lazarus, Ned (2015). "Tracing the Long-Term Impacts of a Generation of Israeli–Palestinian Youth

Encounters". *International Journal of Conflict Engagement and Resolution*, v. 3, n° 2.

APÊNDICE: ESCUTA ATIVA

1. Gardiner, James C. (1971). "A Synthesis of Experimental Studies of Speech Communication Feedback". *Journal of Communication*, v. 21, n° 1 (Março), p. 17–35.

2. Huang, Karen; Yeomans, Michael; Brooks, Alison Wood; Minson, Julia; Gino, Francesca (2017). "It Doesn't Hurt to Ask: Question-Asking Increases Liking". *Journal of Personality and Social Psychology*, v. 113, n° 3, p. 430–452.

ÍNDICE

Projetos corporativos e edições personalizadas
dentro da sua estratégia de negócio. Já pensou nisso?

Coordenação de Eventos
Viviane Paiva
viviane@altabooks.com.br

Contato Comercial
vendas.corporativas@altabooks.com.br

A Alta Books tem criado experiências incríveis no meio corporativo. Com a crescente implementação da educação corporativa nas empresas, o livro entra como uma importante fonte de conhecimento. Com atendimento personalizado, conseguimos identificar as principais necessidades, e criar uma seleção de livros que podem ser utilizados de diversas maneiras, como por exemplo, para fortalecer relacionamento com suas equipes/ seus clientes. Você já utilizou o livro para alguma ação estratégica na sua empresa?

Entre em contato com nosso time para entender melhor as possibilidades de personalização e incentivo ao desenvolvimento pessoal e profissional.

PUBLIQUE
SEU LIVRO

Publique seu livro com a Alta Books.
Para mais informações envie um e-mail
para: autoria@altabooks.com.br

 /altabooks /alta-books /altabooks /altabooks